BIBLIOTHÈQUE DE L'ENSEIGNEMENT DES BEAUX-ARTS

LA SCULPTURE ANTIQUE

PAR

PIERRE PARIS

PARIS
A. QUANTIN ÉDITEUR

Marius Michel del.

COLLECTION PLACÉE SOUS LE HAUT PATRONAGE

DE

L'ADMINISTRATION DES BEAUX-ARTS

COURONNÉE PAR L'ACADÉMIE FRANÇAISE

(Prix Montyon)

ET

PAR L'ACADÉMIE DES BEAUX-ARTS

(Prix Bordin)

BIBLIOTHÈQUE DE L'ENSEIGNEMENT DES BEAUX-ARTS

PUBLIÉE SOUS LA DIRECTION DE M. JULES COMTE

LA SCULPTURE ANTIQUE

PAR

PIERRE PARIS

Ancien membre de l'École française d'Athènes,
Maître de conférences à la Faculté des Lettres de Bordeaux.

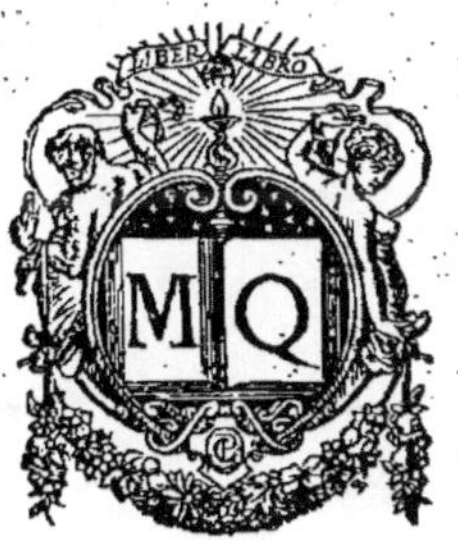

PARIS

MAISON QUANTIN

COMPAGNIE GÉNÉRALE D'IMPRESSION ET D'ÉDITION

7, RUE SAINT-BENOIT

NOUVELLE ÉDITION

AVANT-PROPOS

Sous ce titre, la *Sculpture antique*, nous étudions l'œuvre sculpturale de l'Égypte, de l'Orient asiatique, de la Grèce et de l'Italie.

Les personnes qui s'intéressent à la *Bibliothèque de l'enseignement des beaux-arts* savent que dans chacun des *Manuels d'archéologie* déjà publiés un chapitre capital est consacré à la sculpture; mais le plan général de la collection exige qu'à côté de ces manuels se publie une série de volumes où soient détachées de l'ensemble certaines parties qui méritent d'être étudiées en elles-mêmes, où les œuvres artistiques d'un ordre nettement déterminé, comme les monuments de la sculpture, de la peinture, de la céramique, soient classées, décrites et jugées à part.

Ce plan se défend de lui-même, mais a rendu notre tâche assez délicate, car c'est à peine si chaque partie de notre étude pouvait trouver ici un développement aussi long que dans chacun des manuels, et d'ailleurs nous ne pouvions pas copier nos prédécesseurs. Aussi nous sommes-nous résolu, au lieu d'écrire de nouveau, après MM. Maspero, Babelon, Collignon et Martha, l'histoire de la sculpture, à prendre les œuvres capitales ou les chefs-d'œuvre, et à les décrire avec détails, cherchant à mettre en relief les traits caractéristiques d'une période, d'une école ou d'un talent. Nous avons voulu, en un mot, supposant l'histoire de la sculpture antique connue grâce aux chapitres spéciaux des manuels, faire une étude, critique aussi bien et même plus qu'historique, des monuments principaux qui nous ont été conservés. Nous trouvons à ce plan un avantage qui a son prix. Si l'histoire de la sculpture ancienne est bien établie dans ses grandes lignes, il reste encore plus de problèmes à résoudre que de problèmes résolus; toute l'érudition contemporaine suffit à peine à glisser, çà et là quelques pierres d'appui dans les trous de cet édifice chancelant. Est-ce bien dans un petit livre comme celui-ci, non scientifique, mais didactique, est-ce dans un livre élémentaire, où l'on doit surtout enregistrer les solutions acquises, qu'il convient de s'attarder aux débats encore ouverts et aux hypothèses ? Nous avons cru que notre travail serait plus utile si nous pouvions obtenir que le lecteur, arrivant à la dernière page de ce volume, connaisse bien et sache apprécier à sa date et dans son milieu historique ou artistique l'œuvre conservée des vieux portraitistes égyptiens ou des décorateurs ninivites, de Phidias, de Praxitèle, ou du grand génie inconnu qui sculpta la Vénus de Milo.

Ce volume se compose de deux livres : le premier est consacré à l'Égypte, à l'Assyrie, à la Phénicie, aux autres peuples d'Asie dont les arts ont eu quelque contact avec les arts helléniques. Nous y avons suivi de près, sans perdre toutefois notre indépendance, et souvent cité la belle *Histoire de l'Art* de MM. Perrot et Chipiez, et le chapitre du *Manuel d'Archéologie égyptienne* relatif à la sculpture, où M. Maspero, notre éminent égyptologue, a condensé sa vaste science. Le second livre, consacré à la Grèce et à Rome, est bien plus étendu que le premier; c'est que nous avons cru bien faire en donnant à la Grèce toute la place qu'elle a vraiment tenue dans l'histoire de la plastique. D'ailleurs, nous étions là sur un terrain plus solide pour nous, et que nous avons quelque peu exploré; nous nous sommes donc livré à nous-même, nous efforçant avant tout de décrire avec précision et de donner avec sincérité notre impression personnelle. S'il résulte de tout cela que les diverses parties du volume sont un peu disparates, c'est peut-être nécessité du sujet plus que faute de l'auteur.

Bordeaux, octobre 1888.

LA
SCULPTURE ANTIQUE

LIVRE PREMIER

L'ORIENT

I

ÉGYPTE

« L'Égypte, comme l'a dit M. Perrot, est l'aïeule des nations policées. » La civilisation qui se développa sur les bords du Nil est la plus ancienne dont il nous soit jusqu'ici donné de connaître l'histoire, et l'art, dans cette civilisation, tenait une place exceptionnelle. C'est donc, dans la revue de la sculpture antique que nous entreprenons, par l'Égypte qu'il faut commencer.

Les origines de la sculpture dans ce pays sont ignorées comme les origines mêmes de la race et du peuple ; il est, dans l'état actuel de la science, impossible de dire quand et comment des artistes commencèrent à traduire par le dessin ou par le modelage la forme concrète des êtres ou des objets qui frappaient leurs regards, comment ils sortirent des hésitations primitives, et par quelles étapes ils arrivèrent à la maturité et à la pleine possession de leurs moyens. Nestor L'Hôte, dessinateur attaché à l'expédition d'Égypte, a dit : « De la sculpture égyptienne, nous ne connaissons que sa décadence. » Toutes les découvertes de notre siècle sont venues confirmer cette vue profonde.

L'histoire de l'Égypte ne nous est connue que depuis quatre mille ans avant Jésus-Christ, alors que Minî, se faisant roi à Memphis, fonda la monarchie héréditaire sur les ruines de la théocratie sacerdotale ; avant l'avènement des dynasties memphites, tout est ténèbres dans la vie de l'Égypte ; on ne sait rien de ses arts, non plus que de sa civilisation ou de ses actes politiques. Tout au plus avance-t-on avec vraisemblance que le fameux Sphinx de Gizeh est, comme le dit M. Maspero dont la science est presque infaillible, « l'œuvre des générations antérieures à Minî ». M. Maspero, qui a récemment déblayé la partie antérieure du colosse, en a jugé la beauté dans une page que nous devons reproduire : « Les sables l'ont tenu enterré jusqu'au menton pendant des siècles, sans le sauver de la ruine. Son corps effrité n'a plus du lion que la forme générale ; les pattes et la poitrine, réparées sous les Ptolémées et sous les Césars, ne retiennent qu'une partie du dallage dont elles avaient été revêtues à cette époque pour dissimuler les ravages du temps. Le bas de la coiffure est tombé, et le cou aminci semble trop faible pour maintenir le poids de la tête. Le nez et la barbe ont été brisés par des fanatiques, la teinte rouge qui avivait les traits est effacée presque partout. Et pourtant l'ensemble garde jusque

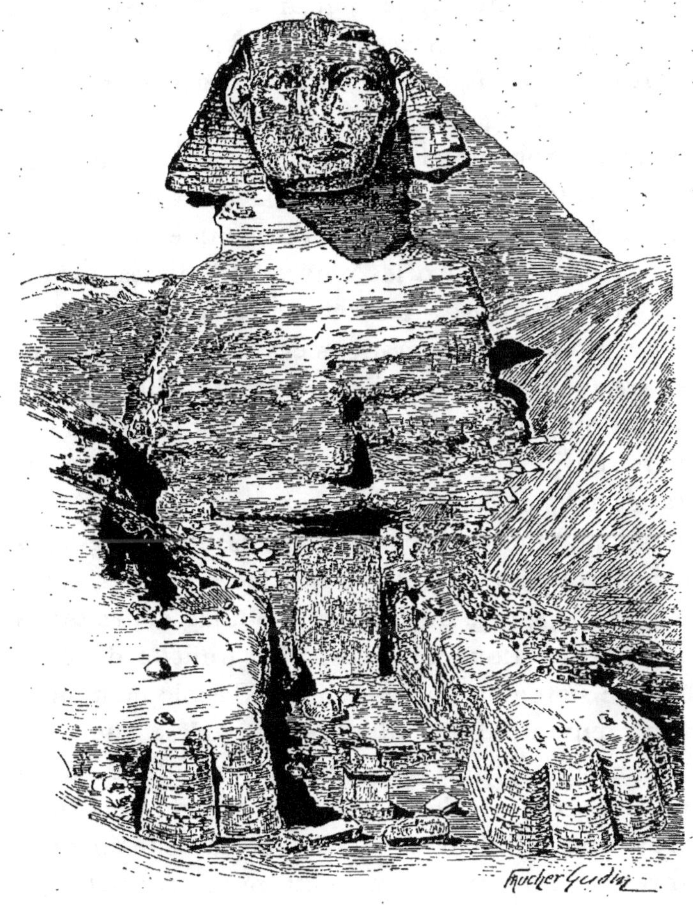

Fig. 1. — Le grand Sphinx.

dans sa détresse une expression souveraine de force et de grandeur. Les yeux regardent au loin devant eux, avec une intensité de pensée profonde; la bouche sourit encore, la face entière respire le calme et la puissance. L'art qui a conçu et taillé cette statue prodigieuse en pleine montagne était un art complet, maître de lui-même, sûr de ses effets. Combien de siècles ne lui avait-il pas fallu pour arriver à ce degré de maturité et de perfection (fig. 1) ? »

Cet art, aurons-nous le bonheur de le connaître un jour par d'autres exemplaires? Déblayera-t-on les vingt mètres de sable « sous lesquels dorment encore ignorées au pied du Sphinx les œuvres des dynasties primitives »? Ouvrira-t-on les tombeaux, les temples, les palais des premières générations égyptiennes, et d'heureuses trouvailles diront-elles quelle fut l'inspiration et la technique, quelles furent le mérite et le succès des premiers sculpteurs, quelle fut aussi leur influence sur les grands artistes de la période memphite?

Ceux-là, du moins, nous les connaissons bien; leurs œuvres, retrouvées en foule dans les *mastabas* (tombeaux), font la gloire du Musée de Boulaq et des salles égyptiennes du Louvre. Il est bien difficile de confondre une statue ou un bas-relief de l'école memphite avec une œuvre de date plus récente; c'est que cette école a un style propre qu'aucune autre, dans l'antiquité, n'eut au même degré : elle est réaliste. Cela tient aux croyances religieuses de l'Égypte à cette époque, croyances au service de qui s'est mise très naturellement la statuaire. Chacun sait maintenant que les Égyptiens regardaient l'homme comme un composé bizarre de plusieurs êtres distincts, bien qu'étroitement unis, le corps d'abord, « puis (nous citons M. Maspero) le *double*, qui est le second exemplaire du corps en une matière moins dense que la matière corporelle, une projection colorée, mais aérienne, de l'individu, le reproduisant trait pour trait, enfant, s'il s'agissait d'un enfant, femme s'il s'agissait d'une femme, homme s'il s'agissait d'un homme. Après le double venait l'âme, que l'imagination populaire se représentait sous la figure d'un oiseau, et après l'âme le lumineux, parcelle de flamme détachée du feu divin. » L'homme ainsi composé vit aussi longtemps que ses éléments restent unis et remplissent chacun ses fonctions propres; la mort, au sens où nous l'entendons, n'est qu'un accident qui fait passer l'homme de la vie terrestre à la vie sépulcrale, vie en tout semblable à la première, non pas éternelle, comme la vie céleste des chrétiens, mais bornée dans le temps à la durée du corps et du double enfermés dans la tombe, tandis que l'âme et le lumineux vont et viennent de la tombe au séjour des dieux. La mort vraie et définitive, c'est la disparition du corps et du double. Par tous les moyens il faut donc assurer la persistance de ces deux êtres; le corps deviendra momie, et le corps et le double auront des substituts en grand nombre, statues de bois et de calcaire modelées à l'image du défunt, qui par leur dureté incorruptible résisteront aux siècles, par le secret de leur enfouissement dans les profondeurs mystérieuses des mastabas, braveront les dévastations des hommes. Le mort ainsi préservé doit retrouver dans la tombe les travaux et les plaisirs de la terre; aussi la tombe sera-t-elle à son tour comme le double de la terre; il y retrouvera, en effigie s'entend, le peuple de ses parents, de ses amis et de ses serviteurs, statues entassées dans les puits et les chambres funéraires, bas-reliefs ou fresques étalés à profusion sur toutes les murailles.

Tout ce monde souterrain reparaît de jour en jour plus nombreux à la lumière, car les mastabas ont cessé d'être inviolables et nous révèlent l'art le mieux approprié à son but qui fut jamais.

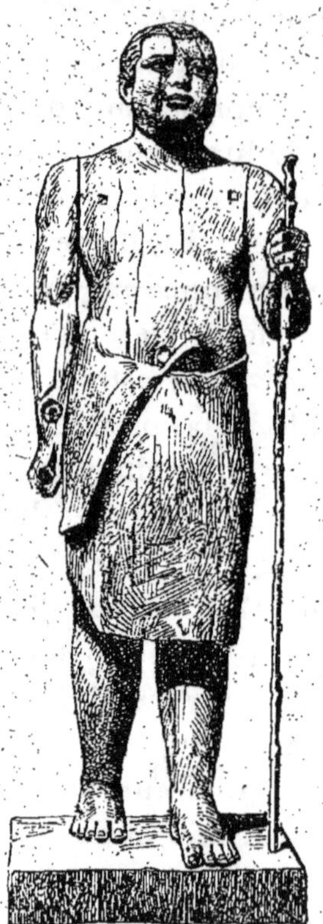

Fig. 2.
Râmké, le Sheikh-el-beled.

Plus le substitut du corps sera semblable au corps lui-même, plus il sera parfait; l'effort des sculpteurs s'est donc avant tout astreint à faire des portraits, et sans peine ils y sont passés maîtres. Quelques-uns de ces portraits funéraires deviennent peu à peu aussi célèbres que bien des œuvres grecques.

Telle est la statue de bois, au Musée de Boulaq, de Râmké (fig. 2), surintendant des travaux, le Sheikh-el-beled, comme le surnommèrent les fellahs qui le découvrirent, tant il ressemblait à quelqu'un de leurs magistrats municipaux. Debout, vêtu d'un pagne qui tombe de la ceinture aux genoux, appuyé sur un bâton, il marche à petits pas; son corps est en bon point; la graisse empâte un peu ses jambes molles et ses bras ronds; la tête, grosse et joufflue, aux cheveux ras, portée bien droite, est surtout vi-

vante, malgré les fentes du bois qui la gâtent, dans sa
vulgarité expressive, et l'on devine que le sculpteur a
bien saisi et bien rendu les traits typiques de Râmké,
bonhomme au fond, mais
vif et remuant comme
bien des gens obèses, usant
certes de son bâton plus
pour marcher que pour
frapper, mais portant partout l'acuité de son œil
de surintendant, plus per-
spicace que bien des yeux
de maîtres (fig. 2 *bis*).

Tout près du Sheikh, à
Boulaq, admirons le scribe
agenouillé que M. Mas-

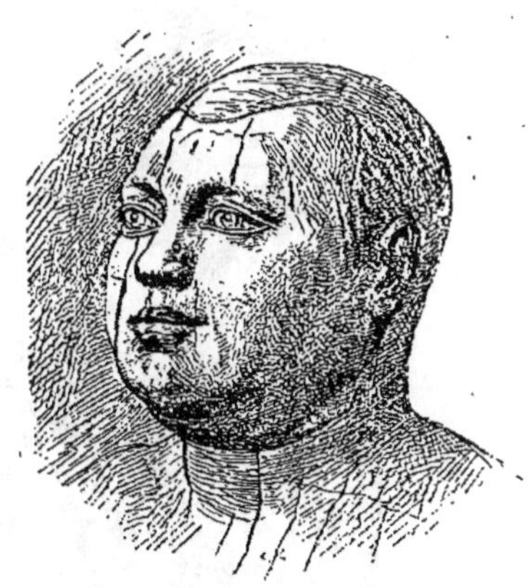

Fig. 2 *bis*. — Tête de Râmké.

pero décrit excellemment : « Il vient d'apporter à
l'examen de son chef un rouleau de papyrus ou une
tablette chargée d'écritures. Agenouillé selon l'ordonnance, les mains croisées, le dos arrondi, la tête infléchie légèrement, il attend qu'on ait fini de lire....
Le sculpteur a saisi on ne peut mieux l'expression
d'incertitude résignée et de douceur moutonne, que
l'habitude d'une vie entière passée au service avait
donnée à son modèle. La bouche sourit, car ainsi le
veut l'étiquette ; mais le sourire n'a rien de joyeux. Le
nez et les joues grimacent à l'unisson de la bouche. Les
deux gros yeux en émail ont le regard fixe de l'homme
qui attend sans vouloir arrêter sa vue et concentrer
sa pensée sur un objet déterminé. La face manque
d'intelligence et de vivacité ; après tout, le métier

n'exigeait pas une grande agilité d'esprit (fig. 3). »

Le scribe accroupi du Louvre, au contraire, l'œuvre la plus précieuse de notre collection égyptienne, trouvé par Mariette dans les fouilles du Sérapéum, a la physionomie singulièrement vive et éveillée. Vêtu d'un simple pagne, de la taille aux genoux, assis par terre, les jambes croisées, selon la coutume orientale, la plume de roseau déjà posée sur le papyrus, il écoute, prêt à l'écrire, la phrase que dicte son maître. Tout son visage est tendu vers cette voix imposante, et son œil surtout, où la prunelle de cristal brille dans un

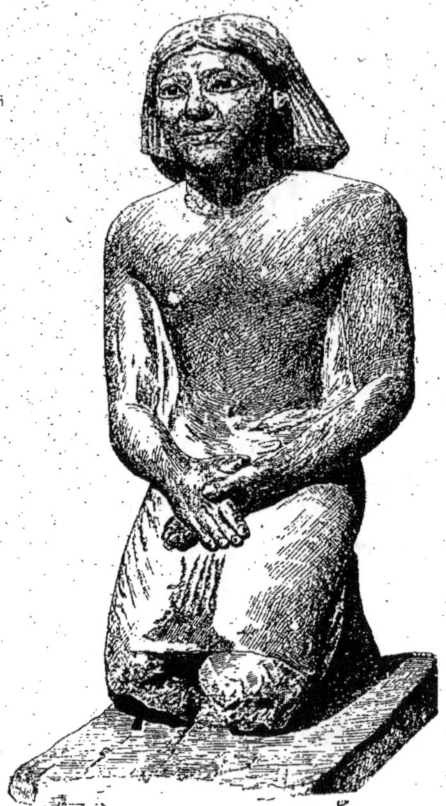

Fig. 3. — Scribe agenouillé (Boulaq).

globe de quartz blanc opaque qu'enchâssent lui-même des paupières et des cils de bronze, s'éclaire d'intelligence pénétrante. Les cheveux sont ras, les oreilles grandes et décollées, les pommettes font saillie, les joues sont maigres; le corps au-contraire est gras et

mou; les pectoraux tombent et s'affaissent au-dessus
d'un ventre replet; les jambes et les bras sont bouffis
et sans fermeté; mais les mains sont sèches, et les
doigts sont minces
et déliés par l'exer-
cice du calame : toute
la vigueur de l'hom-
me s'est portée vers
la tête et vers la
main, comme toute
son activité. Le
scribe a les membres
empâtés par son
métier sédentaire et
son attitude habi-
tuelle; à la tête, au
regard surtout, ce
même métier a im-
primé les qualités

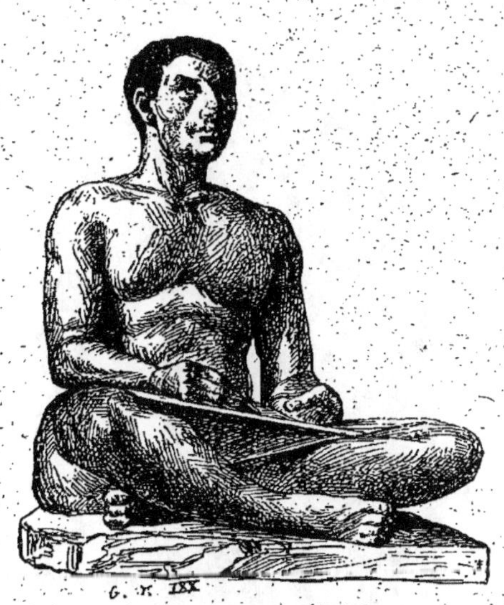

Fig. 4. — Scribe accroupi.

d'intelligence prompte et facile qu'il exige (fig. 4).

Remontons de l'humble bourgeois, peut-être de
l'esclave, au Pharaon tout-puissant, à Khâfrî, par
exemple, dont plusieurs statues de diorite ornent le
Musée de Boulaq. Celle-ci (fig. 5) est plus grande que
nature. L'attitude du corps royal au repos est simple :
bien assis sur un large trône, les mains appuyées sur
les genoux, le regard de ses yeux simplement modelés,
sans prunelle factice, se perd au loin devant lui, dans
une contemplation calme d'infini; la noblesse de son
torse et de ses membres jeunes, la pureté régulière des
traits de son visage empreint de majesté grave, l'élé-

gance sobre de sa coiffure et de sa barbe, tout en lui
révèle la grandeur souveraine, avec on ne sait quoi
d'idéalisé. Et cependant on devine à quelques détails

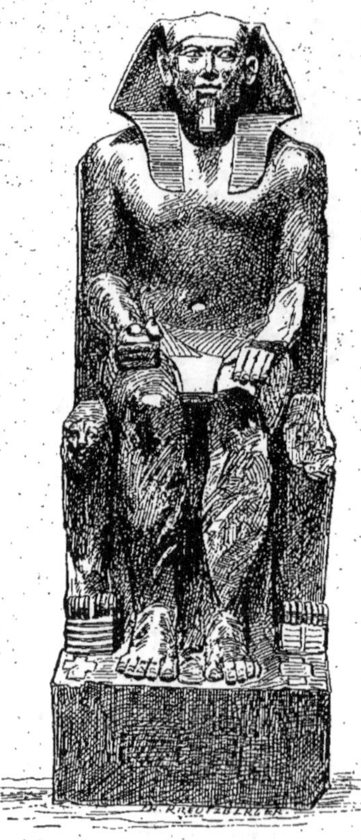

Fig. 5. — Khâfrî.

du visage la ressemblance
cherchée et trouvée de l'individu caché sous le mas-
que anobli du roi; car
avant tout la statue est un
portrait; il faut que les
dieux, pour prolonger la
vie du substitut, recon-
naissent vraiment en lui
celui qu'il veut représenter.

Et c'est pour cela même
que Khnoumhotpou, par
exemple, l'affreux petit
nain, est ressorti de son
tombeau dans tout le réa-
lisme de sa laideur et de
sa difformité. Sa grosse
tête au crâne en poire, aux
vilains traits obtus, surmonte un torse obèse que
soutiennent mal deux jam-
bes rabougries et cagneu-

ses. Dans chaque détail de cette statuette curieuse, où
se révèlent toutes les qualités plastiques du calcaire,
on sent, avec un goût rare du pittoresque, une observation et une connaissance bien pénétrantes de la nature (fig. 6).

La nécessité pour les sculpteurs memphites d'exprimer avec précision les traits exacts de leurs modèles, traits du corps aussi bien que du visage, les a rendus observateurs et familiarisés avec l'innombrable diversité des mouvements et des attitudes ; aussi leur ciseau excelle-t-il dans la représentation en ronde bosse ou en bas-relief des compagnons qu'on enfermait dans la tombe avec la momie et les doubles. Toutes les statues ou statuettes de calcaire ou de bois qui frappent d'étonnement les visiteurs du Musée de Boulaq et bouleversent toutes les fausses idées courantes sur la raideur et l'uniformité de l'art égyptien, tous les personnages découpés en saillie sur les murailles des mastabas, ne sont pas des portraits au même titre ni au même sens que les scribes ou le Sheikh-el-beled ; mais ils sont dus à la même inspiration, et c'est aux mêmes idées sur la vie d'outre-tombe qu'il faut attribuer ici la justesse de leur allure et le naturel de leurs formes, là l'ingéniosité simple de leur groupement.

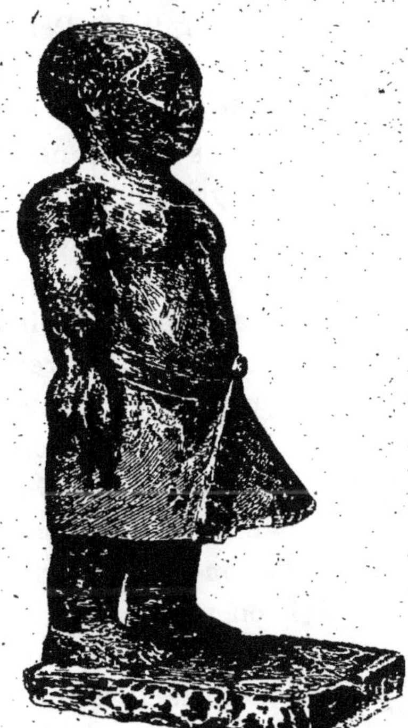

Fig. 6. — Khnoumhotpou.

Ces esclaves, hommes et femmes, qui se livrent à toutes les occupations de la servitude, dont nous donnons un exemple (fig. 7), dont on peut voir reproduits,

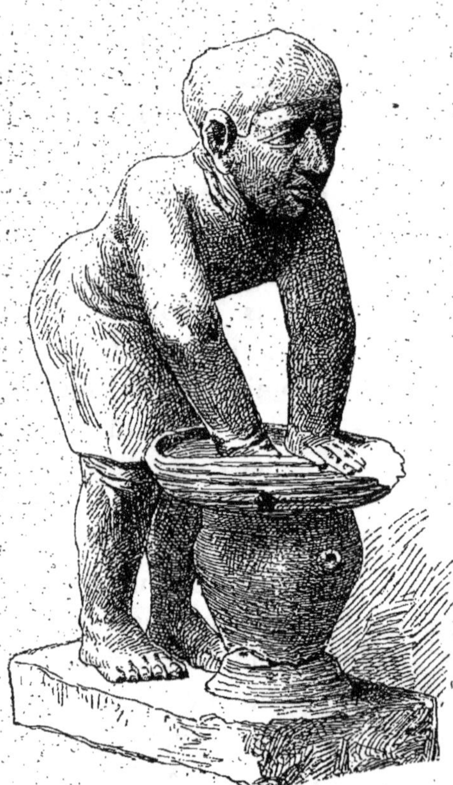

Fig. 7. — Esclave boulanger (Boulaq).

dans l'*Histoire de l'Art* de M. Perrot, de nombreux spécimens, sont bien réels et vivants, et dignes des maîtres qu'ils avaient suivis au fond des mastabas pour pétrir le pain de leur repas ou nettoyer leur mobilier funéraire. Comme l'a si bien dit M. Maspero, « la reproduction en peinture ou en sculpture des personnes et des choses assurait à celui au bénéfice de qui on l'exécutait la réalité des personnes et des choses reproduites ». L'idée une fois admise, les théologiens et les artistes en tirèrent rigoureusement les conséquences. De là ce grand nombre de tableaux ou de bas-reliefs couvrant les parois sépulcrales; de là aussi la variété des scènes figurées; tout ce que le mort possédait sur terre, il le possède, peint ou sculpté, dans sa tombe ; toutes ses occupations, il les retrouve représentées autour de lui.

Voici, par exemple, Phtahotpou surveillant la rentrée

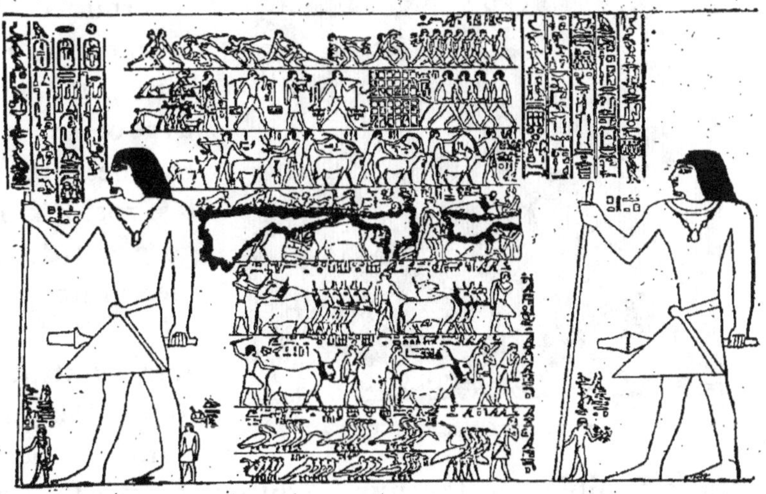

Fig. 8. — Phtahotpou surveillant la rentrée de ses troupeaux.

de ses troupeaux, chèvres, bœufs, oies et pigeons (fig. 8); voici Ti, le riche seigneur, chassant et pêchant dans les marais (fig. 9); voici enfin — car, par malheur, il faut nous borner — des scribes faisant le compte de la récolte, d'après un bas-relief de Sakkarah (fig. 10). Saurait-on assez louer la variété des groupes superposés dans les huit registres du premier tableau, la vivacité et la souplesse de certains mouvements, de presque toutes les attitudes, la précision, la vérité des formes qui caractérisent, sans une faute, chacun des animaux ? Dans le second, chacun est bien à son affaire :

Ti, majestueux et calme, préside à la chasse, et, parmi
ses esclaves, avec quelle franchise chacun s'emploie à sa tâche déterminée, tel à la pêche à la ligne, tel à la direction des barques parmi les roseaux regorgeant de gibier, plume, poil ou écaille, tel autre luttant à force d'espars contre les mons-

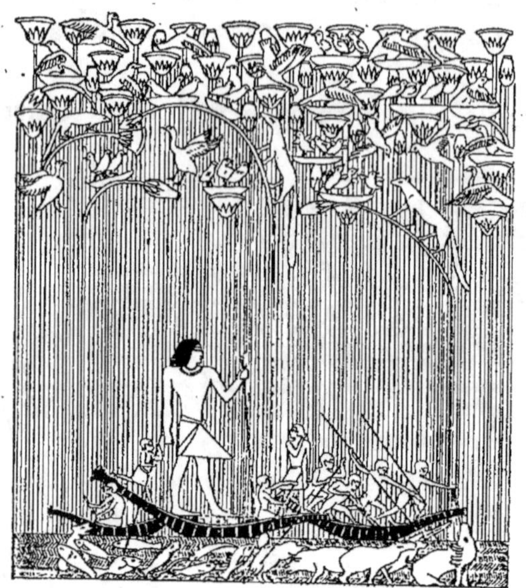

Fig. 9. — Chasse de Ti.

tres amphibies à tournure d'hippopotames ! Avec
quelle suffisance grave les scribes accroupis, plumes
de rechange fichées sur l'oreille, enregistrent les richesses de leur maître, tandis que, dans la partie supérieure, de pauvres esclaves expient durement sous

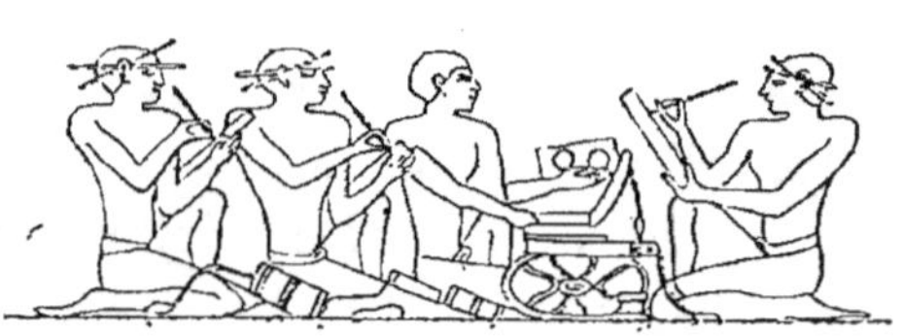

Fig. 10.

Scribes faisant le compte de la récolte.

le bâton leur manque de zèle ou de probité !

L'empire memphite disparaît avec la Xe dynastie.
Le premier empire thébain qui le remplace, de la
XIe à la XVIe dynastie, l'a-t-il laissé loin derrière lui

par l'éclat de sa gloire politique et de sa civilisation ?
Son art, du moins, n'est qu'un pâle reflet de l'art memphite ; la décadence a vraiment commencé. Si quelques
portraits, comme celui de Râhotpou ou de sa femme

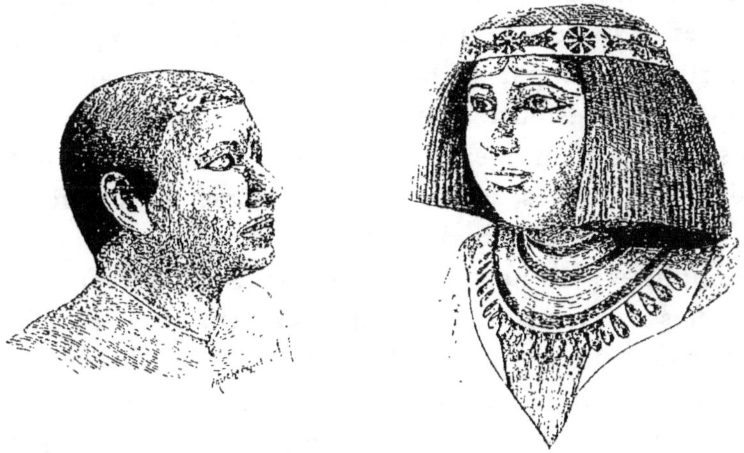

Fig. 11. — Râhotpou et Nofrit.

Nofrit (fig. 11), ont encore de la beauté, si l'on
devine la ressemblance frappante de la copie au modèle,
si le sculpteur montre une verve originale et franche,
c'est à la persistance des traditions memphites qu'il
faut attribuer ces mérites. Mais, par malheur, avec le
temps, qui modifie d'ailleurs les idées religieuses et
tourne l'activité des sculpteurs vers d'autres œuvres, ces
traditions s'affaiblissent et disparaissent, ou plutôt ce
qu'il y a de meilleur en elles, l'observation de la nature
et l'effort pour reproduire dans toute leur vérité native
les détails des choses et des êtres observés. Pour rencontrer, sauf exception, des œuvres ayant quelque
valeur, il faut rechercher les statues, rares ou bien mu-

tilées, qui datent de l'invasion des Hyksos, de cette époque qui coupe en deux le premier empire thébain, et où des dynasties étrangères s'étaient substituées aux dynasties nationales. Les sculpteurs ont très bien reproduit les traits caractéristiques de cette race nouvelle, de ces Asiatiques surtout, « aux petits yeux, au nez aquilin écrasé par le bout, aux pommettes saillantes, à la lèvre inférieure avancée légèrement ». Mais la foule des Pharaons indigènes, des seigneurs ou des bourgeois déterrés à Thèbes, les bas-reliefs de même provenance, ne sont que des clichés mal venus des statues et des bas-reliefs memphites ; l'imagination, l'invention ont fui ; les artistes ne savent que répéter des attitudes et des gestes empruntés non plus aux hommes vivants et agissants, mais aux antiques statues, modèles immobiles de pierre ou de bois ; quant à la facture, si parfois elle reste habile, si quelques ciseaux ont encore de la hardiesse et savent avec souplesse conduire un contour ou modeler une forme, le plus souvent ils sont secs et froids, et se contentent d'un à peu près ; la main, comme la pensée des sculpteurs, en est descendue à la paresse énervante de la routine.

Ces défauts graves persistent durant le second empire thébain, de la XVIe à la XXIe dynastie. Mais sous quelques-uns des rois de cette période, les plus célèbres de l'immense série, sous le règne des Amenhotep et des Thoutmès (XVIIIe dynastie), des Séti et des Ramsès (XIXe dynastie), les grands conquérants et les grands civilisateurs, l'Égypte jette au loin l'éclat de sa grandeur incomparable. Un champ, non pas nouveau, mais plus vaste et plus grandiose, s'ouvre à l'activité des artistes ; il s'agit d'honorer dignement les monarques glorieux qui ont conçu et mené à bien de fameuses entreprises, eux et les dieux qui les ont inspirés, qui ont favorisé leurs efforts, et le peuple tout entier, instrument de leur génie.

Ces conditions nouvelles imposent à l'art un caractère nouveau : il devient national. Mais ce caractère se révèle seulement dans le choix des sujets, qui tous se rapportent à l'histoire nationale : le roi, ses guerres, ses victoires, ses grands travaux, ses relations avec les dieux, qui sont plus encore ses égaux que ses maîtres, et ses peuples, qui sont plus encore ses esclaves que ses sujets. Il ne s'agit plus de peupler les puits et les chambres funéraires, mais de décorer somptueusement les temples que la piété et la reconnaissance des souverains élèvent aux divinités protectrices, les palais où trônera leur propre puissance, où s'entasseront leurs richesses infinies. La sculpture se fait l'humble servante de l'architecture.

De là aussi ce trait distinctif : elle s'habitue à faire plus grand que nature ; elle obtient, comme sa maîtresse, le grandiose par le colossal. A côté de la colonnade énorme de Karnak, les Pharaons de l'ancien empire eussent paru des pygmées ; les colosses d'Aménophis III (dits *statues de Memnon*), comme ceux de Ramsès à Ibsamboul, comme les sphinx qui bordaient les avenues des temples, par leur taille prodigieuse, leurs proportions gigantesques, s'accordaient bien avec les constructions dont ils étaient, aussi bien que les ornements, des parties intégrantes. Quant aux bas-reliefs, où le roi, figure capitale autour de qui gravitent humblement les figures des hommes plus humbles, où le roi se détache et domine tout son cortège de sa taille plus haute, c'est par la multiplicité des personnages et la complication des scènes que les sculpteurs obtiennent l'effet désiré de grandeur. Au lieu de couvrir chaque surface à décorer d'un seul tableau, dont chaque figure occuperait toute la hauteur, ils divisent les murailles en registres superposés où se diversifient les scènes et fourmillent les personnages.

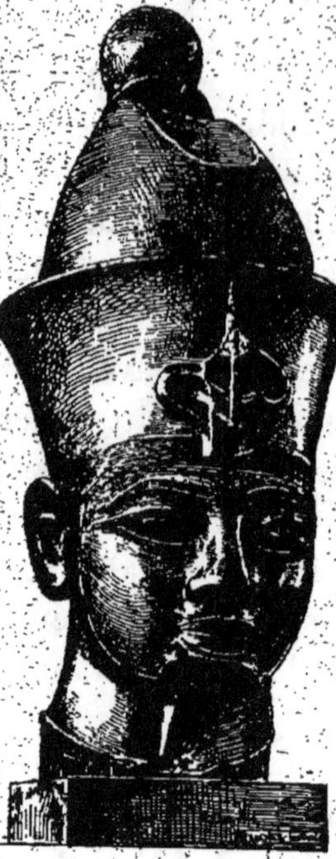

Dans toutes ces œuvres, qualités et défauts sont nombreux. Les qualités, ici encore, nous semblent un souvenir de l'école memphite. Quelques statues sont de bons portraits. « Les sculpteurs de cette époque, comme dit M. Perrot, n'ont pas perdu l'habitude de chercher et le talent de saisir la ressemblance individuelle. »

Fig. 12. — Thoutmès III.

Citons la tête colossale de Thoutmès III (Musée Britannique), en granit rose (fig. 12) : « Les traits n'ont rien d'égyptien ; la forme du nez, les yeux relevés par leur bord externe, le dessin de la bouche, les contours généraux du visage, tout cela rappellerait plutôt la race arménienne. D'autres ont vu là des traces de sang nègre. » (M. Perrot.)

Citons encore la tête de marbre noir, fragment de

statue colossale que M. Perrot croit être le portrait de Ménéphtah, M. Maspero celui d'Harmabi (Musée de Boulaq). « C'est une tête de roi, dit M. Charmes, recouverte d'une énorme coiffure qui la charge sans l'orner. Le jeune roi était debout; il tenait de la main gauche un bâton d'enseigne terminé par une tête de bélier. Rien ne saurait donner idée de la grâce juvénile, presque enfantine, du charme doux et mélancolique de cette délicieuse figure, sur laquelle semble planer le pressentiment d'une destinée douloureuse. Comment

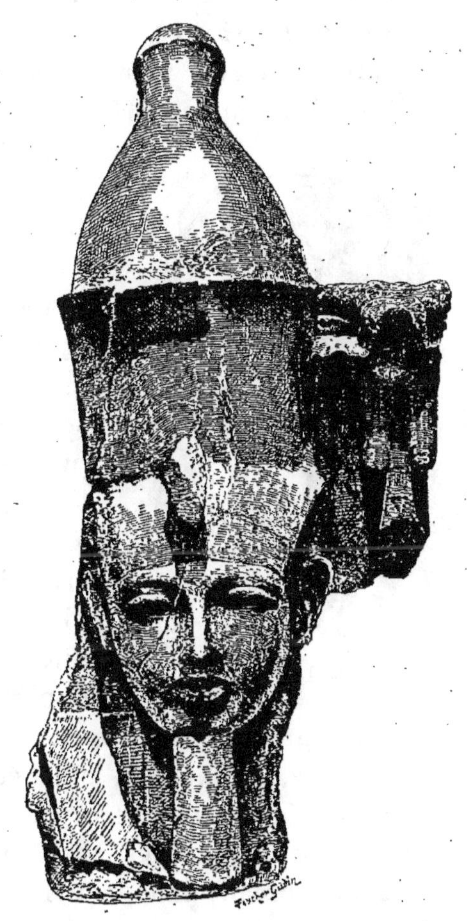

Fig. 13. — Tête de Ménéphtah.

a-t-on pu tailler dans une matière aussi dure que le granit des yeux si francs, un nez si fin, des lèvres si vivantes et si molles qu'on les croirait modelées dans la cire? A coup sûr, nous sommes là en présence d'un des plus beaux spécimens de ce qui nous reste de la statuaire égyptienne. Aucun art n'a produit une œuvre plus exquise (fig. 13). »

Que dire alors du portrait de la reine Taia, sans doute l'une des femmes d'Harmabi? C'est bien vraiment le chef-d'œuvre de l'école thébaine, et nous reproduirons encore la description de M. Charmes, aussi piquante qu'exacte : « Lorsqu'on regarde l'admirable tête de Taia au musée de Boulaq, ses traits élégants qui n'ont rien de la raideur égyptienne (elle était de race étrangère, peut-être asiatique), sa bouche relevée aux deux extrémités comme les lèvres d'un sphinx, son expression de dédaigneuse coquetterie, sa beauté troublante et mystérieuse, pleine des plus étranges et des plus irrésistibles séductions rétrospectives, il est impossible de ne pas se forger à soi-même une histoire, peut-être un roman, dans lequel cette femme énigmatique aurait été l'inspiration, la cause première, l'auteur principal des tragédies religieuses qui ont agité son époque, et dont la trace brûlante est venue jusqu'à nous (fig. 14). »

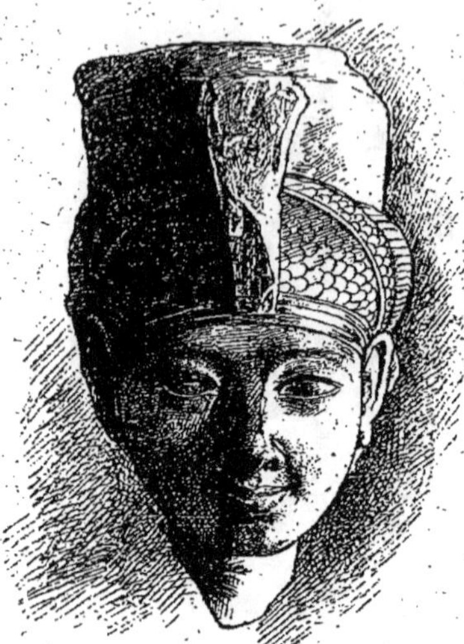

Fig. 14. — La reine Taia.

Ces tragédies, le roi eunuque Aménophis IV, sans

doute le fils de Taia, en fut le principal auteur. Une
statuette du Louvre, haute de 0^m,60, reproduit son corps
et son visage difformes avec un réalisme qui nous ra-
mène presque aux beaux temps de la sculpture memphite. Tout roi qu'il est, malgré les attributs et les in-
signes du pouvoir su-
prême, Amênophis a
gardé en effigie toute sa
laideur native et toute
celle que la mutilation a
imprimée à sa personne.
Aucun détail n'a répugné
au sculpteur, qui semble
même attaché à rendre
avec le plus d'exactitude
les traits les plus repous-
sants de son modèle : la
face, au front fuyant, aux
grands yeux obtus, au
nez épaté, aux lèvres
inexpressives, est stupide
et morne; les bras, les
cuisses, les jambes sont

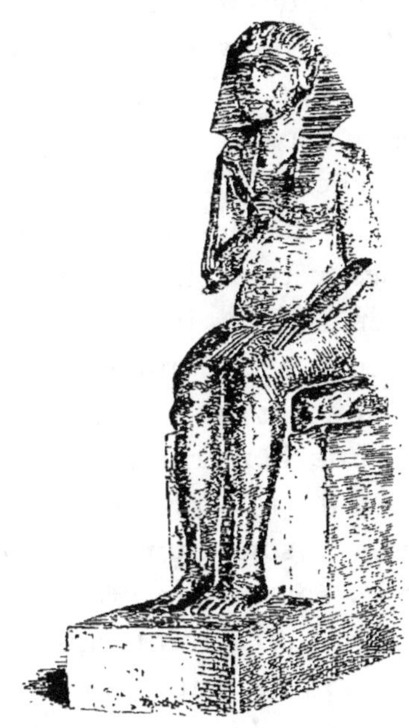

Fig. 15. — Amênophis IV.

ronds et mous; les pectoraux sans muscles qui retombent sur l'estomac, le ventre flasque et ballonné n'ont
rien de viril; mais ces détails mêmes, fidèlement observés sur la nature, révèlent chez le sculpteur un talent
bien rare à son époque, et dont nous ne saurions trop
le louer (fig. 15).

Car à côté de ces quelques morceaux de maîtrise
que l'on se plaira toujours à décrire, que de statues

froides et impersonnelles ! Les colosses, dans les musées
ou dans les grandes ruines de la moyenne Égypte,
Thèbes, Tanis, Abydos, Ibsamboul et tant d'autres, succèdent aux colosses, les Pharaons aux Pharaons, les
Sphinx aux Sphinx, dans une désolante monotonie.
Les attitudes se répètent sans nulle recherche de variété, les mouvements sont copiés sur les mouvements,
et si partout se révèle une habileté remarquable à tailler
dans le roc des figures gigantesques, à façonner et polir
les roches les plus dures de granit, à couler le bronze
dans des moules finement ouvragés, mais toujours les
mêmes, cette technique routinière et froide n'a que cet
intérêt, toujours invariable; et toutes ces œuvres conservées en si grand nombre, qu'on juge l'imagination qui
les a conçues ou la main qui les a tirées de la matière,
n'ont que le mérite bien secondaire des reproductions,
à peine des interprétations; elles semblent des épreuves
tirées à foison d'une série fort restreinte de moules, et
le plus souvent encore de moules bien vieux et hors
d'usage, qu'il serait temps de briser.

Presque autant que les statues, les bas-reliefs qui décorent les pylônes et les temples sont monotones. Les
thèmes en varient peu : « combats, victoires, rentrées
triomphales des conquérants; scènes religieuses, tableaux d'hommage et d'adoration ». On comprend que
par le détail ces quelques sujets semblables auraient pu
se diversifier à l'infini. Les Grecs, qui eux aussi repré-
sentèrent maintes fois quelques scènes préférées de mythologie, comme la lutte des dieux et des géants, des
Centaures et des Lapithes, ne se répétaient jamais et
trouvaient à chaque nouvelle épreuve des épisodes et

des groupements nouveaux de personnages. Mais les
sculpteurs égyptiens étaient forcés de produire vite et
de produire beaucoup; le temps leur manquait pour
méditer leurs œuvres et les exécuter avec le soin minutieux que réclame la perfection. De sorte que, d'une
part, contents des tableaux anciennement imaginés, des
formes trouvées et adoptées par les générations précédentes, des procédés pratiques hérités des maîtres anciens, ils n'ont pas éprouvé le besoin d'innover; que,
d'autre part, ils n'ont pas fait mieux, car cette méthode
de reproduction sans effort est stérile, ni même fait
aussi bien, car cette méthode stérile est en même temps
énervante. Pour tout dire en un mot, à l'époque thébaine, pendant le premier comme pendant le second
empire, les conventions sont souveraines; nous verrons tout à l'heure ce qu'elles étaient et ce qu'elles va-
laient.

Pour le moment, nous voulons signaler quelques
bas-reliefs qui se détachent en vigueur sur ce fond triste
de tableaux uniformes. Ces exemples atténueront dans
la mesure qu'il convient l'idée défavorable qu'on se
ferait peut-être de l'art thébain d'après les pages précédentes, car il ne faut pas oublier que toute opinion
trop catégorique est fausse par quelque côté, en matière
artistique, du moment qu'il faut compter, même aux
époques plus déshéritées, avec la libre initiative de
quelques talents exceptionnels.

En première ligne il faut placer le Séti Ier du grand
temple d'Abydos; il s'en faut de bien peu que ce bas-
relief ne soit un chef-d'œuvre (fig. 16). Le roi, debout
et marchant vers la gauche, est en adoration; il offre une

statuette à quelque divinité. Les fautes sont en grand nombre : les jambes, mal dessinées, ne sont pas en perspective ; vues de profil, elles ne s'accordent pas avec le torse vu de trois quarts ; le bras gauche est bien mal attaché à l'épaule ; les doigts des mains, par une recherche bizarre d'élégance, sont trop longs et trop courbés au bout ; le pouce est aussi mal présenté que possible. Mais de l'ensemble se dégage un charme inexprimable ; le profil du Pharaon est plein de grâce juvénile ; la bouche petite, le menton et le nez fins, l'œil étroit en amande, que prolonge la coquetterie d'une ligne artificielle sous de longs sourcils, le léger bonnet rond que l'uræus, insigne royal, décore d'un enroulement délié, tout le visage est empreint d'une douceur qui n'exclut pas la majesté. Les lignes du corps, malgré les incorrections anatomiques qui sautent aux yeux, sont souples et pures, et leur élégance s'harmonise délicatement à la coquetterie des parures, bracelets et colliers joliment ouvrés, et du pagne finement plissé.

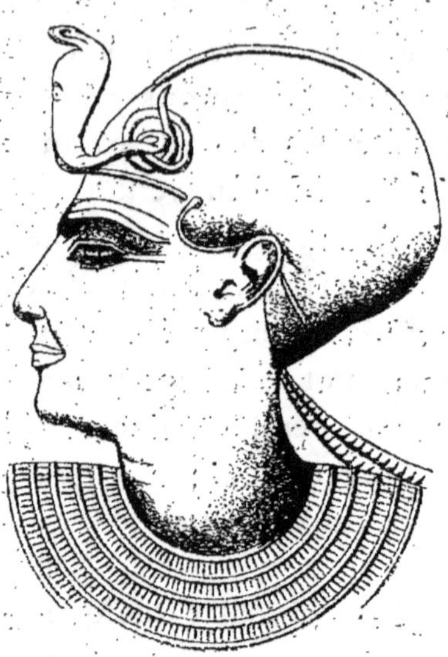

Fig. 16. — Séti 1er.

Le soin est bien moindre dans le tableau de Karnak (mur extérieur du grand temple) qui représente Ramsès II revenant vainqueur de Syrie (fig. 17). Ramsès est sur son char, où pendent des trophées d'armes et des têtes coupées ; il pousse devant lui, et tire par derrière de longues files de captifs enchaînés. Le roi est d'un dessin franc et délié, très sommaire ; l'attitude du triomphateur, calme et grave, donne l'idée d'une force sûre d'elle-

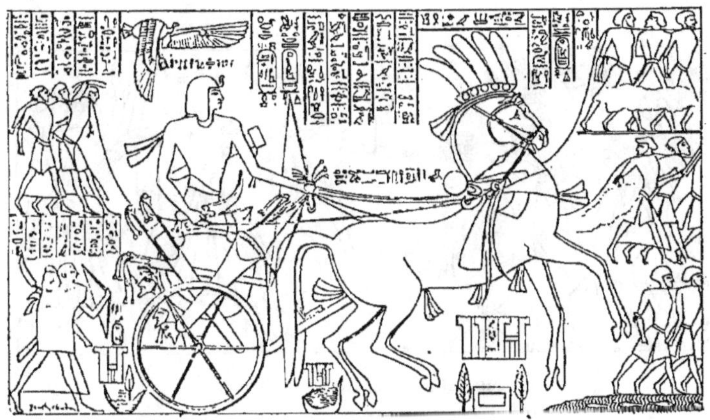

Fig. 17. — Ramsès II vainqueur.

même, d'une gloire sereine et d'une majesté sans orgueil ; les chevaux fiers et piaffants, dont les croupes sont trop rondes, les pattes trop effilées, ont plus d'élégance que de vigueur ; mais les prisonniers, rapidement campés dans des positions bizarres, nous amusent par la variété de leurs types étrangers dont les traits saillants sont saisis et rendus avec un vif sentiment du pittoresque. L'ensemble du tableau est d'une allure bien vivante et personnelle, et, comme dans toutes les œuvres vraiment belles de cette période, ce qui nous semble le meilleur est dû aux traditions réalistes.

C'est le réalisme aussi qui donne tout son prix à la danse funèbre que reproduit la figure 18 (Musée de

Boulaq). Toutes ces almées vêtues de robes transparentes, quelques-unes à types de juives, dont les corps s'agitent et se contournent, au son des tambourins, selon le rythme peu gracieux de la danse du ventre ; ces hommes dont les longs bras tendus et l'ample jupe ronde rappellent les derviches tourneurs, sont mal des-

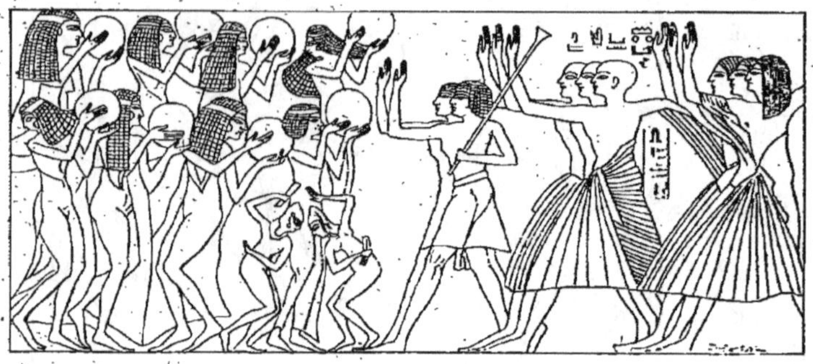

Fig. 18. — Danse funèbre.

sinés ; leurs corps sont grêles et décharnés ; ils ont des pieds, des bras, des mains d'une longueur ridicule ; mais les mouvements sont justes en somme et bien observés, et les personnages sont groupés avec pittoresque. Nous avons là une preuve qu'il y avait à côté de la sculpture officielle, dont les bas-reliefs de Séti et de Ramsès sont les remarquables exemples, un art plus libre où s'exerçaient encore les précieuses qualités d'observation des sculpteurs égyptiens. Les œuvres de ce genre sont rares encore dans nos musées ; si nous faisions l'étude de la peinture durant le second empire thébain, nous verrions que les peintres ont plus souvent et plus franchement que les sculpteurs marché dans cette voie heureuse.

« L'Égypte, depuis les Ramessides, dit M. Perrot, n'a pas cessé de déchoir, et son déclin avait été plus sensible encore dans la première moitié du viie siècle avant notre ère, quand l'Éthiopie et l'Assyrie s'en disputaient la possession. Elle se relève sous Psammétik; elle se débarrasse de l'étranger, elle refait son unité nationale, et bientôt même elle va reconquérir, pour quelque temps, son ascendant sur la Syrie. A ce retour de fortune correspond une renaissance artistique; les princes de la XXVIe dynastie s'efforcent de réparer les ruines qu'ont faites les dissensions intestines et les invasions du Nord et du Midi. »

L'art, durant la renaissance saïte, a deux tendances. La plupart des sculpteurs renouent les traditions de l'art thébain; ils sont pressés de produire et tombent dans les banalités connues de la décoration rapide; ils restent de médiocres imitateurs de leurs devanciers immédiats. A peine peut-on constater, avec quelque précaution encore, qu'ils ont cherché plus que les Thébains à donner du naturel aux corps par le soin d'un modelé plus souple; les formes sont par suite plus arrondies, le malheur est qu'elles vont trop souvent jusqu'à la mollesse, par suite du parti pris d'émousser tous les angles. Les Saïtes, d'ailleurs, aimaient à s'attaquer aux pierres les plus dures, le basalte, le grès, la serpentine, et c'était, pour eux, prouver toute l'ingéniosité de leur technique que de polir et fouiller à outrance des matières dures et sèches par essence. Comme tous les artistes de décadence, ils emploient leur effort et mettent leur point d'honneur à vaincre d'inutiles difficultés.

Nous ne décrivons aucune œuvre de cette école bâtarde; nous préférons citer deux ou trois morceaux dus à des sculpteurs bien plus intéressants, qui essayent de re-tremper leur ciseau aux bonnes sources de l'art national. Le por-trait de la reine Ameniritis (fig. 18 *bis*) peut être à bon droit vanté. Il y a bien quelque chose de gauche dans l'attitude et d'étriqué dans les formes, mais la tête est expressive, d'une observation très poussée; le corps est construit et modelé simplement, il y a dans l'ensemble de l'ingénuité d'inspi-ration et de la franchise de fac-ture. Une statue de scribe à ge-noux, Nekht-Har-Heb, au Lou-vre; Pedishashi, familièrement assis dans une posture nouvelle, les genoux au menton, « dont la figure, dit M. Maspero, a une ex-pression de jeunesse et de dou-ceur spirituelle, qu'on n'est pas habitué à rencontrer sous le ci-seau d'un Égyptien », rappellent les meilleurs temps de la période memphite. Et quant à la tête du Louvre, en calcaire, que repro-duit la figure 19, elle vaut pres-que celles que nous avons le plus admirées pour la franchise de leur réalisme : le front chauve et bossué, gravé de deux rides profondes, les yeux petits, durs et

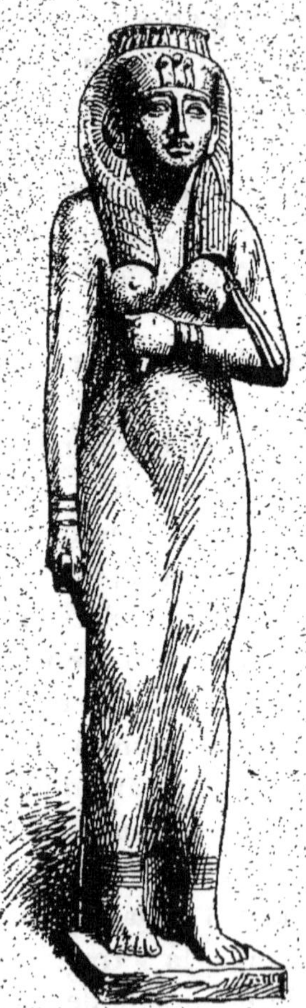

Fig. 18 *bis*.
La reine Ameniritis.

vieux, d'où part un pli qui sabre la joue, la patte
d'oie, la bouche largement fendue, aux lèvres minces
et pincées, le menton osseux et carré, l'air de rudesse
et d'entêtement, tous les traits
saisissants du vieillard triste
et quinteux, sont mis en vigueur avec beaucoup de verve
et de franchise.

On pourrait encore signa-
ler quelques bas-reliefs où
se révèle nettement l'imitation de l'archaïsme; mais en
somme, à l'époque saïte, le
bien est l'exception; la routine thébaine l'emporte, et
cette routine, cette tradition,

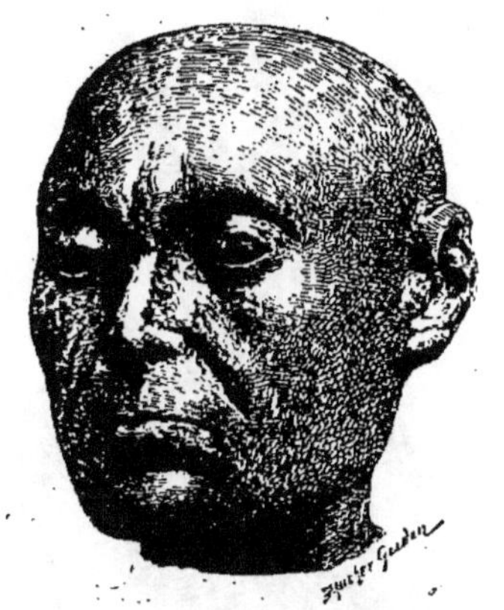

Fig. 19.
Tête de vieillard (Louvre).

si le mot routine est trop dur, a tant de force, que malgré le contact de l'Égypte avec la Grèce avant Alexandre,
que même plus tard sous le règne des Ptolémées, l'art
égyptien y reste irrévocablement attaché; les successeurs
d'Alexandre sont figurés dans l'attitude et le costume à
peine modifié des Pharaons.

Plus tard seulement, et pour ainsi dire malgré eux,
les sculpteurs égyptiens ont subi l'ascendant de l'art
comme de la civilisation hellénique. On retrouve en
assez grand nombre des œuvres où le style national s'est
mâtiné de style grec. Tel est Hor, découvert en 1881.
« La tête, dit M. Maspero, est un bon morceau d'un
travail un peu sec. Le nez mince et long, les yeux rapprochés, la bouche petite et pincée aux coins, le menton
carré, tous les traits concourent à prêter à la figure un

caractère de dureté et d'obstination. La chevelure est coupée ras, pas assez cependant pour qu'elle ne se sépare naturellement en petites mèches épaisses. Le corps, revêtu de la chlamyde, est assez gauchement taillé, et trop étroit pour la tête. L'un des bras pend, l'autre est ramené sur le ventre; les pieds manquent (fig. 20) ».

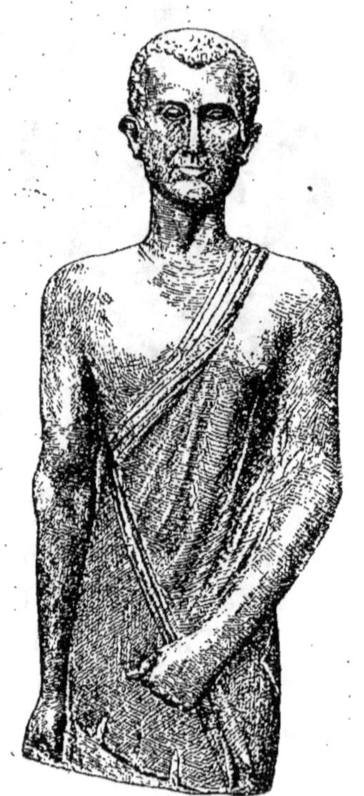

Fig. 20. — Hor.

Hor, on le voit, est plus grec qu'égyptien; mais Hor est encore l'exception. Les statues, les statuettes, les figurines de bronze, des divinités surtout, qui pullulent dans nos musées, et qu'on rapporte sans hésiter à cette longue période qui va des Ptolémées à l'invasion des barbares, au milieu du IIIe siècle, sont toutes de style saïte. L'amour de l'empereur Hadrien pour les arts exotiques, pour l'art égyptien en particulier, provoquant en Égypte une nouvelle, mais éphémère renaissance, n'était pas fait pour détruire ce que la sculpture avait gardé de national.

Cette revue sommaire a bien prouvé, nous l'espérons, que la sculpture égyptienne ne mérite pas le reproche qu'on lui lance si souvent d'immobilité fatigante. Cet art a marché ; il a subi des variations, lentes,

Il est vrai, sûres cependant. Mais il est un fait non moins certain, c'est que, pour qui s'en tient à un rapide examen de surface, l'erreur est facile.

La sculpture égyptienne a, en effet, dans tout le cours de sa longue histoire quelque chose d'uniforme et d'invariable, qui lasse à la longue et donne l'illusion fâcheuse d'un art stationnaire : c'est l'ensemble de ses conventions, qui furent très particulières et d'une persistance rare. Nous ne parlons pas ici des procédés techniques de facture, imposés souvent par les conditions locales du travail, les outils et la matière, mais de certaines habitudes spéciales de dessin, de composition et de style. Peut-être tous les artistes voient-ils la nature de la même façon, et n'y a-t-il pas de différence sur ce point entre un sculpteur memphite et un sculpteur grec ou français ; mais dès qu'il s'agit de donner une forme plastique aux choses vues, les artistes se trouvent en présence de difficultés que chacun résout suivant son inspiration et ses forces ; si quelqu'un trouve des procédés d'interprétation qui s'imposent à ses émules ou à ses successeurs, la convention prend naissance. Un art fait d'autant plus de progrès et s'approche d'autant plus de la perfection qu'il se dégage plus complètement des conventions forgées à ses débuts par l'ignorance ou la maladresse des maîtres primitifs. La sculpture égyptienne n'a pas fait de progrès parce qu'elle n'a pas su, ou pas voulu, dans son âge mûr, rompre avec les conventions de son enfance.

Quelques-unes de ces conventions sont communes à la ronde bosse et au bas-relief ; la principale est la polychromie. Nulle part la peinture n'a rendu tant de services à la sculpture qu'en Égypte : toutes les statues, sauf peut-être quelques œuvres en basalte ou en grès, tous les bas-reliefs étaient coloriés, et cela suivant certaines règles à peu près fixes. Les statues étaient entièrement peintes, mais seulement les figures des bas-reliefs, dont le fond gardait sa teinte naturelle. Les couleurs employées étaient assez nombreuses; on a trouvé des palettes datant de la Ve dynastie divisées en compartiments pour le jaune, le rouge, le bleu, le brun, le blanc, le noir et le vert; d'autres, beaucoup plus tard, sous la XVIIIe dynastie, comptent jusqu'à seize nuances distinctes. M. Maspero a bien marqué les caractères de la polychromie égyptienne :

« De grandes teintes plates, uniformes, juxtaposées, mais non fondues : on enluminait, on ne peignait pas au sens où nous prenons ce mot…. En mettant la couleur, on la simplifiait, et on ramenait à une seule teinte, non rompue, toutes les variétés de tons qui existent naturellement sur un objet ou qu'y produisent les jeux de l'ombre et de la lumière. Elle n'est jamais ni entièrement vraie ni entièrement fausse. Elle se rapproche de la nature autant que possible, mais sans prétendre à l'imiter fidèlement, l'atténue tantôt, tantôt l'exagère et substitue un idéal, une convention, à la réalité visible. L'eau est toujours d'un bleu uni ou rayé de zigzags noirs. Les reflets fauves et bleuâtres du vautour sont rendus par du rouge vif et du bleu franc. Tous les hommes ont le nu brun, toutes les femmes l'ont jaune clair. On enseignait dans les ateliers la couleur qui convenait à chaque être ou à chaque objet, et la recette, une fois composée, se transmettait sans chan-

gement de génération en génération. De temps à autre,
quelques peintres plus hardis que le commun se ris-
quaient à rompre avec la tradition. Vous trouverez des
hommes au teint jaune comme celui des femmes à Sak-
karah sous la Ve dynastie, à Ibsamboul sous la XIXe, et
des personnages aux chairs roses dans les tombeaux de
Thèbes et d'Abydos, vers l'époque de Thoutmès IV et
d'Harmabi. Ces nouveautés ne duraient guère, un
siècle au plus, et l'école retombait dans ses anciens
errements. »

Tous les visiteurs de l'Égypte s'accordent à dire que
l'effet de cette décoration picturale, malgré la convention, est des plus heureux : rien de heurté, rien de
criard dans la juxtaposition des teintes plates. Les
nuances, vives et poussées dans les hypogées sombres
ou sur les pylônes éclatants de lumière, pâlies et douces
dans les salles qu'éclaire un demi-jour discret, s'harmo-
nisent ici à l'éclat des torches ou du soleil, là au mystère de la pénombre.

Mais la convention ne s'arrêtait pas à la coloration
des formes sculptées ; ces formes elles-mêmes étaient
modelées d'une façon toute conventionnelle. Laissons
les portraits de l'école memphite; la religion exigeait
la ressemblance exacte des corps aussi bien que des
visages, nous en avons cité de curieux exemples. Mais
sauf ce cas spécial, c'est comme un principe admis par
tous les sculpteurs qu'il n'y a qu'un âge pour l'homme
ou pour la femme, celui de la pleine jeunesse. Sur les
parois des mastabas, dans les hypogées du nouvel
empire, sur les murs des temples ou des pylônes, tous
les hommes, toutes les femmes apparaissent dans le

complet épanouissement de leur force; pas de vieillards décrépits, pas d'éphèbes aux contours hésitants. Les sculpteurs, il faut l'avouer, se sont ainsi privés d'éléments bien précieux de vie et de variété. Car une fois trouvé et accepté le type du corps jeune et beau, il s'est imposé naturellement, sans variante; les artistes, fuyant l'effort, la fatigue de l'observation et de la recherche, puis de l'interprétation personnelle, l'ont reproduit à satiété sans rien modifier que les mouvements et les gestes.

Il suit de là d'autres conventions nécessaires, car il faut pourtant bien différencier et préciser les personnages; il y a sur terre des enfants, des vieux et des vieilles à côté des hommes faits et des femmes à la fleur de l'âge; il y a des maîtres et des esclaves, des rois et des sujets; au-dessus des hommes et des rois il y a des dieux. Pour beaucoup de ces derniers, la chose est simple. Quelques-uns, on le sait, étaient adorés sous la forme de bêtes, comme Apis-Bœuf ou la Touéris-Hippopotame. En d'autres se mélangeaient deux natures, l'humaine et l'animale; ce sont des corps d'hommes ou de femmes que surmontent des têtes de quadrupèdes ou d'oiseaux : Anubis a une tête de chien, Thot une tête d'ibis, Horus une tête d'épervier; Hator est une femme à tête de vache, Rannu une femme à tête de serpent, Sekhet une femme à tête de lionne (fig. 21). Plus rarement une tête masculine ou féminine surmonte un corps d'animal : tels sont les Sphinx, en qui s'unissent, dans un symbole si frappant, la force qui réside dans le corps du lion et l'intelligence qui réside dans la tête de l'homme. Mais

Ammon, par exemple, Pthah, Osiris, et d'autres encore
sont des dieux à pure forme humaine ; si l'un d'eux
est figuré seul, ses attributs,
son costume, sa coiffure le fe-
ront reconnaître ; s'il paraît
dans un groupe, à ces détails
se joindra la hauteur plus
grande de sa taille ; il semblera
colossal au milieu des mortels qui l'entourent. Et de
même le Pharaon, désigné
d'ailleurs par son rôle et par
sa parure royale, dominera le
monde plus humble de ses sujets, le maître la troupe in-
fime de ses serviteurs. Quant
aux enfants, leur petitesse seule
suffit à les distinguer, ou bien
quelque geste naïf de bébé,
comme un doigt porté à la
bouche. Mais voilà les seules
distinctions, toutes conventionnelles : Ammon-Dieu, Ram-
sès-Roi, Ti, riche seigneur,
l'enfant qui tette son doigt,
quelles que soient les dimensions de leurs corps, ont le
même corps, ici grandi jus-

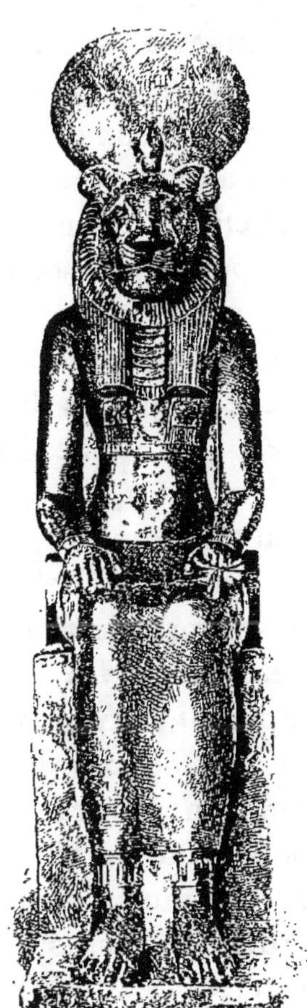

Fig. 21.
La déesse Sekhet.

qu'aux proportions surhumaines, là diminué et comme
réduit ; c'est toujours le type de convention, l'homme
jeune et fort, qui s'est imposé ; nul effort pour ex-

primer, par des formes plus sévères ou plus belles l'om-
nipotence divine ou la majesté royale, par des formes
plus simples et moins parfaites la médiocrité de l'homme
ou la faiblesse de l'enfant. Par là s'explique d'ailleurs
que les types figurés des dieux et des déesses aient à
peine varié pendant tant de siècles, et que le corps
humain ait toujours été dessiné et sculpté avec la même
imperfection ; il en fut autrement chez les Grecs, où
les sculpteurs, en secouant la convention, changèrent
si vite, nous le verrons, les grossières idoles de bois
ou de pierre contre les dieux immortels de Phidias, et
les ébauches naïves des hommes archaïques contre les
athlètes aux formes impeccables des Myron et des
Polyclète.

D'autres conventions sont spéciales à la ronde bosse,
d'autres au bas-relief. Celles-là sont en petit nombre.
Notons la prédilection des sculpteurs pour les attitudes
reposées et graves, pour les gestes sans violence,
qu'imposent souvent d'ailleurs la fragilité de la matière
et l'insuffisance des outils ; les hommes debout, le plus
souvent, ont les bras pendants le long du corps et la
jambe gauche portée en avant ; les hommes assis ont
les pieds réunis devant leur siège, les coudes collés à
la taille, les mains posées sur les genoux. C'est la
fixité de cette attitude conventionnelle qui a si souvent
valu à la sculpture égyptienne le nom très erroné
d'hiératique. Ajoutons qu'assise ou debout, la statue
est d'ordinaire engagée par derrière dans une masse en
forme de bloc ou de stèle qui la fait parfois ressembler
à un bas-relief de très haute saillie. Notons encore la
rareté des groupes, de ceux du moins où deux ou trois

personnages s'unissent et jouent chacun un rôle dans une action commune, « qui ont pour raison d'être, dit M. Perrot, le contraste de formes d'un caractère différent et de mouvements qui s'opposent en se faisant équilibre », tels que nous en trouvons un si grand nombre aux belles époques de l'art grec, l'Hermès de Praxitèle, par exemple, ou le Laocoon. L'Égypte a seulement connu ce que nous pourrions appeler les groupes de famille, le père et la mère assis l'un à côté de l'autre, un enfant debout contre leurs genoux. Mais chacun de ces trois personnages est traité comme s'il était seul; par exception, il arrive que la femme passe affectueusement son bras autour du cou de son mari, l'enfant autour du mollet de son père.

Mais c'est surtout l'étude des bas-reliefs qui nous révèle toute une série curieuse de conventions qui touchent la composition des tableaux aussi bien que le dessin des figures, conventions très spéciales, dont aucun sculpteur ne semble avoir jamais songé à se débarrasser, comme il eût certainement été facile, et qui donnent à cette branche de l'art égyptien son style et son caractère original.

A toutes les époques, en Égypte, on a traité le bas-relief selon trois procédés. Comme c'est l'usage ordinaire dans tous les autres pays, on a sculpté des figures en saillie plus ou moins haute sur une surface plane; mais cette méthode difficile, et qui veut beaucoup de temps, n'était guère appropriée aux exigences de la décoration vaste et rapide. Parfois, la figure est modelée en relief dans un creux profond d'un ou deux centimètres; ce procédé, assez rare d'ailleurs, a le grand avantage que, le champ seul étant en relief, les figures sont protégées contre les chocs et les frottements. « En revanche, comme dit M. Perrot, pour peu que la lumière vienne de côté, toute une part du modelé se perd dans l'ombre. » Il était bien plus simple et plus expéditif de creuser simplement des contours sur les murailles bien planées, d'exécuter, pour tout dire, des dessins au burin, sans même se donner toujours la peine de ravaler le champ laissé libre entre ces dessins, pour donner aux figures un relief plus ou moins prononcé.

Mais, quel que soit le système choisi, les conventions du dessin restent les mêmes. M. Maspero, mieux que personne, en a compris l'origine et jugé la valeur; nous citerons encore de lui cette page heureuse : « Homme ou bête, le sujet n'était jamais qu'une silhouette à découper sur le fond environnant. On cherchait donc à démêler, parmi ces formes, celles-là seules qui ont un profil accentué, et que le simple trait pouvait saisir et amener sur une surface plane. Pour les animaux, le problème n'offrait rien de compliqué : l'échine et le ventre, la tête et le cou, allongés parallèlement au sol, se profilent d'une seule venue; les pattes sont bien détachées du corps..... L'homme ne se laisse pas reproduire aisément par la ligne seule, et la silhouette supprime une part trop grande de sa personne. La chute du front et du nez, la coupe des lèvres, le galbe de l'oreille, disparaissent quand la tête est dessinée de face. Il faut, au contraire, que le buste soit dessiné de face pour que la ligne des épaules se développe en son entier, et pour que les deux bras soient visibles à droite et à gauche du corps. Les contours du

ventre se modèlent mieux lorsqu'on les aperçoit de trois
quarts et ceux des jambes lorsqu'on les prend de côté.
Les Égyptiens ne se firent point de scrupule de combiner,
dans la même figure, les perspectives contradictoires
que produisent l'aspect de face et l'aspect de profil. La
tête, presque toujours munie d'un œil de face, est
presque toujours plantée de profil sur un buste de face,
le buste surmonte un tronc de trois quarts, et le tronc
s'étaye sur des jambes de profil..... Les hommes et les
femmes sont donc de véritables monstres pour l'anato-
miste, et cependant ils ne sont ni aussi laids ni aussi
risibles qu'on est porté à le croire en étudiant les copies
malencontreuses que nos artistes en ont faites souvent.
Les membres défectueux sont alliés aux corrects avec
tant d'adresse qu'ils paraissent être soudés comme
naturellement. Les lignes exactes et les fictives se sui-
vent et se complètent si ingénieusement qu'elles semblent se déduire nécessairement les unes des autres. »

On le voit donc, ces conventions de dessin résultent
d'une maladresse assez explicable, du moins à l'origine de l'art, à rendre les effets de la perspective. Les
sculpteurs primitifs de la Grèce n'ont pas échappé à
ces nécessités d'interprétation enfantines ; mais ce qu'on
excuse dans une ébauche des temps archaïques étonne
et choque aux époques de pleine civilisation, alors que
l'art est adulte, et l'on n'a point encore fini de se demander pourquoi les Égyptiens se sont obstinés dans
leurs traditions, refusant, pour ainsi dire, de faire des
progrès aussi faciles que nécessaires.

Passons-nous du dessin à la composition des ensembles, les mêmes causes produisent des effets analogues.

Ici, non plus, rien des perspectives naturelles; tout est convention, mais cette convention, parfois très naïve est parfois très ingénieuse. Comment cette ingéniosité naïve, qui se révèle si souvent, ne s'est-elle pas appliquée à supprimer la convention plutôt qu'à la fortifier encore?

Si l'on réussit mal à représenter au naturel, sur un même plan, un corps humain dont les diverses parties

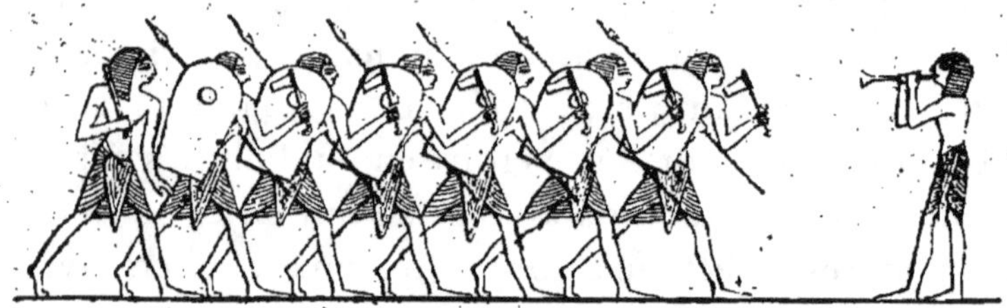

Fig. 22. — Soldats marchant de front.

sont situées dans des plans distincts, comment arriver, chose plus difficile encore, à donner l'illusion de plusieurs personnages placés l'un derrière l'autre et se couvrant en partie? Voici, par exemple, des soldats qui marchent sur une ligne, vus de profil. Si l'on veut les dessiner en perspective, il faudra observer que le premier, le plus proche du spectateur, devra être plus grand que le second, le second plus grand que le troisième, et ainsi de suite; de plus, si l'on veut unir par une ligne droite les pieds de tous les soldats, on obtiendra une ligne fuyante qui montera, si l'on veut unir toutes les têtes, une ligne fuyante qui descendra, faisant avec la précédente un angle plus ou moins aigu. Les Égyptiens se sont contentés, comme le montre la figure 22, de ramener les soldats en recul sur le même plan que le premier, sans diminuer la taille d'aucun d'eux, et rendant parallèles la ligne des pieds et la ligne des mains ; de plus, les soldats sont placés l'un en avant de l'autre, sans presque se recouvrir. Nous avons vu rangés de même les Syriens enchaînés au char de Ramsès II vainqueur ; mais là (fig. 17), il y a une complication ; ce n'est pas une seule file, mais trois files serrées de personnages qu'il fallait représenter ; le sculpteur n'a trouvé qu'un moyen, bien naïf : il les a superposées. Le bataillon d'Égyptiens que reproduit la figure 23 est plus habilement disposé, car si les hommes sont encore superposés et comme empilés dans une figuration tout arbitraire,

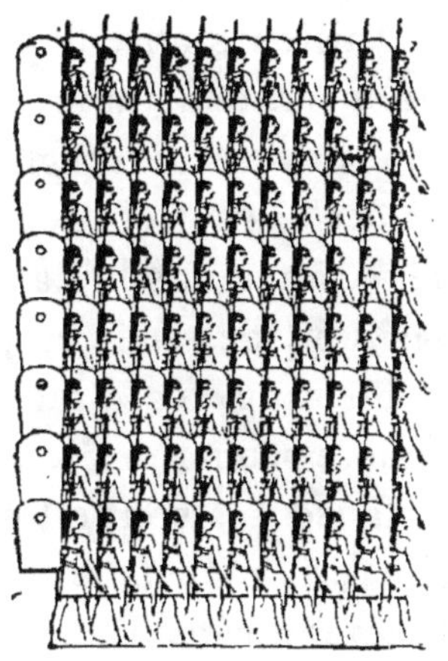

Fig. 23.

Bataillon en marche.

ils se recouvrent en partie les uns les autres et ne se dominent que du buste. Il y a, comme dit M. Maspero, une sorte d'imbrication des plans verticaux. Nulle image non plus ne rend plus nette que celle de cette phalange l'importance du cliché dans la sculpture égyptienne. Tous ces soldats sont absolument semblables ; les traits de leur visage, leur vêtement, leur armure, les positions de leurs mains, de leurs pieds, sont les mêmes pour tous ; ils se répètent avec une précision, une identité si parfaites qu'il est difficile de se défendre de croire que les décorateurs ont employé des moyens mécaniques, comme des poncifs.

Il est pourtant bien probable que chacun des personnages a été tracé à main levée, et l'on regrette tant d'efforts dépensés pour arriver à une ennuyeuse monotonie, qui eussent pu être si utilement employés à une plus artistique besogne. Mais il fallait aller vite.

D'ailleurs on cite plus d'un tableau sculpté, où l'auteur a su, dans une certaine mesure, éviter l'excès et l'ennui de ces perspectives factices; rappelons quelques-uns des bas-reliefs de l'École memphite que nous avons cités; rappelons la danse funèbre (fig. 18). Si les derviches sont dessinés et placés selon la convention, si le second rang des almées est superposé au premier de la manière peu naturelle que nous savons, du moins toutes les danseuses sont-elles bien vivantes, d'une vie personnelle et indépendante; elles sont vraiment groupées librement, sans rien de trop conventionnel, ni surtout de poncif. Ce bas-relief, comme celui de Séti Ier en adoration, nous donne, disons-le en passant, l'exemple d'une convention curieuse et assez fréquente; elle consiste à dessiner les corps comme s'ils étaient nus, et à indiquer simplement les draperies qui les couvrent dans la nature par des lignes très sommaires; il semble que les hommes ou les femmes ainsi représentés soient revêtus d'une simple robe de gaze flottante.

L'œil ne tarde pas à se faire à ces images d'hommes difformes, à ces groupes mal équilibrés; il corrige par instinct les fautes et finit même quelquefois par trouver de l'agrément à ces dispositions qui ne sont pas naturelles, mais qui s'expliquent pourtant et se comprennent. Il est plus rebelle à approuver, à accepter même d'autres conventions bien plus hardies ou plus gros-

sières. Les Égyptiens n'ont jamais su dessiner un
paysage ; chaque objet de la nature, observé à part, peut
être bien rendu ; un arbre se reconnaît sans peine ; on
distingue facilement un palmier d'un papyrus ; mais
comme cet artiste dont
parle Horace, très habile à
sculpter une chevelure, incapable de poser un en-
semble, les Égyptiens ont
toutes les peines du monde
à grouper comme il con-
vient les divers éléments
qu'ils savent bien repré-
senter séparément. Qui
reconnaîtrait à première

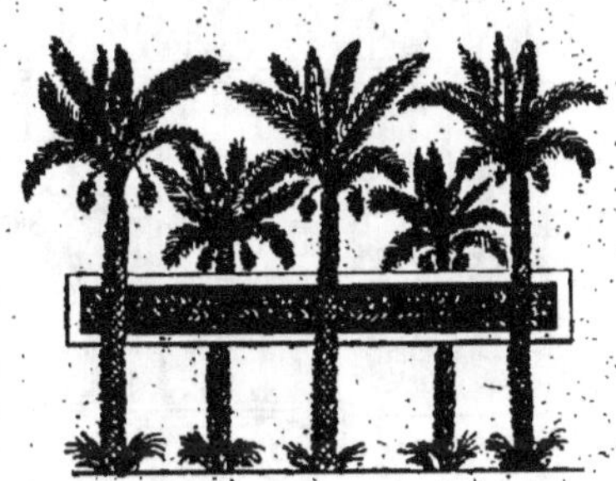

Fig. 24.

Canal coulant entre des palmiers.

vue un canal plein d'eau coulant à travers des palmiers, dans cette large bande rectangulaire placée à
mi-hauteur du tronc des arbres (fig. 24)? Il faut beaucoup d'attention pour distinguer dans cette image
(fig. 25) le plan d'une maison entourée d'un jardin, et
dans le jardin des vignes, des cyprès, des bassins entou-
rés de verdure. C'est que les arbres ont été comme
couchés à plat sur le sol, à côté les uns des autres, et
disposés en lignes parallèles, de telle sorte que les
branches de l'un ne s'enchevêtrent jamais aux branches
d'un autre ; ceux mêmes qui entourent les bassins peu-
plés d'oiseaux aquatiques sont rabattus en arrière,
comme les quatre côtés verticaux d'une boîte cubique
qu'on aurait repliés sur le plan du fond horizontal,
afin que leur feuillage ne dérobe au regard aucune
parcelle de la surface liquide. Ajoutons que tous ces

arbres sont absolument identiques entre eux et semblent dessinés avec des poncifs, comme les soldats des bas-reliefs cités plus haut. Quant aux habitations, elles

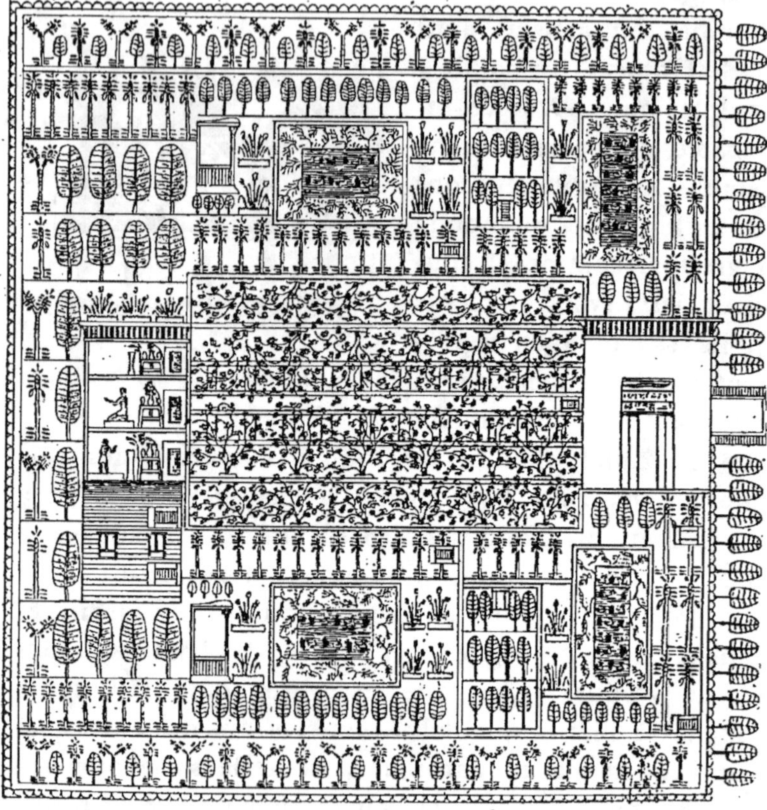

Fig. 25. — Maison et jardin.

sont représentées aussi couchées horizontalement, et, du côté gauche, par exemple, suivant une coupe verticale qui permet de voir la disposition des étages. Il y a là un ensemble de conventions et de procédés où la naïveté ne va pas sans quelque imagination. Une telle conception, à laquelle certainement n'auraient pas pu arriver des artistes absolument primitifs, nous montre bien la mesure de timidité et de hardiesse, de maladresse aussi et de dextérité qu'avait le génie égyptien.

Telle est, en effet, l'impression générale que nous voudrions voir se détacher de cette rapide étude. La sculpture égyptienne a quelques grands mérites; les artistes, dès l'époque classique, qui est pour tous l'empire memphite, observent la nature avec pénétration et la reproduisent avec franchise; ils sont réalistes, mais au bon sens du mot, c'est-à-dire qu'ils savent allier à l'exactitude d'une copie sans scrupules la liberté intelligente d'une interprétation originale. Au service de leur talent à la fois établi sur la connaissance de la nature et le sentiment assez vif de l'idéal, ils ont une habileté de main que nous admirons lorsqu'elle s'applique à des matières tendres comme le bois ou le calcaire, qui nous étonne lorsqu'elle s'attaque aux granits les plus secs et les plus durs. Nulle difficulté ne les arrête; sous l'effort hardi ou patient de leurs outils, le calcaire, comme le grès, s'assouplissent et se modèlent comme les fins marbres de Paros ou du Pentélique; tel fragment de statue en basalte a des précisions et des finesses de modelé anatomique que peuvent lui envier bien des maquettes de terre glaise. Mais cet art porte en lui de nombreux germes de faiblesse, qui l'empêcheront de produire aucune œuvre vraiment parfaite: ce sont ses conventions. Disons-le une dernière fois, ces conventions ont toutes leur raison d'être; elles s'expliquent et se comprennent; on explique, on com-

prend que, presque inévitables à l'origine, elles se
soient perpétuées à travers les siècles. Mais on regrette
leur persistance : elles ont enchaîné une fois pour toutes
l'essor et le progrès des sculpteurs ; admises sans conteste, comprises et peut-être admirées de tous les
Égyptiens, elles ont toujours été commodes aux artistes qu'elles dispensaient d'effort et de recherche personnelle, dont elles servaient d'ailleurs le besoin de
conception et de facture hâtives. Sans dépasser la mesure,
et trop les critiquer en elles-mêmes, puisque nous avons
reconnu que quelques-unes étaient nécessaires aux
temps primitifs, que quelques-unes mêmes ont eu du
bon, il faut bien leur faire ce reproche très grave
qu'elles ont maintenu la sculpture égyptienne dans
une médiocrité générale que la beauté hautement pro-
clamée de quelques œuvres d'exception ne peut faire
oublier, et que, par leur faute, l'art de l'Égypte cessera
difficilement de passer pour un art froid, monotone et
artificiel.

II

La Chaldée a une existence historique bien antérieure à l'Assyrie; le courant civilisateur a remonté le
courant du Tigre et de l'Euphrate; le centre de la vie
chaldéenne est passé d'Our, de Larsam, cités assez
proches de la mer, à Babylone, située vers le milieu
du cours de l'Euphrate; puis la gloire de Babylone a
pâli devant celle de Ninive, qui fut la capitale de
l'Assyrie, en pleine Mésopotamie, non loin des sources
du Tigre.

Mais on ne peut pas dire qu'en changeant de place
la civilisation se soit modifiée, à plus forte raison
qu'elle ait fait des progrès. De l'art égyptien, suivant
le mot que nous avons cité dans le chapitre précédent, nous ne connaissons que sa décadence; l'art
qui prit naissance en Chaldée passa de Chaldée en
Assyrie tel qu'il était né, sans changement ni progrès
apparent; on peut, on doit même confondre dans une
même étude les sculptures chaldéenne et assyrienne,
les monuments plus antiques comme les plus récents,
et définir cet art un art enfant, qui vécut et mourut
enfant. C'est qu'il faut toute l'érudition, toute la finesse

d'analyse de quelques critiques pour distinguer dans la production artistique de ces deux contrées des périodes, et même les plus autorisés d'entre eux nous semblent parfois trop accorder à des hypothèses; nous craignons qu'ils ne confondent le piétinement et le mouvement, et que les sculpteurs chaldéo-assyriens n'aient fait que décrire un grand cercle autour d'un centre fixe.

M. Perrot a dit : « L'art chaldéen et l'art assyrien, ce ne sont sans doute pas deux arts différents, mais ce sont deux mouvements successifs d'un même art, deux phases de son développement. » Et il distingue en Chaldée l'art *primitif*, l'art *archaïque*, l'art *classique*, en Assyrie plusieurs écoles d'inspiration et de style un peu divers. Ces divisions, qui s'appuient sur de légères nuances, ne nous semblent qu'à peine nécessaires, étant même admis qu'elles sont justifiées; c'est affaire d'impression. Pour nous, c'est l'immobilité de cet art qui nous frappe surtout, et que nous essayerons de mettre en lumière.

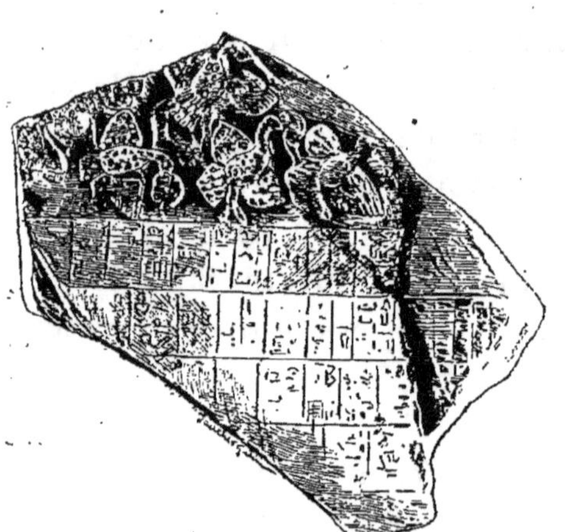

Fig. 26. — Stèle des Vautours.

A M. de Sarzec, vice-consul de France à Bassorah, revient le très grand honneur d'avoir découvert les

plus anciens monuments chaldéens. Les heureuses
fouilles de Tello, l'ancienne Sirtella sans doute

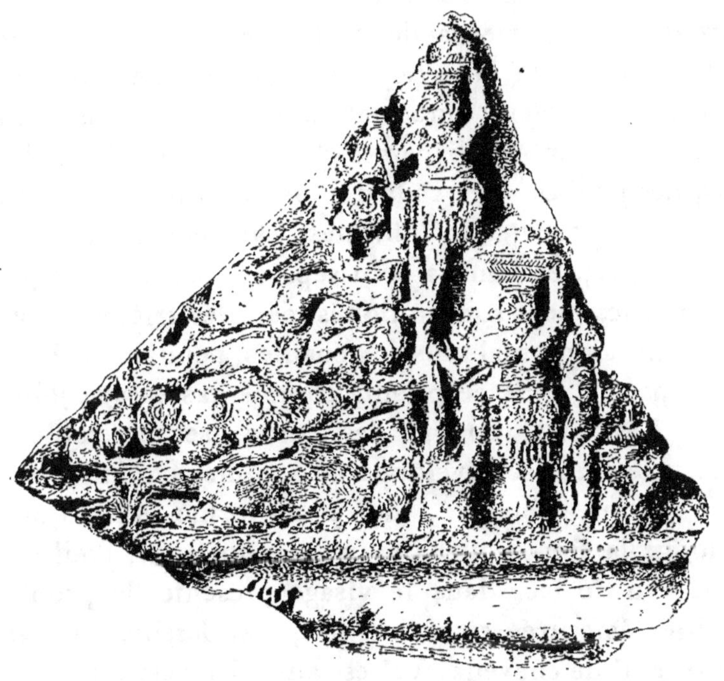

Fig. 26 *bis*. — Stèle des Vautours.

(1876-1881), ont enrichi le Musée du Louvre d'une ines-
timable collection.

Un des plus anciens monuments de cette riche série
est une stèle de pierre malheureusement brisée et incomplète, dont les deux faces sont couvertes d'inscriptions et de bas-reliefs ; c'est la *Stèle des Vautours*
(fig. 26 et 26 *bis*). Sur un fragment, des cadavres nus sont
empilés horizontalement les uns sur les autres ; deux
hommes vivants, portant des paniers sur la tête, grim-

pent le long d'un plan incliné. Il est probable que les cadavres sont censés dans la tombe; le plan incliné figure le revêtement de la fosse, ou bien le tertre funéraire dont les porteurs de corbeilles font l'ascension pour y verser de la terre. Sur un autre fragment, des vautours s'envolent, emportant à leur bec et dans leurs serres des membres dispersés de morts, des têtes, des bras, des jambes. Les cadavres ont un aspect humain, mais leurs corps sont informes, sans aucun naturel anatomique; les jambes sont séparées par une simple rainure; les pieds sont indiqués par des triangles, les bras sont raides, mal unis aux épaules, pendants le long du corps, ou, s'ils se plient, comme cassés aux jointures. Les têtes, comme les corps, se ressemblent toutes : le crâne se développe au sommet en forme de poire, le nez busqué, de pure forme sémitique, prolonge la ligne courbe et fuyante du front; l'œil est grand, vu de face dans le visage présenté de profil; l'oreille démesurée est mal située, mal dessinée; point de barbe ni de cheveux. Tel est aussi l'aspect du corps et des têtes des vivants, sauf que les corps sont voilés, de la tête aux genoux, par un pagne tombant sans plis, que les têtes semblent coiffées d'une calotte, en arrière. Les mêmes têtes, identiques, comme clichées, se retrouvent entre les serres et au bec des vautours; mais les vautours, bien que grossièrement dessinés encore, sont plus réels, plus vrais que les hommes. Détail caractéristique de facture : les cadavres, dans la tombe, sont superposés, empilés dans le sens vertical au lieu d'apparaître l'un derrière l'autre, couchés à plat. Le sculpteur n'a pas su disposer plusieurs plans dans

l'épaisseur de la pierre ; il s'en est tiré par une convention qui nous étonne ; il faut un effort pour ré-
tablir chaque figure à sa place. Le sujet que représentaient les différents reliefs de
la stèle est bien simple ; c'est
certainement un monument
commémoratif d'un monarque
victorieux qui a voulu montrer ses ennemis défaits et
leurs cadavres enterrés hon-
teusement, dépouillés et nus,
ou dévorés sur le champ de
bataille par les oiseaux de
proie.

La Stèle des Vautours re-
présente pour M. Perrot l'art
chaldéen primitif. Neuf statues
trouvées à Tello et portant le
nom d'un gouverneur de province, Goudéa, représentent
l'art chaldéen archaïque ; ce
sont des statues votives, des

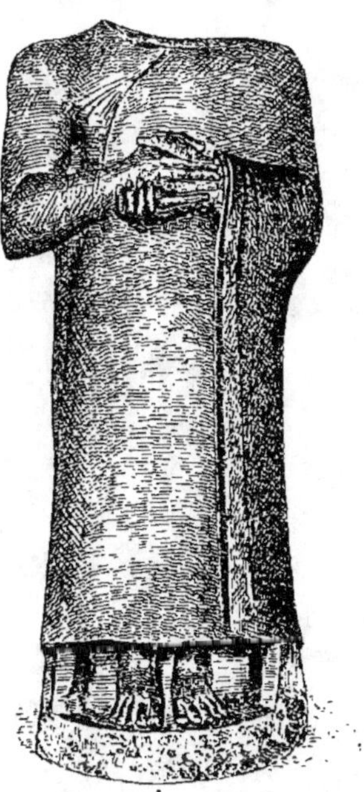

Fig. 27.
Statue de Goudéa (Tello).

hommages à une divinité, comme l'indique la position
des mains croisées contre la taille ; les personnages,
dont les têtes manquent par malheur, assis ou debout,
sont vêtus d'une longue robe sans plis (fig. 27). Nous
ne voyons pas trop en quoi ces figures en ronde-bosse
sont en progrès sur les figures en bas-relief de la Stèle
des Vautours ; l'anatomie anguleuse et sèche des bras,
des coudes, des mains, la carrure lourde des épaules,
les formes trapues des corps, la grosseur des pieds

larges et plats ne nous apprennent rien de nouveau. Les sculpteurs sont peut-être un peu plus habiles que le sculpteur de la stèle, mais pas beaucoup, et l'on doit sans doute attribuer le progrès, si progrès il y a, aux dimensions des statues, au sujet (car il est plus facile de façonner une statue isolée en ronde bosse qu'un groupe en bas-relief), à la matière aussi, car la pierre dure a remplacé la pierre molle et se prête mieux aux précisions de la forme.

Deux têtes séparées, toutes deux rondes et imberbes, l'une chauve, l'autre coiffée d'une calotte à retroussis, sont assez franchement modelées; mais les traits sont gros et sans expression, et l'ensemble est en somme de même type, peu supérieur aux têtes des cadavres

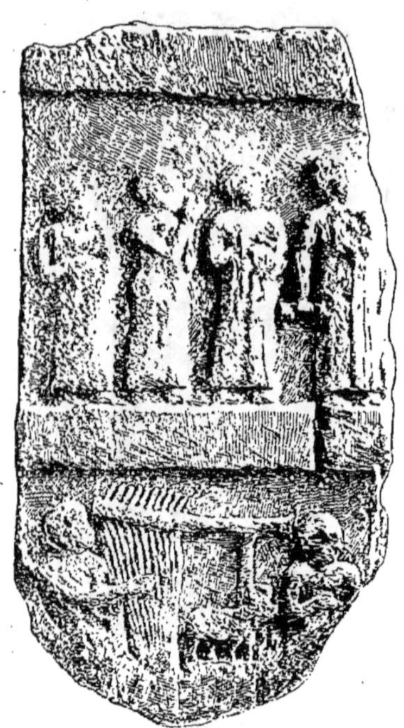

Fig. 28.

Bas-relief chaldéen archaïque.

de la stèle. Enfin, pour ne citer qu'un exemple, la figure en bas-relief que M. Perrot rapporte à cette même période archaïque nous paraît tout aussi naïve et rudimentaire que celle de la période primitive. Les mêmes traits de race sémitique caractérisent les têtes des personnages dont la structure n'est pas moins défectueuse; mais, comme pour les vautours, nous remar-

quons que le corps d'une vache servant à décorer le
montant d'une harpe, dans le registre inférieur, a bien
plus de vérité que le corps des hommes (fig. 28).

Quant à l'art classique, il est représenté par une
série de statuettes, de bas-reliefs, de figurines d'albâtre, de terre cuite, de bronze, où
M. Perrot constate une exécution
très avancée qui gardait jusque dans
les moindres détails de la décoration et du relief une délicatesse
souvent remarquable. La petite
tête de Tello (fig. 29) en stéatite,
que M. Perrot nomme un véritable
bijou, ne nous paraît pas mériter
cet éloge, ni surtout marquer un
progrès sur les têtes plus grandes

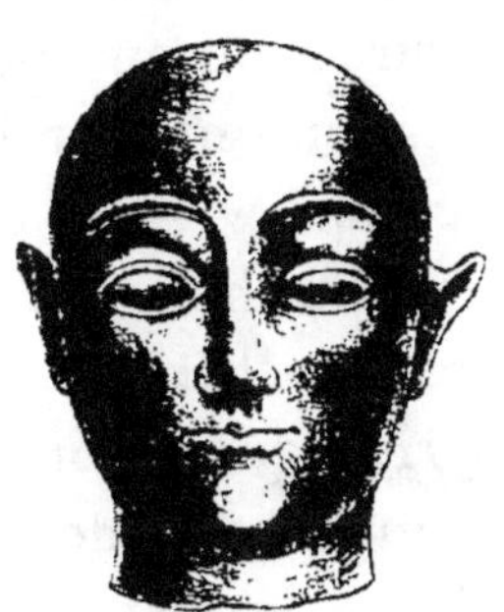

Fig. 29.
Tête de Tello.

de la période soi-disant archaïque. Nous y retrouvons
les mêmes caractères, lourdeur générale, mollesse
ronde et inexpressive des traits sémitiques; et de même
un pied d'ustensile, base circulaire où sont accroupies
des petites figures, nous semble un monument bien
peu significatif pour caractériser une période classique
ainsi définie : « période où l'exécution est à la fois
libre et savante, celle où la main de l'artiste, maîtresse
d'elle-même et de la matière qu'elle met en œuvre, lui
permet de rendre fidèlement tous ceux des aspects de
la nature qui le charment et l'intéressent. »

L'histoire de la sculpture assyrienne, issue de la
sculpture chaldéenne, ne commence qu'à la fin du
xiie siècle, avec un bas-relief taillé dans un rocher, près
d'une des sources du Tigre. Elle est florissante deux

siècles plus tard à Calach (Nimroud) où le puissant Assournazirpal fait élever de superbes monuments. M. Perrot attribue les sculptures de Calach à une première école assyrienne : « Un des caractères et des mérites de ces sculptures, c'est qu'elles ne renferment rien d'inutile, c'est que le bas-relief s'y élève à ce degré d'abstraction où l'ont porté les peuples qui, comme les Grecs, en ont le mieux saisi l'esprit et les conditions spéciales. » — « Cette sobriété, ajoute M. Perrot, a porté bonheur au sculpteur; sans doute son œuvre reste entachée de défauts qui font l'infériorité de l'art assyrien quand on le compare à l'art de l'Égypte et surtout à celui de la Grèce; mais elle n'en gagne pas moins à la franchise de ce parti pris une fière allure et un air de grandeur auxquels n'atteindront que plus rarement les compositions plus compliquées et en apparence plus savantes de l'époque postérieure. » Ces compositions datent de l'époque des Sargonides, rois descendants de Sargon qui fonda la dynastie à la fin du viiie siècle.

C'est le palais de Khorsabad qui a fourni le plus de monuments de cette école; M. Perrot ne fait pas difficulté de constater que l'art des Sargonides, par bien des points, ne diffère pas du précédent; mais il y a un léger progrès, tout en nuances d'ailleurs, dans les formes plus élancées des corps, l'atténuation du relief et de la précision donnée à la musculature, le soin des accessoires et la recherche d'une certaine élégance. Il y a, d'autre part, un léger recul, manifesté par une exécution « moins ferme et moins franche », un relief plus fort, mais un peu lourd et « empâté ».

Pour nous, nous avons peine à établir des distinctions quelque peu précises entre le bas-relief de

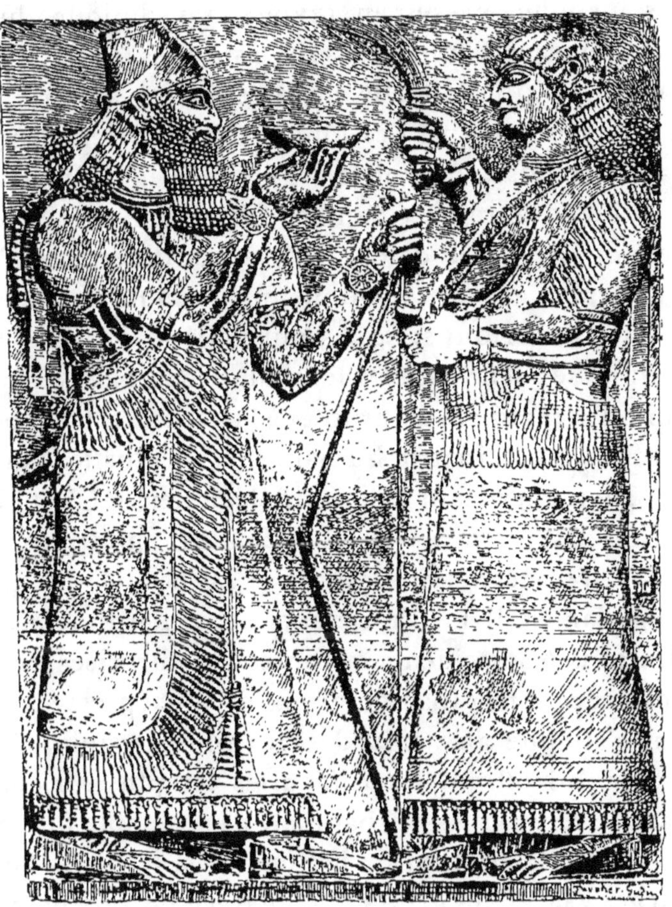

Fig. 30. — Assournazirpal offrant une libation.

Nimroud qui représente Assournazirpal offrant une
libation, par exemple (fig. 30), et le bas-relief de
Sargon où l'on voit le roi suivi d'un eunuque (fig. 31).

Les visages des deux rois barbus, comme des deux
autres personnages, se ressemblent et sont absolument
du même type que tous les personnages que nous
avons jusqu'ici passés en revue; la technique du nu
est la même; les muscles sont indiqués de la même
façon conventionnelle; le même soin est apporté aux
plis et aux ornements des longues robes orientales; les
deux bas-reliefs auraient fait partie de la même frise,
que nul n'en aurait été étonné. D'une œuvre à l'autre,
s'il y a différence de date, il n'y a pas différence d'art.
Tout au plus admettrons-nous que, depuis le roi Sennachérib, et surtout sous Assourbanipal, l'art assyrien
a modifié ses tendances : le champ des bas-reliefs se
remplit d'accessoires empruntés à la nature, arbres, bois,
fleuves, ou à l'industrie humaine, et de plus les figures
s'allongent, cherchant à devenir élégantes. « C'est alors
que l'art assyrien a les plus hautes ambitions; jamais il n'a été aussi séduit par la beauté du mouvement, jamais il ne s'est essayé aussi hardiment à en
rendre tous les accidents et toutes les surprises. » Les
personnages sont plus nombreux et plus pressés, et le
ciseau s'attaque aux épisodes les plus compliqués, à
ceux qui lui offrent les difficultés les plus sérieuses.
De fait, le festin d'Assourbanipal, par exemple (fig. 32),
est une scène compliquée; les meubles, le lit, la table,
les sièges, la vigne grimpante chargée de raisins, sont
riches, surchargés même de détails; les étoffes sont
plus ornées que jamais. Mais les types des personnages,
leurs vêtements, leur parure n'ont pas plus changé
que leur forme courte et lourde; les mouvements des
souverains qui vont boire sont aussi naïfs et mala-

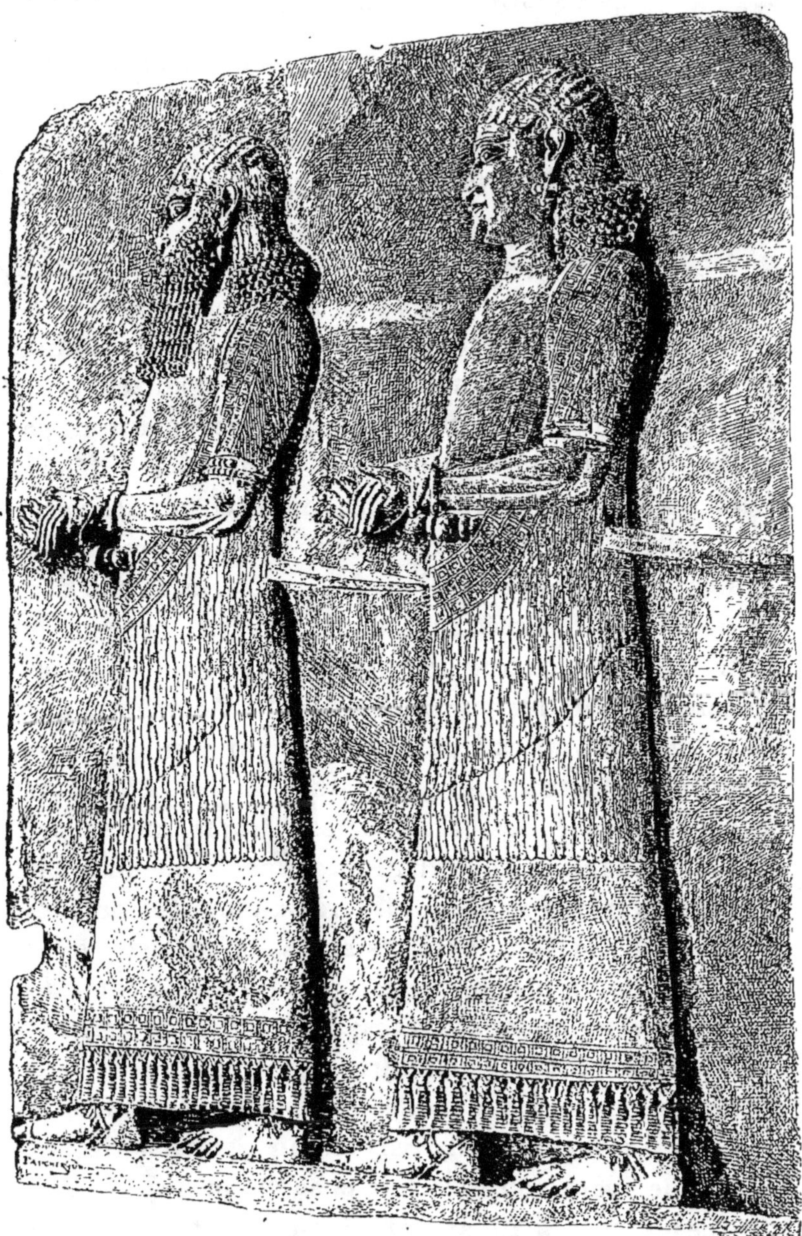

Fig. 31. — Sargon et son vizir.

droits que les mouvements des plus anciennes figures des bas-reliefs chaldéens.

Cet art n'eut point de décadence ; il fut arrêté net par la chute de Ninive sous le règne du fils d'Assourbanipal.

Ce n'est donc pas, croyons-nous, le développement historique de la sculpture en Mésopotamie qu'il est surtout intéressant d'étudier ; regardons cet art comme un art stationnaire, soumis, comme tant d'autres choses en Orient, à une loi d'immobilité ; nous n'en aurons pas moins de plaisir ou de profit à étudier les différents thèmes sur lesquels les artistes ont exécuté des variations, et les caractères principaux de cet art immuable :

Les Égyptiens songeaient à la mort, à la vie dans les tombes qui succédait à la vie terrestre, et par des portraits exacts cherchaient à conserver à l'homme une existence éternelle ; les Chaldéens, les Assyriens, avec les mêmes croyances à peu près, étaient moins occupés de ce mystérieux avenir ; la nature du sol, d'ailleurs, où les rochers et les carrières sont rares, ne se prêtait ni à la même construction, ni par suite au même culte des tombeaux. Ce qui intéressait tous ces peuples, c'était leur roi, ses victoires et ses conquêtes ; l'effort principal des sculpteurs s'est porté à représenter les rois victorieux et conquérants ; leur art est un art historique. Mais il faut s'entendre.

Le roi, pour les Chaldéens et leurs descendants, n'est pas Assournazirpal, Sargon ou Sennachérib, un monarque ayant son caractère et sa vie propre ; c'est le Roi ; ce n'est pas Shalmaneser, vainqueur de la Bactriane et de l'Inde, Sargon, conquérant de la Syrie, c'est le

vainqueur, le conquérant; peu importe le nom de leur
maître, sa valeur, sa gloire individuelle; il est roi,
cela suffit et dit tout. Il a un caractère connu d'avance,
nettement fixé une fois pour toutes comme ses attri-

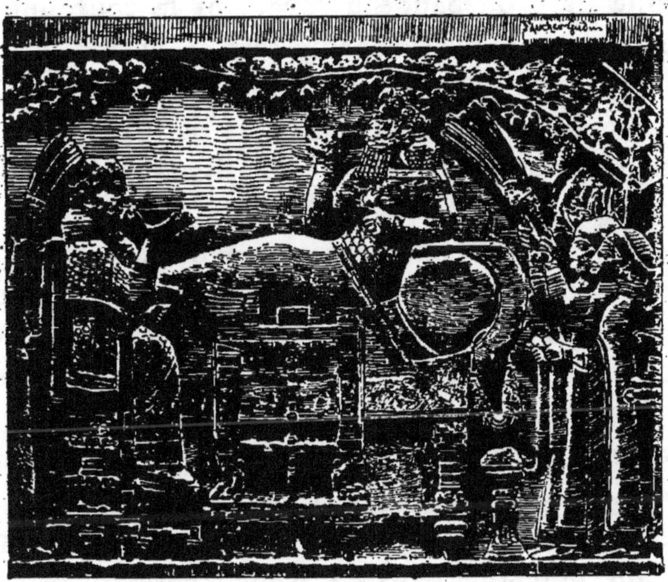

Fig. 32. — Festin d'Assourbanipal.

butions souveraines, comme l'étiquette de sa cour;
comme la race est belliqueuse, se plaît aux armes, aux
expéditions aventureuses et lointaines; comme elle a
sous des rois valeureux gagné de la gloire, la suprême
prérogative du roi, c'est pour elle la guerre, et c'est le
guerrier que les sculpteurs représenteront surtout. Le
chasseur vient ensuite, car la chasse est l'image de la
guerre, puis le pontife suprême et le justicier. Le roi,
dans la sculpture chaldéo-assyrienne, apparaît donc

avec ses diverses fonctions, mais comme type, non comme individu.

Ce type de convention est bien curieux. A pied, à cheval, en char, le monarque, quel que soit son nom, se reconnaît à sa chevelure et à sa barbe frisées, à la haute tiare ou bandeau royal qui le couronne, à ses robes somptueuses, chamarrées de pierres précieuses et de broderies, qui pendent jusqu'à ses talons. La richesse de son vêtement et de sa parure, la profusion des ornements sont comme les signes distinctifs de sa puissance; il semble qu'il veuille, par le luxe des étoffes chaudement colorées, la délicatesse des franges, l'éclat des brochures et des appliques d'or, éblouir le peuple qui le contemple et le prosterner le front contre terre, dans l'humble attitude de l'adoration orientale.

Mais c'est à ces détails seulement que se signale le Roi. Accompagné le plus souvent des hauts dignitaires de sa cour, de ses vizirs et de ses eunuques, il ne se distingue d'eux que par ses attributs et le rôle prépondérant qu'il joue dans les scènes représentées; ni son visage n'exprime plus de majesté, ni son attitude plus d'assurance royale; les traits de sa figure, les formes de son corps, et même la disposition générale de son costume ne suffiraient pas à révéler le monarque. Les sculpteurs se sont fait une idée simple et une de ces puissants de la terre, de ces maîtres qui les opprimaient; la face dans la poussière, ils n'ont pas osé contempler leur image en face, de peur d'être foudroyés; ils n'ont pas discerné l'individu dans le monarque ou dans le ministre, et ne savent les représenter que par des lignes générales et vagues, des formes humaines quelconques et toujours pareilles, revêtues des parures et des attributs de la puissance.

Au-dessus des rois sont les dieux. « Pour suggérer à l'esprit l'idée de la puissance et de la perfection divines, dit M. Perrot, les arts du dessin n'ont qu'une ressource, mettre en œuvre et combiner des formes qu'il faut toutes emprunter à la nature mortelle, toujours, par quelque endroit, incomplète et comme inachevée. » Pour figurer leurs divinités, les Chaldéens et les Assyriens, comme les Égyptiens, ont combiné les formes de l'homme avec les formes des animaux. Leur religion était sombre et terrifiante; elle se complaisait aux mystères de la magie; il fallait des cérémonies mystiques pour adorer les esprits sans nombre du bien, du mal, de l'ombre, de la lumière, des éléments, qui peuplaient l'univers, génies farouches, trop redoutés pour qu'on osât les définir, à plus forte raison pour qu'on osât implorer leur secours ou détourner leur influence mauvaise autrement que par l'intermédiaire des initiés et les pratiques les plus absurdes de la sorcellerie.

Les plus fréquentes images religieuses trouvées en Mésopotamie sont justement ces génies redoutables; ce sont les démons, figurés en bas-relief, en petites statuettes de bronze ou de terre cuite. Voici, par exemple, un bas-relief du palais d'Assourbanipal à Kouioudjik, où sont représentés trois démons farouches. « Sur un corps humain, dit M. Perrot, l'artiste a mis une tête grimaçante, tête de lion en fureur que surmontent des oreilles de chien et une crinière de cheval; les mains brandissent de longs poignards; quant aux pieds, ils

sont remplacés par les serres crochues d'un oiseau [de]
proie, largement étalées sur le sol qu'elles sembler[t]
égratigner de leurs griffes. » D'autres fois, le démo[n]
prend une tête d'aig[le]
et des ailes. Il ne p[a]-
raît plus alors aus[si]
violent ni cruel, et so[n]
attitude plus calm[e]
fait songer à quelqu[e]
génie secourable.

Le mélange de[s]
formes est surtout cu-
rieux dans une sta-
tuette du Louvre[,]
image du *Démon d[u]*
vent du Sud-Oues[t]
(fig. 33), « vent qu[i,]
pour la Mésopotami[e,]
était brûlant et mal-
faisant entre tous :[»]
l'anneau que la figu-
rine porte au-dessu[s]

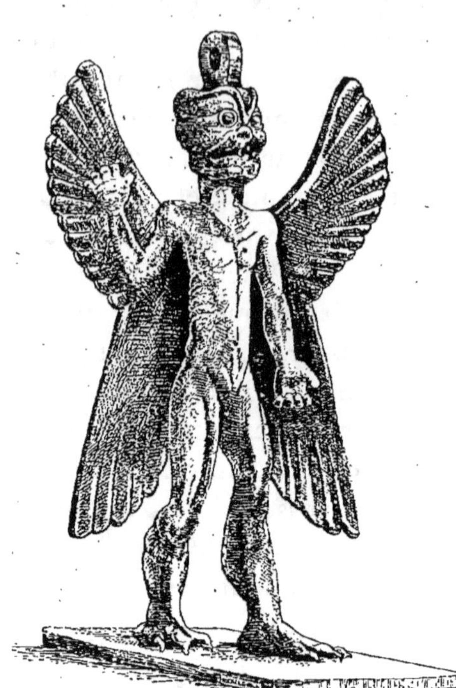

Fig. 33. — Vent du sud-ouest.

de la tête servait à le suspendre devant la fenêtr[e]
ou la porte de la maison; grâce à cette précaution,
la demeure munie de ce talisman était protégée
contre les atteintes des souffles desséchants du dé-
sert. Le statuaire a voulu rendre aussi odieux,
aussi monstrueux que possible ce tyran de l'atmosphère dont il avait souvent senti et maudit les co-
lères; il n'y a que trop bien réussi. On ne saurait
rien voir de plus affreux que cette tête humaine toute

grimaçante qui a quelque chose de celle du squelette;
ses gros yeux d'oiseau et les cornes de chèvre dont elle
est surmontée ajoutent à sa difformité. Maigre et décharné, avec quelques indications de poils sur le flanc
droit, le corps tient plus de celui de la chauve-souris
que de celui de l'homme. Au bout des bras, les mains
larges et plates, avec leurs doigts courts, ont l'air de
griffes; quant aux pieds, ils sont franchement remplacés par des serres d'oiseau de proie. » (M. Perrot.)

Là, tous les traits cueillis par le sculpteur contribuent à un effet d'horreur; souvent, pour figurer des
dieux meilleurs, les artistes empruntaient aux animaux
tout ce qui de leur corps donne une idée de force et de
grandeur, les ailes de l'aigle, le corps et les cornes du
taureau, à l'homme ce qui l'élève au-dessus de tous les
êtres, la face intelligente et expressive, où brillent la
raison et la vie de l'âme. Les monuments les plus fameux à coup sûr de la sculpture assyrienne sont les
grands taureaux ailés à tête humaine qui gardaient les
portes et bordaient les avenues des palais au bord du
Tigre et de l'Euphrate.

La figure 34 représente un de ces monstres trans-
porté du palais de Sargon (à Khorsabad) au Musée du
Louvre. On reconnait la tête royale déjà décrite, couronnée de la tiare, ornée de sa perruque et de sa barbe
disposées en boucles et en frisures strictement régulières. Les formes animales sont ici heureusement
alliées et la vue de ce génie colossal éveille certainement des idées élevées de force, de grandeur,
presque de majesté.

D'autres génies encore se rapprochent de plus en

plus de la forme humaine; l'un d'eux, représenté sur un bas-relief· du Louvre, n'a plus d'animal que les cornes de taureau et les ailes. Du reste, il est vêtu

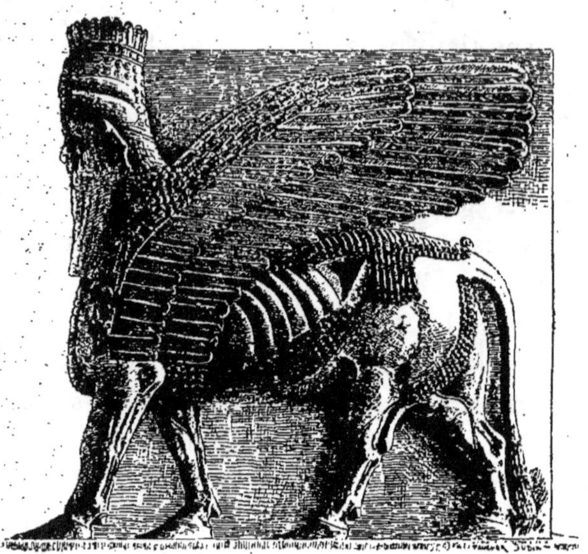

Fig. 34. — Taureau ailé de Khorsabad.

comme un roi; son attitude est une attitude classique d'adoration. Faisons un pas de plus : Nébo, par exemple, dieu de l'intelligence et de la prophétie, est de plus en plus semblable au Roi. Des cornes décorent encore sa tiare, mais il n'a plus d'ailes, et ses mains sont croisées contre sa taille, comme celles des statues royales de Tello. Enfin Istar, la déesse de la fécondité, prototype oriental d'Astarté, est figurée par une femme nue, sans aucun emprunt à une nature animale, qui des deux mains se presse la poitrine pour en faire jaillir le suc nourricier. Cette représentation de la divinité par une femme nue est d'ailleurs exceptionnelle et rare; elle nous rapproche déjà des conceptions helléniques.

Donc, au-dessus des rois et de leurs ministres sont les dieux; au-dessous des rois et de leurs ministres sont les hommes. Dans la figuration des hommes apparaît encore l'uniformité de la sculpture en Mésopotamie. Si les hommes sont les serviteurs du prince, de ses vizirs, de ses eunuques favoris, s'ils prennent place dans son cortège, ils ne se distinguent du monarque et des grands de la cour que par l'humilité de leur rôle (ils portent des ustensiles, comme des sièges ou des éventails); mais le type de leur visage est invariablement le même. Leur costume d'apparat est, sauf de rares exceptions, non moins riche et surchargé d'ornements. Une seule classe du peuple attirait assez l'attention pour que les sculpteurs aient modifié pour eux leur routine, ce sont les privilégiés des rois conquérants, les soldats. Les nécessités du métier leur imposaient d'ailleurs des vêtements distinctifs et un équipement guerrier, robe plus courte, casque à pointe, armes défensives et offensives; leurs attitudes sont aussi plus variées, comme il convient au mouvement des batailles; mais le même visage bien connu subsiste et se répète avec une fatigante monotonie.

La femme, comme on doit s'y attendre, connaissant la vie recluse et tout à fait subalterne qu'elle n'a jamais cessé de mener en Orient, la femme, servante, esclave même et non point compagne de l'homme, n'apparaît qu'à de bien rares intervalles dans la série des monuments sculptés. Nous citerons le bas-relief de Kouioudjik où l'on voit une femme d'Assourbanipal prendre part au festin de son seigneur et maître; mais, il faut bien le dire, ce sont des raisons étrangères à la sculpture plutôt que l'examen même du type figuré qui nous font reconnaître une femme dans ce personnage au visage sémitique très semblable aux visages masculins, aux vêtements tombants bigarrés de broderies comme les vêtements d'hommes (fig. 32).

Au-dessous des hommes, dans l'échelle des êtres, viennent les animaux. C'est à reproduire leurs formes que les Chaldéens et les Babyloniens ont excellé. Les animaux se laissent regarder et étudier dans toute la simplicité de l'état de nature, sans le voile jaloux des vêtements, sans l'illusion de la parure. Leurs corps apparaissent toujours tels qu'ils sont nés, qu'ils ont grandi, qu'ils se sont développés; ce sont pour les sculpteurs de Mésopotamie des modèles toujours présents, mais qui ne posent jamais, au sens technique de ce mot, dont la vie est mêlée chaque jour à la vie intime du peuple, et que les artistes, comme le peuple, apprennent à connaître.

La sculpture chaldéo-assyrienne a su exprimer les formes et les mouvements, le caractère des animaux avec une précision et une variété qui nous surprennent, connaissant son inexpérience à diversifier la représentation des hommes.

Les animaux domestiques, surtout le cheval et le chien, sont figurés avec un rare bonheur; nous citerons le dogue que conduit un esclave, gros, court, trapu, le nez provocant et la queue fièrement dessinée en trompette, et les chiens de chasse hurlants d'Assourbanipal (fig. 35). Les chevaux attelés au char de Senna-

chérib ou d'Assourbanipal, petits, sveltes et nerveux,
la tête vive, le sabot preste, fièrement campés sur leurs

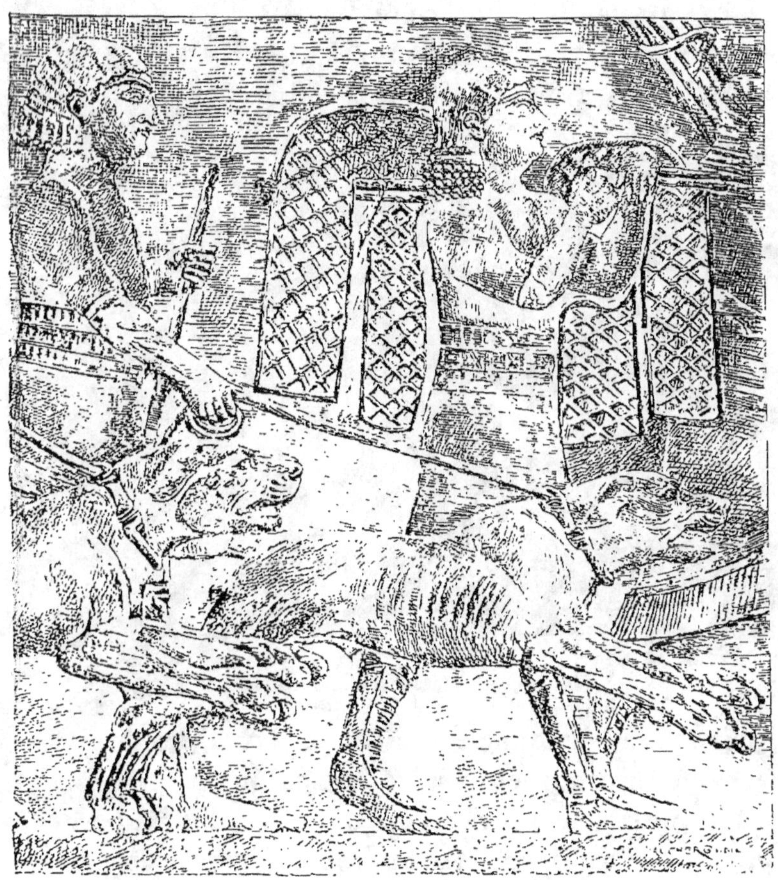

Fig. 35. — Les chiens d'Assourbanipal.

pattes légères, brillamment harnachés et pomponnés,
orgueilleux de traîner le Roi, sont comme les ancêtres
des chevaux fameux de la frise du Parthénon. Au contraire, les petits chevaux sauvages, peut-être des onagres,

que reproduit la figure 36, libres et bondissants, dans
une joyeuse ruade, et rien n'est plus juste que le mouvement de la tête et du cou allongés, des croupes dé-
ployées, des pattes de derrière lancées, du fouet
de la queue au vent. Les chèvres, les chiens, les
oiseaux sont exprimés avec le même succès.

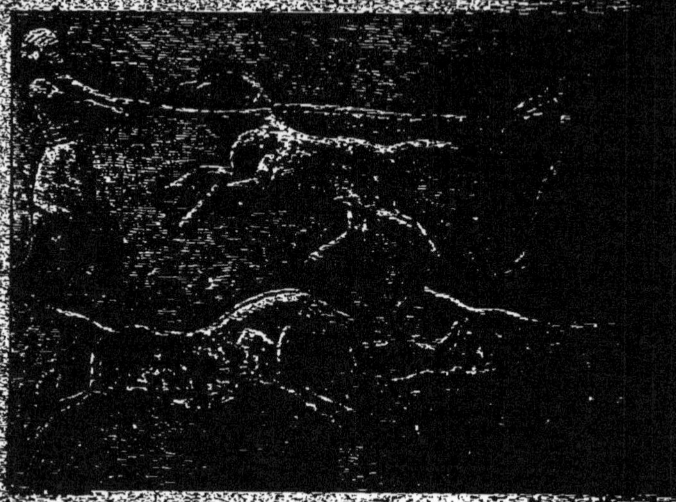

Fig. 36. — Chasse à l'onagre

Mais les fauves qui peuplaient les rives des grands
fleuves ont surtout bien inspiré les sculpteurs, et avant
tous les autres le plus redoutable, le plus superbe
aussi, le lion, qu'il soit vu au repos, comme le petit
lion de bronze du Louvre, assis, et grinçant des dents,
les pattes déjà tendues, prêtes à la lutte; qu'il sorte furieux de sa cage massive, le corps ramassé, se rasant
déjà pour bondir; qu'il soit blessé, accroupi sur son
train de derrière: « le trait a percé les poumons ou
coupé quelque gros vaisseau; l'animal vomit le sang à

pleine gueule; il sent déjà les affres de la mort. Cependant le dos s'arrondit; les pattes rapprochées et cramponnées au sol, il se replie sur lui-même et rassemble tout ce qui lui reste encore de puissance musculaire; il se contracte et s'arc-boute dans un dernier effort, pour

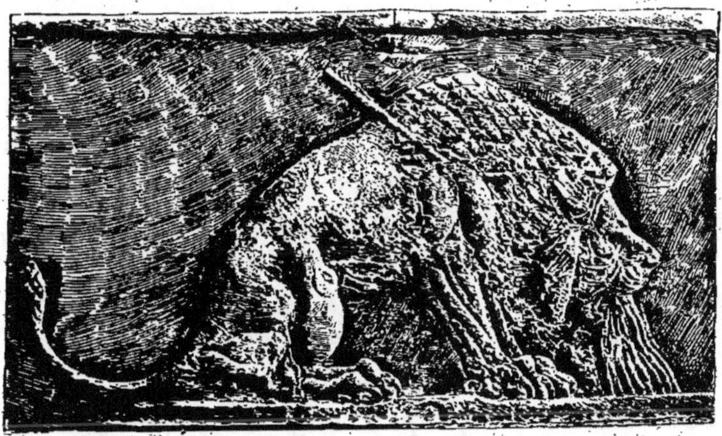

Fig. 37. — Lion blessé. (Louvre.)

ne point se laisser aller et ne point rouler sur le sol. » (M. Perrot) (fig. 37).

Il n'est pas d'art sans conventions; la sculpture de la Chaldée et de l'Assyrie a les siennes, très naïves toujours, quelques-unes aussi très originales, que M. Perrot a notées avec beaucoup de précision et très heureusement expliquées.

Signalons avec lui la prédominance du bas-relief et dans les bas-reliefs la présence presque exclusive des figures de profil. La sculpture en ronde bosse ne pouvait convenir qu'à figurer les dieux, ou le Roi dans quelqu'une des rares circonstances où il se présentait seul et sans cortège. Mais les dieux, le plus souvent, n'apparaissent qu'en face de leurs adorateurs, le Roi qu'occupé à quelque affaire royale, prière, conseil, repas, chasse ou guerre, entouré de sa cour ou de ses sujets.

Or le bas-relief est nécessaire au déploiement des scènes à beaucoup de personnages. Le nombre des plaques rapprochées qui le composent est en quelque sorte indéfini, et leurs dimensions peuvent varier bien plus facilement que celle des blocs où se taillent les figures en ronde bosse; et, de plus, si une seule longue bande ne suffit pas au déroulement d'un vaste tableau, comme une procession ou une bataille, il est aisé de diviser la surface à décorer en plusieurs zones ou registres superposés.

Du reste, les Chaldéo-Assyriens ont pris leurs libertés avec le bas-relief; la saillie peut varier depuis quelques millimètres jusqu'à vingt et vingt-cinq centimètres, sans que jamais pourtant aucune partie se détache du fond.

Tous les sculpteurs ne sont pas aussi naïfs que l'auteur de la Stèle des Vautours ; ils savent disposer plusieurs figures l'une derrière l'autre, au lieu de les empiler verticalement, pour indiquer la succession des plans ; mais ce à quoi ils ont rarement réussi, c'est à faire concorder les mouvements des diverses parties d'une figure pour obtenir une attitude vraiment naturelle. Les corps se présentent quelquefois de face, très souvent de trois quarts; mais le visage reste de profil, et pour les mêmes raisons que nous avons dites, l'œil est pourtant dessiné de face.

C'est que les Chaldéens, les Assyriens sont tou-

jours demeurés maladroits à rendre les illusions de la
perspective. Si l'œil s'habitue assez facilement aux
formes étranges des corps humains dessinés en dépit
de la nature; s'il acquiert assez vite, en étudiant de
longues suites de bas-reliefs égyptiens, chaldéens ou
assyriens, une éducation spéciale, il est bien moins
prompt à se faire à la représentation conventionnelle
des paysages et des objets matériels, par exemple, les
eaux simulées par des lignes sinueuses devant lesquelles
sont plaqués des poissons, les arbres indiqués par des
tiges en arêtes, les places fortes figurées par de hauts
piliers verticaux surmontés de guerriers qui n'ont pas
la place de se mouvoir, ou bien par deux cercles con-
centriques dans un plan vertical.

C'est aussi une convention plus que naïve, et bien
fâcheuse, celle qui couvre nombre de personnages en
ronde bosse comme en bas-relief de longues bandes
d'écriture cunéiforme. « Nous ne pouvons nous défendre, dit M. Perrot, d'éprouver quelque surprise en
voyant courir à travers tous ces bas-reliefs la large
bande d'écriture cunéiforme que, la sculpture une fois
terminée, le scribe est venu graver, sans crainte d'en-
tamer les contours et de troubler l'illusion que doit
donner la représentation de la figure vivante. C'est par
le caractère tout historique et narratif de l'art assyrien
que nous avons expliqué cette disposition. Elle n'en
témoigne pas moins d'un dédain de l'effet qui est un
des caractères de ce qu'on pourrait appeler l'art
archaïque de l'Assyrie. »

D'autres fois, la convention est plus heureuse. Signalons comme vraiment originale la représentation

des taureaux et des monstres qui gardaient les portes des palais et que décrit ainsi, en termes très précis, M. Perrot : « Il y a dans ces images, entre le bas-relief et la ronde bosse, une sorte de compromis d'un caractère très original. Vus de face, les lions et les taureaux paraissent des statues ; la tête, le poitrail, les jambes ressortent avec autant de franchise et se développent avec autant d'ampleur que dans la nature ; mais déplacez-vous un peu, portez-vous à droite ou à gauche, et l'aspect change ; vous vous apercevez que seule la partie antérieure de l'animal s'est dégagée du bloc d'albâtre ou de calcaire ; le reste du corps y est demeuré comme enchaîné et emprisonné ; les contours en sont seulement indiqués, en bas-relief, sur les deux faces de l'énorme dalle. Il y a ainsi comme une moitié ou plutôt un quart de statue qui fait une saillie de quarante à cinquante centimètres... » Ce n'est pas tout : « La figure, suivant qu'on la voit de face ou de côté, ne produit pas la même impression ; de face, elle paraît dans l'attitude de la station, les deux pieds étant sur le même plan ; de côté, elle semble marcher ; c'était le seul moyen d'éviter que les jambes d'une même paire se recouvrissent et se cachassent l'une l'autre. » L'effet de ces monstres à cinq pattes n'est pas déplaisant, et il faut même quelque attention pour s'apercevoir de la supercherie, parce que taureaux et lions étaient placés de telle sorte, à l'entrée des palais de Babylone ou de Ninive, qu'on ne pouvait jamais les voir qu'absolument de face ou absolument de profil.

En somme, la sculpture chaldéo-assyrienne nous laisse une impression très simple et très nette ; c'est un art stationnaire, enchaîné dans tout le cours de son histoire à des traditions d'enfance, à des conventions naïves ou maladroites; le grand reproche qu'il mérite, c'est d'être monotone. Nous n'osons pas faire un crime aux sculpteurs mésopotamiens de n'avoir rien produit de beau (malgré la meilleure volonté il nous est impossible de signaler une seule œuvre, statue, statuette ou bas-relief, vraiment et complètement belle), car ces artistes n'étaient pas libres de faire autrement ni mieux qu'ils n'ont fait. L'art chaldéo-assyrien est avant tout un art national; il n'a que deux sortes de sujets à traiter, sujets religieux et sujets royaux. Or les peuples de Mésopotamie n'ont jamais conçu que des dieux monstrueux et difformes, des génies, des démons occultes auxquels ne convenait pas la beauté sublime du corps humain idéalisé, comme aux dieux de la Grèce; et quant aux rois, dont, nous l'avons dit, le type était consacré, dont on ne pouvait jamais représenter qu'une image officielle, on croyait les honorer par le grand nombre des statues et des bas-reliefs bien mieux que par la qualité supérieure d'une seule œuvre qui fût un chef-d'œuvre. Il fallait qu'un sculpteur produisît beaucoup, et très rapidement, et qu'il représentât toujours les mêmes scènes; ces trois nécessités sont les trois ennemies mortelles du progrès et de la beauté.

III

PHÉNICIE ET CYPRE — LES HÉTÉENS
MÉDIE ET PERSE

Les premiers sculpteurs de l'Égypte et de la Chaldée n'ont peut-être pas eu de maîtres ; l'art dans ces deux pays, les aînés de la civilisation orientale (nous laissons hors de notre étude les peuples d'extrême Orient, Japonais, Chinois, Indiens, comme de race, de mœurs, de culture trop différentes), ne semble pas à ses origines avoir subi d'influences étrangères ; c'est un des points qui le rendent profondément original ; c'est aussi peut-être une des causes qui l'ont enchaîné dans une longue et monotone médiocrité. Les Grecs, les premiers, atteindront la perfection plastique, et la sculpture grecque, nous le verrons, n'est pas un art qui soit né et qui se soit développé tout seul en dehors de toute impulsion extérieure. Les Grecs ont dû quelque chose, si peu que ce soit, aux Égyptiens et aux Chaldéo-Babyloniens ; mais c'est une question de savoir si cette influence s'est fait sentir directement ou si quelque peuple n'a pas servi d'intermédiaire, car les Égyptiens et les Mésopotamiens ont eu des disciples immédiats plus ou moins portés à innover eux-mêmes, à modifier les préceptes des maîtres, à interpréter les formes des modèles, disciples plus ou moins originaux, pour mieux dire, et qui, dans leur contact avec les Grecs, ont pu leur transmettre bien des idées et des formes que ceux-ci n'auraient ni songé ni réussi à aller chercher aux lieux mêmes où elles étaient nées.

Ces peuples, d'ailleurs, méritent rarement le nom de créateurs; le mieux connu d'entre eux, et le plus important, les Phéniciens, ne le méritent même pas du tout. Leur rôle est très particulier et très simple. On l'a dit, les Phéniciens ont été les courtiers de l'antiquité le long de toutes les côtes méditerranéennes. Établis sur l'étroite bande de la Syrie que pressent d'un côté la mer, de l'autre le Liban, ils étaient maîtres des défilés par où passaient les caravanes venues de l'Arabie et des bords de l'Euphrate. Leurs villes principales étaient ces ports fameux, Tyr, Sidon, Beryte, Gebel, Arad, d'où les bons vents portent en quelques heures un vaisseau léger aux bouches du Nil, aux côtes de Cypre et d'Asie Mineure. Cette situation de son pays était bien propice à favoriser le goût naturel de ce peuple sémite pour le négoce. Bons marins, très habiles traitants, ils se plurent toujours au métier de colporteurs, qui leur assurait de gros bénéfices. D'ailleurs, leur nombre croissant avec leur richesse, ils établissaient sans regret des comptoirs sur les rivages hospitaliers, et l'Occident extrême leur dut être reconnaissant d'avoir fondé de populeuses colonies, créé dans les Syrtes de la Lybie comme sur les rivages de l'Hespérie et du pays des Celtes, dans des sites choisis à merveille, des villes qui vivent encore et gardent l'empreinte de leur génie commercial.

Mais la vie de négociant et l'amour du lucre ne

sont pas favorables à la culture des beaux-arts. Les
Phéniciens n'ont aimé que les arts des autres peuples,
en tant qu'ils en trafiquaient les produits, les achetaient
à bas prix pour les porter au loin et les revendre fort
cher. Quant à créer eux-mêmes et pour eux-mêmes des
formes nouvelles, ils n'y ont pas songé. Ce que l'on
trouve chez eux, en dehors de l'importation étrangère,
ce sont des œuvres hybrides, mélange grossier et non
raisonné des types et des motifs égyptiens d'une part,
chaldéo-assyriens de l'autre, et encore les monuments
sculptés devaient-ils être fort rares en Phénicie, si l'on
en juge par le petit nombre de fragments parvenus jusqu'à nous. Telle est, par exemple, une stèle trouvée
à Amrit : un personnage debout, le pied gauche sur la
tête, le pied droit sur la queue retroussée d'un lion,
tient de la main gauche un lionceau qu'il va assommer
de sa main droite levée. Le lion marche sur un sommet
montagneux indiqué par une sorte de surface écail-
leuse; au-dessus de l'homme, dans le champ, on voit
un globe porté par un croissant, et plus haut encore
un globe cantonné d'ailes recoquillées. A l'examen, il
saute aux yeux que c'est là un monument mi-égyptien,
mi-assyrien. La *schenti* dont l'homme est vêtu de la
taille aux genoux, la coiffure, qui rappelle le *pschent,*
et l'*uræus*, le geste de la main droite levée, si fréquent
dans les bas-reliefs de l'époque thébaine, sont des éléments empruntés directement à l'Égypte; le lion sur
lequel marche le personnage, — c'est probablement un
dieu, — les montagnes conventionnelles sur lesquelles
marche le lion, le lionceau que le dieu va tuer, — on
se rappelle, par exemple, l'étouffeur de lions de Khor-

sabad — la massue courbe qui sera l'instrument du meurtre, le globe ailé, mieux encore les formes courtes et trapues, le style lourd du bas-relief, nous ramènent aux bords de l'Euphrate. Rien ici de particulier à la Phénicie, si ce n'est le disque et le croissant placés au-dessus du casque, ce que M. Perrot nomme le blason du peuple phénicien.

Il est inutile de multiplier les exemples; nous n'aurions encore qu'à faire le départ entre ces éléments de même ordre; nulle histoire ne peut être écrite plus vite que celle de la sculpture phénicienne.

Mais il ne faut pas oublier que la Phénicie n'est pas tout entière sur la côte syrienne, et peut-être penserait-on que les colonies ont été mieux douées que la métropole; qu'il s'est formé au loin, sur les rivages plus occidentaux, une sculpture moins esclave de l'Égypte et de l'Assyrie, ayant un style personnel; loin de leur pays d'origine, perdus au milieu de peuples barbares, rarement en contact avec les voisins civilisés de la mère patrie, peut-être les Phéniciens de Carthage, de Malte, de Sicile, d'Hibérie, ont-ils trouvé dans leur isolement relatif et le besoin de se suffire à eux-mêmes un stimulant à se créer un art propre et indépendant. Il n'en est rien.

Le sol de l'Espagne n'a rien livré des secrets phéniciens qu'il renferme; mais l'Afrique et la Sardaigne ont parlé. A Carthage, à l'exception de stèles funéraires ou d'ex-voto trouvés en très grand nombre, et sur lesquels nous reviendrons, la sculpture n'est représentée que par les figurines de terre cuite ou émaillée, et ces menus produits de l'industrie plutôt que de l'art phénicien sont en dehors de notre sujet. Les petits bronzes sardes, au contraire, qu'on a découverts mêlés à de nombreuses terres cuites, méritent au moins d'être signalés. Mais il n'est pas bien prouvé que ces petits guerriers ou chasseurs, allongés, étirés, contournés en dépit de toute nature et de toute anatomie, couverts de vêtements bizarres, coiffés de casques cornus ou de bérets minuscules, armés d'arcs et de flèches, de massues ou de haches grossières, que ces idoles singulières, à quatre bras, à trois yeux, soient vraiment des œuvres phéniciennes. Nous penserions plutôt à des productions indigènes, malgré quelques vagues ressemblances de style et de technique qui peuvent les rapprocher de certains bronzes trouvés en Phénicie.

Malte, la Sicile, ne sont pas mieux favorisées que Carthage ou la Sardaigne. Mais l'île de Cypre tient une place à part dans l'histoire artistique aussi bien que politique de la Phénicie. C'est vers le xxe siècle, croit-on, que la Syrie maritime fut occupée par les Phéniciens originaires des bords du golfe Persique. Étouffés bientôt sur leur étroit territoire, Cypre voisine, dont les sommets brunissent par un ciel clair à l'extrême horizon d'Arad ou de Beryte, reçut la première le trop-plein de leurs villes, et jusqu'au xe siècle, quand vinrent aborder d'autres commerçants aventureux, les Hellènes, l'île fertile et riche, découpée de ports abrités, resta le domaine exclusif et privilégié de ses pacifiques envahisseurs.

Sans doute la bonté du climat, la douceur d'une vie facile, la paresse ou du moins le ralentissement d'ac-

tivité qui suit les grosses fortunes durement acquises,
peut-être aussi le mélange avec des populations indigènes heureusement douées, corrigea le naturel pro-
saïque et pratique des Phénico-Cypriotes. Sans oublier
leur goût ni leur valeur commerciale, ils ouvrirent dans
leur esprit une porte à la culture artistique; ils se prirent de zèle pour les œuvres plastiques, les sculpteurs
surgirent en foule dans ce pays où de riches carrières
livraient en abondance un calcaire tendre et docile au
ciseau. Les archéologues qui, depuis 1860, à la suite et
à l'imitation de M. de Cesnola, consul des États-Unis,
n'ont pas cessé d'explorer les villes et les nécropoles
de l'île, ont mis au jour par centaines les statues et les
stèles, sans parler des vases et des terres cuites, et la
richesse du sol permet d'espérer encore de belles moissons.

Ainsi, nous constatons l'essor exceptionnel de la
sculpture phénicienne à Cypre. Par malheur, cet effort
n'y fut suivi que d'un succès médiocre. Pour être nombreuses, les statues cypriotes n'en sont pas plus originales; le style, comme le style des œuvres syriennes,
en est hybride et bâtard. Tout au plus peut-on dire,
avec M. Perrot, que la sculpture cypriote donne l'impression d'une originalité qu'elle n'a pas. Cette illusion
est due à la façon dont elle a employé ses éléments d'emprunt, dont quelquefois aussi elle les a mélangés.

Voici, par exemple (fig. 38), une statue découverte à
Athiénau, par M. de Cesnola (Musée de New-York).
Sans être la copie servile d'une œuvre assyrienne, un
œil exercé saisit un air de famille avec les œuvres étudiées au précédent chapitre. « La coiffure — nous

empruntons ces remarques précises à M. Perrot — présente des analogies très marquées. C'est un bonnet conique, bonnet d'étoffe qui se termine par une pointe
repliée en arrière. Cette étoffe paraît
avoir été le plus souvent ornée de raies
parallèles, — le bonnet a des oreilles...
Cependant la forme générale de ce
bonnet ressemble beaucoup à celle de
certains casques assyriens... La barbe
n'est pas, comme en Assyrie, divisée
en plusieurs étages; mais elle est aussi
tout entière partagée en boucles que
l'on croirait passées au fer, tant elles
sont symétriques et régulièrement dis-
tribuées. Le vêtement, comme chez les
peuples de la vallée de l'Euphrate, couvre et cache tout le corps; il se compose d'une tunique longue qui tombe
presque sur les pieds, et d'un petit manteau rejeté obliquement sur l'épaule,
comme le sera le manteau grec; mais
ici cette pièce est figurée toute plate,
comme dans tous les ouvrages de la

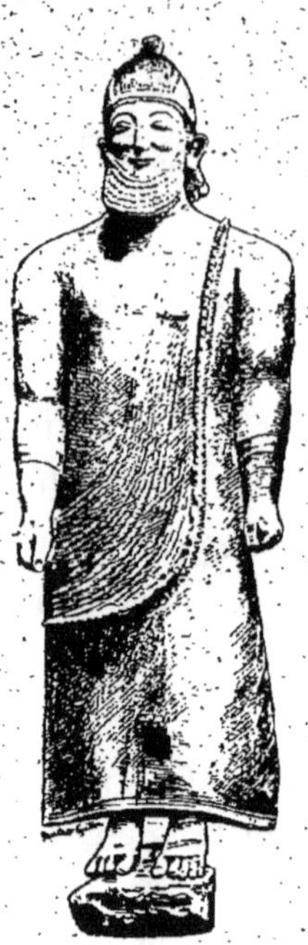

Fig. 38.
Statue cypriote de
style assyrien.

statuaire orientale. » On le voit, les rapports, qui certainement existent, sont assez lointains. Signalons maintenant des différences graves : d'abord, c'est une statue;
la ronde bosse fut très en faveur à Cypre, tandis que le
bas-relief fut presque exclusif en Assyrie; il est vrai
que les statues cypriotes sont, pour la plupart, plates par
derrière, sans doute parce qu'elles s'adossaient aux murailles. Mais ceci est plus important : « Le modelé,

d'ailleurs, n'a pas ici le même caractère qu'en Assyrie ; il est moins dur et moins ressenti ; les muscles ne sont pas rendus avec la même vigueur ; le détail de l'ajustement n'est pas poussé aussi loin. L'indépendance de l'artiste se marque à certains traits qui s'éloignent de l'usage assyrien ; ainsi la chevelure demi-longue s'aplatit derrière la nuque, et quelquefois elle est tout entière cachée devant sous le bonnet. La barbe est souvent réduite à une masse très simple, divisée en éventail ; les boucles ne sont indiquées qu'à l'extrémité inférieure par trois ou quatre bourrelets tordus en hélice. La lèvre supérieure, qu'ombrage, en Assyrie, une épaisse moustache à bouts détachés et relevés, est ici toujours nue (M. Perrot). » Il suit de là une conclusion toute naturelle, c'est que l'influence de la sculpture assyrienne sur la cypriote s'est produite à distance, et par un art intermédiaire, l'art phénicien. Les Cypriotes n'ont eu sous les yeux que des pastiches des grands bas-reliefs ninivites ou babyloniens, pastiches fabriqués dans leur mère patrie, ou des figurines et des statuettes de pure origine assyrienne ; mais ces petites productions sont toujours, dans la vallée du Tigre et de l'Euphrate, bien moins finement modelées et moins poussées dans le détail que les grandes œuvres décoratives.

Voici maintenant une statue trouvée dans les mêmes fouilles d'Athiénau (fig. 39). N'était le calcaire, qui ne peut se confondre avec le calcaire égyptien, à première vue elle semble égyptienne. L'attitude du corps droit, de la tête relevée et fixe, des bras tombants et des poings fermés, nous est bien connue ; les cheveux s'évasant derrière les oreilles et pressés sur l'occiput dans une étoffe donnent l'idée du *klaft ;* le pagne qui tombe de la hanche à mi-cuisse est très semblable à la *schenti*, et les deux *uræus* adossés qui le décorent sont de purs emblèmes égyptiens. Notons pourtant que le torse n'est pas nu, comme il est de rigueur en Égypte ; il est couvert d'une souple chemise à manches courtes, qui, du reste, est si mince et si collante qu'elle donne l'illusion de la chair. Notons aussi les deux bracelets, qui n'ornent jamais les statues égyptiennes. Les emprunts faits à l'art d'Égypte semblent, d'après cet exemple et tant d'autres que nous pourrions citer, plus directs que les emprunts faits à l'Assyrie, comme les rapports des Cypriotes et des Égyptiens, qui, tout voisins, n'avaient pas besoin d'intermédiaires. Toutefois, même cette imitation très franche n'est pas un

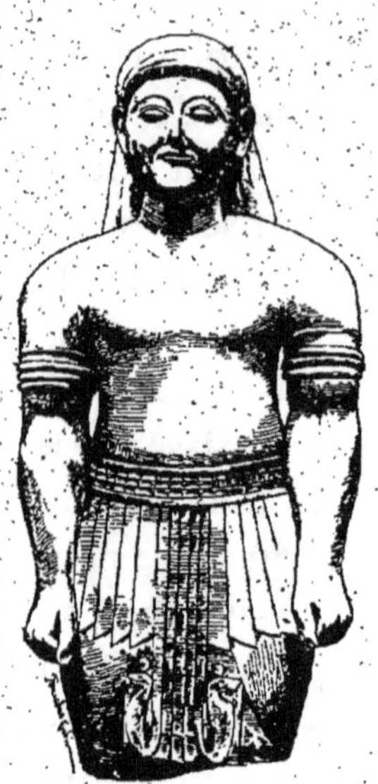

Fig. 39.
Statue cypriote de style égyptien.

esclavage ; les poses, les habits, les ornements, venant d'Égypte, ont subi en route des modifications plus ou moins importantes qui affirment quelque indépendance chez les artistes insulaires. Le style aussi de ces œuvres égyptisantes a quelque chose de rond et d'un peu mou, voire de lâché, qui est comme une signature, et le type même des seigneurs et des citoyens cypriotes les distingue nettement des pharaons et des fellahs.

Comme on devait s'y attendre, nombre de statues se rapportent par certains détails à l'Assyrie, par certains

autres à l'Égypte, participant ainsi de deux natures.
Dans la statue que représente la figure 40, image
de quelque prince cypriote (trou-
vée à Athiénau, actuellement au
Musée de New-York), le style
égyptien domine, et de beaucoup,
comme le prouvent l'attitude générale du corps, la nudité du
buste, les larges colliers étagés
sur la poitrine, la *schenti* décorée
de deux *uræus,* et aussi le style des
épaules carrées, de la taille et des
membres légèrement élancés ; mais
la coiffure, qui ressemble un peu
au pschent (on aperçoit peut-être,
juste au-dessus du front, les restes
d'un *uræus*), rappelle surtout le
bonnet conique que nous avons
décrit tout à l'heure, et la chevelure et la barbe, régulièrement
frisées à petites boucles, sont une

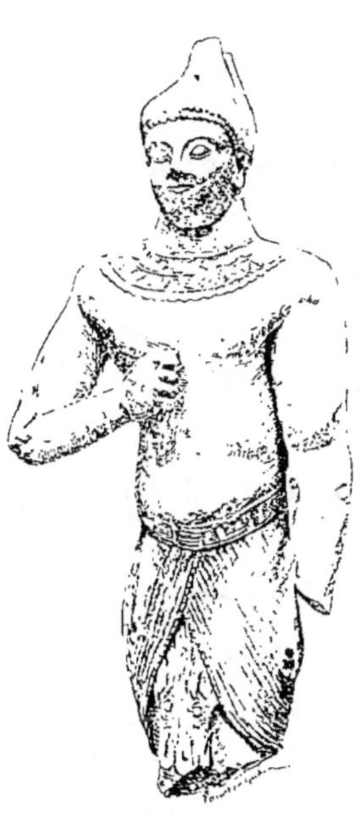

Fig. 40.
Statue cypriote de style
composite.

mode étrangère à l'Égypte, presque de rigueur chez
les monarques assyriens.

Reste un grand nombre de monuments de la sculpture phénicienne, dont nous avons à dessein omis de
parler jusqu'à présent ; ils forment une série bien distincte et pleine d'intérêt, car ils sont nés d'une imitation non plus assyrienne ou égyptienne, mais grecque.
A priori, l'on serait tenté de croire que maintes et
maintes statues cypriotes, ornements du Musée du
Louvre ou du Musée de New-York, où se dessinent

avec netteté les caractères des œuvres grecques archaïques tels que nous les noterons au livre suivant, sont
antérieures aux premières manifestations de cet archaïsme. De là, naturellement, cette pensée que les
sculpteurs primitifs de la Grèce se sont inspirés des
sculpteurs cypriotes, qu'ils sont allés chercher auprès
d'eux des motifs et des formes plastiques. Mais ce système séduisant ne peut plus avoir de partisans. Un des
plus grands mérites d'un délicat archéologue français,
M. Heuzey, sera d'avoir démontré jusqu'à l'évidence
que, loin d'avoir inspiré les Grecs, les Cypriotes leur
doivent autant et plus encore qu'aux Égyptiens ou aux
Assyriens.

Les Grecs furent en contact avec les Cypriotes, nous
l'avons dit, dès le xe siècle ; s'ils doivent quelque chose à
leurs voisins, — auxquels du reste ceux qui se fixèrent
dans l'île ne tardèrent pas à se mêler, — c'est la connaissance lointaine de l'art oriental, connaissance dont
ils firent, nous le verrons, leur profit. Mais des deux
peuples mis en présence, c'était certainement le Phénicien qui devait, en art, imiter l'autre ; car les Phéniciens
n'ont pas eu le génie créateur qui mit si vite les Hellènes hors de pair.

Les plus connues des statues cypriotes, celles de
style hellénique, n'auraient donc pour nous qu'un intérêt du genre des statues de style égyptien ou assyrien,
si tout ce qui touche à l'art grec ne prenait par cela seul
une rare valeur et une importance de premier ordre.
A ce titre, nous voudrions multiplier les exemples ;
mais, obligé de nous restreindre, nous nous conten-
terons de mettre sous les yeux du lecteur la statue cé-

lèbre sous le nom de *Prêtre à la colombe* (fig. 41), qui provient d'Athiénau et se trouve au Musée de New-York. C'est un homme debout, le pied gauche un peu en avant, qui tend les deux mains, et tient dans la droite une coupe, sur la gauche une colombe posée. Il est coiffé du bonnet conique, d'où s'échappent sur le front de petites frisures, et d'où tombent jusque sur la poitrine, à droite et à gauche, trois longues tresses symétriques; il n'a pas de moustaches, mais il porte une barbe longue et soigneusement frisée. Il est habillé, à ce qu'il semble, de trois vêtements, une chemise plissée qui s'arrête aux pieds nus, une tunique bordée d'une broderie à palmettes tombant à peine au-dessous des genoux, et enfin d'un grand manteau qui se drape sur le buste et la taille et laisse pendre de chaque côté deux masses parallèles, symétriquement

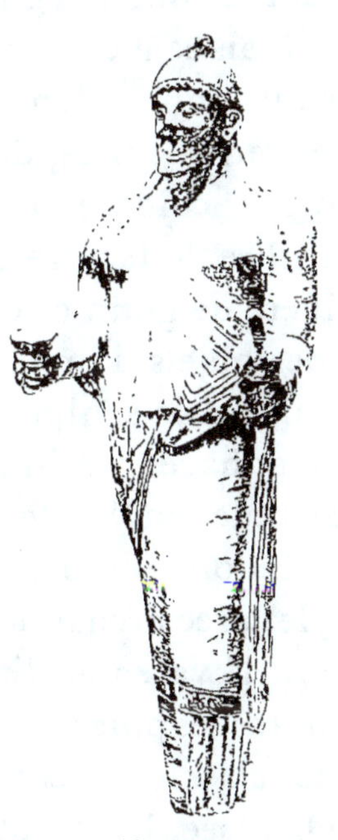

Fig. 41.
Le prêtre à la colombe.

plissées. Si l'on veut bien se reporter au chapitre II du livre suivant (fig. 52, 52 *bis*, 64, etc.), on se convaincra facilement que la position comme le vêtement du Prêtre à la colombe sont familiers à la sculpture grecque, à la sculpture attique en particulier. Quant à la tête, si le bonnet est une coiffure locale, si la barbe est plutôt orientale (voyez pourtant la tête que reproduit la figure 78), les boucles tombantes sont grecques, et plus encore le type de visage, où les yeux gros et obliques sont dans la manière des figures archaïques qui sourient. Quelques statues cypriotes, du reste, sourient franchement de cette grimace qu'on nomme couramment le sourire éginétique.

Mais ce n'est pas seulement à Cypre que la sculpture phénicienne a subi l'influence de l'art grec naissant. Les terres cuites, dans quelque lieu de la Phénicie ou de ses colonies qu'on les recueille, sont en grand nombre de facture et de sujets grecs; n'était la terre qui diffère de grain et de couleur, on croirait très souvent à des objets d'importation directe. Pour nous en tenir à la grande sculpture, tel bas-relief trouvé à Tyr, tels sarcophages anthropoïdes découverts à Solunte, par exemple, en Sicile, aussi bien que d'autres provenant de Sidon, semblent dus à des artistes grecs, tant le style grec archaïque s'y révèle avec franchise et précision. Il va sans dire que nous parlons seulement des œuvres les plus anciennes; il est trop évident qu'à l'époque classique, comme Cypre est presque absolument hellénisée, la sculpture cypriote, qui par routine garde encore quelques attaches avec la sculpture orientale, n'est plus qu'une branche de la sculpture grecque.

Enfin, nous ne pouvons quitter ce sujet sans rappeler que la très grande majorité, sinon la totalité des stèles funéraires carthaginoises, dont la collection est maintenant si riche, stèles grossièrement ornées de figures gravées à la pointe ou sculptées sans beaucoup d'art, se rattachent à la sculpture phénicienne par les sujets représentés, à la sculpture grecque par maint détail d'ornementation. Prise au hasard à la Bibliothèque nationale, la stèle figurée ici (fig. 42) est grecque par sa forme, puisqu'elle est surmontée d'un fronton flanqué d'acrotères et souligné d'un rang d'oves en corniche;

mais les personnages dessinés dans le fronton ne s'expliquent que par la religion phénicienne, non plus que le croissant et le globe, que nous avons déjà vus ailleurs.

Ainsi, pour tout résumer, l'esprit des Phéniciens ne s'est pas démenti

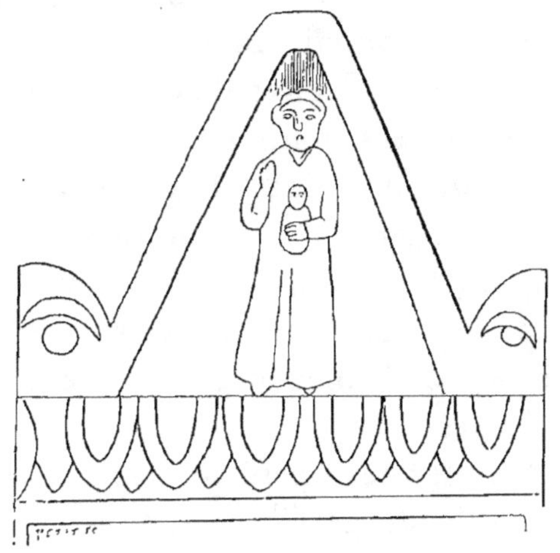

Fig. 42. — Stèle carthaginoise.

un instant pendant vingt siècles; ils n'ont pas brigué la gloire artistique et n'ont pas cherché à créer; leur sculpture, en particulier, est depuis l'origine restée tributaire d'abord de l'Orient africain et asiatique, puis de la Grèce. C'est ce qui fait la froide monotonie des œuvres cypriotes par exemple, ou des stèles puniques; on ne sent, lorsqu'on parcourt les galeries du Louvre ou de New-York, aucun effort dans la recherche du progrès; les statues se succèdent sans rien nous apprendre de nouveau sur la valeur imaginative ou technique des artistes qui les ont sculptées; ni les types, ni les formes, ni le style ne varient dans le groupe hellénisant, non plus que dans les groupes qui se rattachent à l'Assyrie ou à l'Égypte. Le rôle des Phéniciens était de servir d'intermédiaires entre l'Orient et l'Occident, d'être des courtiers de beaux-arts aussi bien que de commerce; ils y sont restés fidèles. Mais si on ne leur doit que peu d'éloges, il faut leur avoir beaucoup de reconnaissance; la civilisation s'est répandue au loin, grâce à eux; ils ont propagé l'industrie où ils étaient passés maîtres, qu'ils ont développée même, se montrant au moins en cela inventeurs; ils ont enfin doté le monde de l'écriture alphabétique: si quelque peuple devait s'illustrer par une telle découverte, qui rendit si faciles les relations de ville à ville et de pays à pays, c'était bien aux Phéniciens qu'en devait revenir la gloire.

Par mer, les Phéniciens commerçaient avec l'Égypte, les Cyclades, la Grèce et tout l'Occident; par terre, à travers les gorges du Liban, avec les vallées de l'Euphrate et du Tigre; mais entre la côte de Syrie et ces pays lointains se trouvaient établis des peuples qui tinrent une place importante en Orient, nous voulons dire les Juifs et les Hétéens; leurs mœurs et leur histoire sont de jour en jour mieux connues; il convient de leur faire ici leur part.

Les Juifs, qui occupaient, à l'est du Liban, la Syrie méridionale et centrale, semblent avoir, par instinct autant que par religion, négligé la sculpture. Historiens habiles, poètes admirables, comme en font foi les Livres saints, architectes et décorateurs à qui ne manquaient ni le goût du beau ni celui du grandiose si l'on en juge par les splendeurs du temple de Jérusalem, ils ne prirent, en fait de sculpture, aucune des leçons qu'auraient pu leur donner leurs voisins d'Égypte, d'Assyrie ou de Phénicie. Ils ont fait beaucoup d'emprunts aux Phéniciens, avec lesquels ils ont tant d'analogies de race et de civilisation, mais pas un emprunt tenant à la représentation plastique des objets matériels ou des êtres vivants. Ils n'ont pas même imité, comme eux, les œuvres de l'Égypte ou de l'Assyrie, qu'ils connaissaient pourtant aussi bien qu'eux. A peine peut-on inférer, d'après des textes, qu'ils fabriquaient, ou achetaient aux Phéniciens, de pauvres amulettes de terre cuite, ou d'informes idoles de bois. C'était sans doute que la loi mosaïque interdisait par des prescriptions précises toute représentation matérielle de la figure humaine ou de la forme animale, comme plus tard, dans le même pays, la loi musulmane.

Les Hittites, ou mieux les Hétéens, au contraire, nous ont laissé sur les rochers de leur pays, la Syrie du Nord, et dans quelques régions d'Asie Mineure qu'ils ont de bonne heure occupées, un grand nombre de bas-reliefs dont l'origine, autrefois douteuse, est maintenant bien établie, et qui leur assurent, après les Assyriens et les Égyptiens, à côté des Phéniciens, un chapitre important dans l'histoire de l'art oriental.

L'étude de la civilisation hétéenne est de date récente. Il y a quelques années, on prêtait peu d'attention à l'histoire de ce peuple primitif, quelquefois mentionné dans la Bible, mais déjà comme une race déchue et dispersée à travers les monts d'Éphraïm et de Juda. Depuis le roi Salomon il n'y avait plus d'Hétéens dans la Terre-Sainte; ils s'étaient réfugiés plus au nord, dans la vallée de l'Oronte; mais bien avant l'entrée des Hébreux dans la Syrie méridionale, l'empire hétéen y avait été florissant. Voisin de l'Égypte, il avait lutté vaillamment contre les grands Pharaons thébains; on rencontre le nom des *Khiti* dans les annales de l'Égypte dès la XVIIIe dynastie de Manéthon; jusqu'au règne de Ramsès III, il est question du « vil ennemi de Cadech » — c'était leur capitale, située dans la vallée de l'Oronte, au sud d'Hamath — comme des rivaux les plus redoutables de l'Égypte à l'entrée de l'Asie. D'autre part, si Cadech était le rempart des Hétéens contre l'Égypte, Gargamich, qui gardait un des meilleurs gués de l'Euphrate, était directement menacée par l'Assyrie. Dès le commencement du xviie siècle, les Hétéens luttent contre Teglathphalasar Ier, qui, tournant ou forçant le passage, arrive jusqu'à Arad. Sargon, en 717, réussit à s'emparer de la forteresse. Dès lors, l'histoire ne fait plus mention des Hétéens.

S'il nous était loisible de rappeler dans le détail les guerres où furent mêlés les Hétéens, de nous rendre un compte exact du rôle important que leurs perspicaces historiens, M. Wright, M. Sayce et M. Perrot, — car c'est à eux surtout qu'est due « la question hétéenne » — leur ont fixé dans l'histoire de l'Orient, nous comprendrions comment il est aujourd'hui impossible d'attribuer à d'autres qu'à eux des monuments assez nombreux dont on ne savait encore à qui faire honneur.

La première pierre hétéenne fut découverte en 1812 par Burckardt, à Hamath sur l'Oronte. C'était une inscription en caractères hiéroglyphiques qui n'avaient rien de commun avec les hiéroglyphes de l'Égypte; les figures, empruntées pour la plupart à la vie animale,

sont sculptées en relief, et non en creux, et sans précision de contours; la présence d'hiéroglyphes de ce
genre, aisément reconnaissables, est un premier trait
commun qui sert à distinguer et à grouper les œuvres
de la sculpture hétéenne. L'inscription fut retrouvée
en 1870, avec plusieurs autres que M. Wright parvint
à faire transporter à Constantinople. En 1874 et 1875,
M. Skene, consul anglais à Alep, retrouva les ruines
déjà signalées de Kalaat-Djerablus, et des fouilles heureuses permirent à son successeur, M. Henderson,
de retrouver les premières sculptures hétéennes, et
d'en transporter quelques-unes au Musée Britannique.
Djerablus est sans doute l'ancienne Gargamich. Les
découvertes se sont multipliées à Marach, sur l'Oronte,
à Saktchégheuksou, à Sindjirli, à Roum-Kalé, Bi-
redjik (villages entre l'Amanus et le Kurddagh), et l'on
peut aisément fixer les caractères de la sculpture
hétéenne.

Ce qui frappe avant tout, c'est l'imitation assyrienne. Elle est particulièrement directe dans un bas-
relief qui couvre trois dalles de basalte, découvert à
Saktchégheuksou. C'est une chasse au lion : l'animal
ouvre la gueule et lève une patte pour se défendre
contre un homme, debout devant lui, qui lui a planté
un épieu dans la tête; par derrière, un autre chasseur
lui a déjà enfoncé une lance dans le flanc et brandit
une hache de la main droite; derrière ce groupe on
voit un char attelé de deux chevaux et monté par deux
hommes, un cocher et un archer qui lance une flèche.
Les plaques sont bordées en haut et en bas d'une corniche sculptée; le champ, au-dessus du lion, est décoré

de quatre rosaces, au-dessus du char, d'un globe ailé. Ce globe est un symbole simplement emprunté à l'Assyrie; le bonnet pointu du premier chasseur, les longs vêtements, les longues barbes frisées que portent trois personnages sur quatre, l'aspect du lion, l'ornement en tresse des bordures, le sujet même de la scène, si fréquent dans la vallée de l'Euphrate, enfin le style lourd et ramassé de la sculpture, rappellent directement l'Assyrie; mais la lourdeur est exagérée, les formes sont plus vagues, le détail anatomique est plus accentué, et de plus les cottes de mailles, dont sont armés les chevaux et trois des chasseurs, la tunique courte du quatrième, la tête frisée, mais imberbe, de ce dernier, sont des détails originaux qu'il faut mettre au compte de l'artiste hétéen.

Du reste, ces artistes, tout barbares qu'ils sont, — ce bas-relief est certainement le moins grossier de tous, — savent au besoin se dégager de l'influence de leurs voisins. Une stèle votive de basalte (provenant de Marach) nous montre deux femmes assises l'une en face de l'autre sur des escabeaux, de chaque côté d'une table couverte de vaisselle; elles se présentent mutuellement des objets, fruits ou ustensiles, qu'elles élèvent dans leurs mains; elles sont coiffées l'une et l'autre d'une haute tiare d'où semble pendre un grand voile bordé de stries transversales et qui les enveloppe jusqu'aux chevilles; les pieds sont chaussés de brodequins à pointe recourbée; ce soulier caractéristique — porté de nos jours encore en Syrie et en Asie Mineure — se retrouve sur la plupart des bas-reliefs hétéens. Le sujet, qui rappelle quelques stèles grecques, n'a pas d'analogue dans la sculpture

assyrienne, non plus que les vêtements des femmes, ni
leur type : front fuyant, nez pointu, bouche épaisse et
menton carré; l'œil, fortement accusé, est dessiné de
face, tandis que le visage est de profil. L'ensemble
donne l'idée d'un art extrêmement primitif et barbare,
mais qui a bien sa place à part en dehors de l'art de
l'Égypte, à côté de l'art assyrien; en cela du moins il
l'emporte sur l'art phénicien ou cypriote, qui n'a jamais
rien eu d'original, pas même des défauts.

Il n'est, ni dans les documents égyptiens, ni dans
les assyriens, question des Hétéens occidentaux; mais
nombre de monuments retrouvés en Asie Mineure ne
permettent pas de douter que, refoulés par les conquérants issus de l'Afrique et de la Mésopotamie, les Hétéens ne soient passés de Syrie en Cœlé-Syrie, et par les
défilés du Taurus, n'aient gagné la Cappadoce et les
bords du fleuve Halys, puis ne se soient répandus vers
l'Occident, à travers la Lycaonie, la Phrygie et la Lydie,
jusqu'aux rivages de la Méditerranée.

M. Perrot, le premier, a exploré avec soin le pays
qu'Hérodote appelait la Ptérie, c'est-à-dire la vallée du
fleuve Halys (Kizil-Irmak, ou fleuve Rouge); c'est lui
qui, le premier, a attiré l'attention sur des bas-reliefs
rupestres, déjà signalés par Texier, que depuis il a
reconnus pour être de facture hétéenne; il n'y a pas à
s'y tromper, tant ils ont de rapports avec les bas-reliefs
syriens que nous venons de décrire.

La ville principale de la Ptérie est marquée par les
ruines de Boghaz-Keui, sur un petit affluent du Kizil-
Irmak; il s'y trouve une série de chambres et de couloirs
taillés dans le roc, aujourd'hui à ciel ouvert, que les

indigènes désignent sous le nom d'Iasili-Kaia, *la pierre écrite*. Les parois en sont décorées de plusieurs groupes de sculpture. « Quel qu'en soit le sens, dit M. Perrot, le sujet représenté dans la grande salle peut se définir la rencontre de deux cortèges. Deux processions parallèles, partant de l'entrée, se développent l'une sur la paroi de gauche, l'autre sur celle de droite; elles font le tour de la salle en marchant à la rencontre l'une de l'autre, et les personnages qui la conduisent semblent s'aborder sur la paroi du fond. Tout en se répondant ainsi, d'un mur à l'autre, les deux cortèges sont loin d'avoir la même importance; celui de gauche est plus nombreux et plus varié; il se compose de quarante-cinq figures, dont les ajustements, les attributs, les poses même présentent une certaine diversité; il n'y en a que vingt-deux dans celui de droite, et, sauf un seul qui reste à part, tous les personnages de cette bande reproduisent fidèlement un type unique. Dans tous les personnages de droite, hors dans celui auquel nous avons fait allusion, qui marche le second, ce sont des femmes que l'on croit reconnaître à la robe traînante dont les plis réguliers descendent jusqu'à la cheville, et aux cheveux qui tombent en longues tresses sur les épaules. Nous ajouterons que la tiare ronde, l'unique coiffure que l'on rencontre dans cette série, ressemble fort à celle que portent les femmes dans les stèles de Marach; seulement, ici, cette tiare, posée plus droite, est cannelée et comme tourrelée par en haut. C'est la même coiffure, mais devenue plus élégante et plus ornée, ou peut-être seulement dessinée par un ciseau plus adroit à rendre de menus détails. Dans le cortège de gauche il n'y a que des hommes ; quelques-uns sont barbus, quelques-uns portent un même costume, le bonnet conique que nous avons déjà rencontré dans les monuments de la Syrie septentrionale et la tunique courte qui s'arrête au-dessus du genou. »

Nous ne pouvons ici donner qu'un exemple des bas-reliefs d'Iasili-Kaia (fig. 43). Ce sont des divinités, figures principales de la grande enceinte ; on voit sur la tête de deux d'entre elles la tiare haute et ronde, sur celle d'une troisième le bonnet conique ; les robes longues ou les tuni-

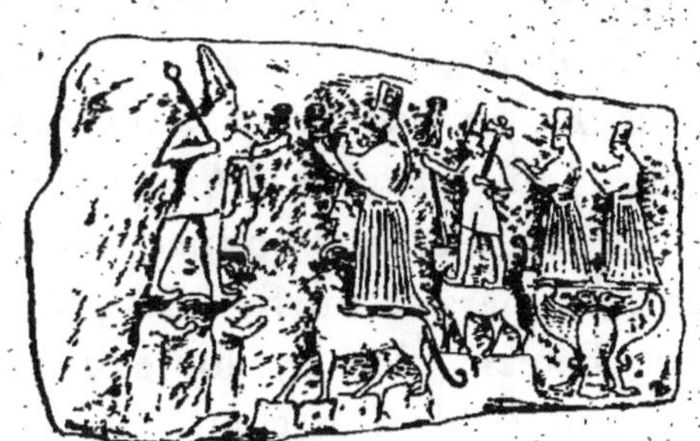

Fig. 43. — Bas-relief d'Iasili-Kaia.

ques courtes, les souliers à la poulaine, nous sont déjà connus, et nous retrouvons le même style lourd et sans précision, avec lequel se familiarisera vite quiconque étudiera une série de monuments hétéens ; le type des personnages n'a pas varié non plus ; le profil est le même que nous avons décrit. Quant à l'attitude des dieux, debout sur des épaules d'hommes, sur des échines de lions ou des ailes d'oiseaux, elle est fréquente — mais nous ne pouvions tout signaler — sur des bas-reliefs hétéens de Syrie.

Les bas-reliefs d'*Euiuk*, dont Hamilton découvrit, près de Boghaz-Keui, les ruines mieux explorées ensuite par M. Perrot, n'apprennent de nouveau que quelques détails ; la sculpture hétéenne n'est pas très riche en fait de formes et de types variés; notons seulement deux sphinx à coiffure hatorique, qui témoignent de réminiscences égyptiennes. L'art paraît, du reste, dans cette ville encore plus enfantin ; les bas-reliefs sont d'une lourdeur et d'une mollesse qui sentent la décadence, si un art qui jamais n'entrevit, même de loin, la perfection, pas même la correction, qui ne sut pas ce que c'est que le progrès, a pu avoir une décadence.

En Phrygie, les traces des Hétéens sont plus clairsemées ; les plus célèbres bas-reliefs sont ceux de Ghiaour-Kalési, au sud-ouest d'Ancyre, deux guerriers sculptés sur le roc, que leur bonnet pointu, leur tunique courte, leurs souliers recourbés, désignent clairement pour des chefs hétéens. En Lycaonie, le monument d'Éflatoun, près du lac de Bey-cheïr, est bien d'origine hétéenne ; mais le relief — nous avons pu le constater par nous-même — est si rongé qu'on se mettra difficilement d'accord sur le sexe, la forme, le costume et le rôle des personnages. Le bas-relief d'Ibriz, près de Tyane, est plus net. C'est bien une œuvre hétéenne : un prince en adoration devant un dieu, sorte de Bacchus oriental, personnifiant la fécondité terrestre, si l'on en juge par les grappes de raisin et la gerbe d'épis qu'il porte. A défaut des hiéroglyphes, qui ne laissent aucun doute, les brodequins à bouts retroussés des deux personnages, le bonnet pointu du dieu, diraient assez à quel art il faut rapporter ce curieux monument. Seulement ici l'influence assyrienne se fait sentir de plus près dans la surcharge des broderies qui décorent la robe du plus petit personnage.

Nous pourrions suivre les Hétéens à travers l'Asie

Mineure, en Phrygie, où sans doute ils ont précédé les Phrygiens — ce peuple encore trop peu connu, dont l'art attend encore son historien, — en Lydie, jusqu'aux portes de Smyrne. Mais l'étude des monuments dispersés dans ces régions ne nous apprendrait rien de nouveau. Il nous suffira d'insister, pour conclure, sur ce point, que si les Phéniciens ont, à travers les Cyclades, porté chez les Grecs la connaissance des arts de l'Égypte et de l'Assyrie, il se pourrait bien que les Hétéens eussent, à travers l'Asie Antérieure, servi de trait d'union entre la Mésopotamie et la Grèce. Les Hellènes, portant de bonne heure à l'Asie leur civilisation naissante, ont vu et apprécié les monuments hétéens avant qu'aucun de leurs artistes ait vu et apprécié une œuvre assyrienne originale ; n'est-il pas admissible que l'art hétéen, si barbare qu'il soit, et si dégénéré de l'assyrien, ait fait sur leur esprit une impression égale, sinon supérieure, à celle des pastiches phéniciens ?

Si les Grecs avaient connu la sculpture hétéenne alors qu'il y avait encore des Hétéens en Asie, on trouverait dans les monuments de ce peuple quelque chose de l'esprit hellénique ; leur art se serait sinon transformé, du moins modifié à leur contact, car aucun peuple n'a pu échapper à l'influence de leur génie créateur. Cypre nous en a fourni un exemple ; la Médie et la Perse, que nous n'avons garde d'oublier dans cette revue de la sculpture orientale, en sont un autre exemple non moins mémorable.

La première mention des Mèdes est faite dans une inscription assyrienne du ixe siècle ; mais l'empire mède n'aurait été fondé que vers 708 par le roi Déjocès, qui

[...] en haut, jusqu'à Ecbatane, le grand [...] la Médie ne commence même que [...] archaïque. On connaît l'histoire [...] prirent de concert avec Nabopolassar [...] prirent Ninive et partagèrent avec [...] de l'Assyrie. Il n'est donc pas [...] anciennes sculptures des Mèdes [...] ses monuments [...] Par les sujets [...] maîtres de l'Assyrie, étaient [...] sculptures mèdiennes. À Persépolis [...] nombreux bas-reliefs sont de pur [...] sujets, les emblèmes, les vêtements [...] sont empruntés à la Mésopotamie, il [...] moins une main plus légère, plus [...] moins à marquer les détails des [...] [...] broderies, en un mot, [...] [...] le génie oriental dans l'éloignée [...] [...] Ne sommes-nous pas frappés [...] Médie et la Perse furent réunies sous le grand [...] lorsque ce grand roi eut conquis toute l'Asie [...] il força même les villes grecques de [...] à [...] lorsque sous Cambyse et Darius les [...] pacifiques ou belliqueux des Grecs et des Perses [...] furent multipliés, à une époque où déjà l'art grec était en plein développement, la sculpture perse eut, comme la cypriote, cherché des inspirations dans l'archaïsme grec. Les récentes découvertes de M. et Mme Dieulafoy à Suse sont la confirmation évidente de ce fait, que déjà quelques bas-reliefs de Persépolis, aux draperies élégamment simples, plissées avec symétrie à la mode

grecque, avaient permis de constater. C'est par bonheur
au Musée du Louvre
qu'on peut maintenant
admirer une série de
bas-reliefs en brique
émaillée qui ornaient
le palais de Darius. La
figure 44 représente
un des archers de la
garde royale, un des
Immortels, comme
Hérodote les appelle.
Bien des détails sont
assyriens : la barbe et
les cheveux frisés, la
longue robe semée
d'étoiles et bordée de
broderies, les sandales
à lacets, les riches ar-
mes dorées; la com-
position aussi de la
frise, où tous les per-
sonnages — il y en a
dix au Louvre — se
répètent comme des
clichés, sauf que la
couleur varie, et sur-
tout le procédé du re-
lief obtenu par la jux-
taposition de briques,

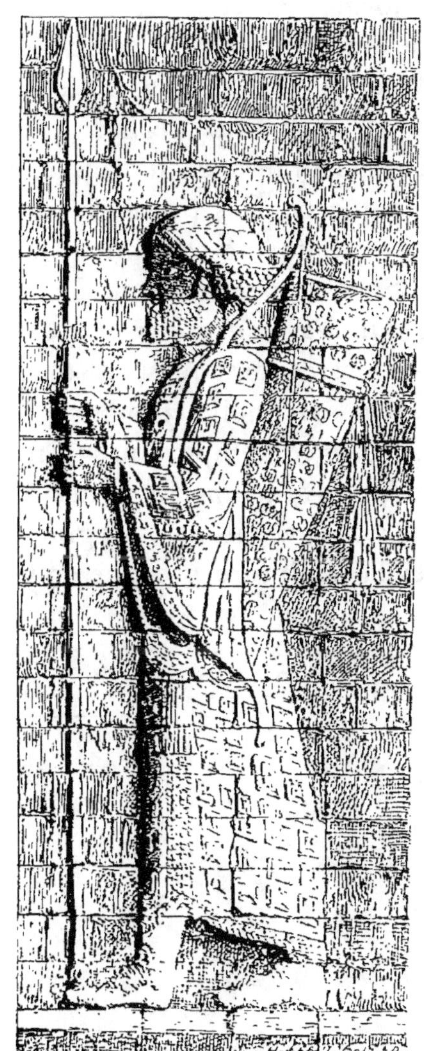

Fig. 44. — Un archer de Darius.

la technique de la coloration et de l'émail. « Mais, dit

M. Choisy, quelle supériorité dans le sentiment de la forme! C'est l'art assyrien, mais transformé par une intervention plus ou moins directe des Grecs... Placez à côté du bas-relief émaillé des archers une œuvre archaïque de l'art grec, le costume seul marquera la différence d'origine. Colorés l'un et l'autre, bien que par des procédés fort divers, ils ont la même allure, le même sentiment, le même style. Les archers de Suse appartiennent sans réserve à la famille du *Soldat de Marathon* (voy. *infra*, fig. 60); ils ont les finesses grecques, le soldat de Marathon a la démarche solennelle et la gravité susienne. Tous deux sont d'ailleurs contemporains. » En effet, les *Immortels* et le *Soldat de Marathon* sont des œuvres du vɪᵉ siècle. Cette date nous avertit qu'il est grand temps pour nous d'étudier la sculpture grecque en Grèce.

LIVRE DEUXIÈME

LA GRÈCE ET L'ITALIE

I

Quand on veut désigner les plus anciens monuments des arts plastiques en Grèce, les découvertes de Mycènes, de Spata, de Kamiros (île de Rhodes) fournissent invariablement les exemples ; et, de fait, nous ne possédons pas de documents plus antiques. Mais il nous semble qu'on ne s'est pas encore assez appliqué à établir entre les objets qui forment ces inestimables collections des catégories pourtant bien nécessaires. On n'a pas déterminé d'une manière assez précise le départ qu'il faut faire, dans les trésors de Mycènes, par exemple, entre les objets d'importation étrangère et ceux de fabrication locale. Il est bien certain que l'œuf d'autruche trouvé dans un tombeau a été apporté d'Égypte en Argolide par quelque navigateur phénicien ; au contraire, les stèles funéraires décorées de chars et de guerriers ont été fabriquées en Argolide même. Pour nombre d'autres objets, le problème est moins

facile à résoudre, et c'est encore une question de savoir
si les fameuses épées de bronze incrustées d'or, d'argent et d'électrum ont été faites
en Égypte, en Phénicie ou en
Grèce, s'il faut y voir des objets
simplement importés ou l'œuvre
d'artistes mycéniens s'inspirant de
modèles étrangers. Il nous semble
qu'il suffit de mettre en regard les
figures 45 et 46 pour être d'avis
qu'on doit rendre aux étrangers
ce qui leur appartient, c'est-à-dire
les épées. Si nous voulons connaître l'état de l'art hellénique à
cette époque primitive, ce sont les
stèles seules qu'il faut étudier, car
si les épées sont d'industrie mycé-
nienne, comment se fait-il que les
Mycéniens soient, au même moment, arrivés à de merveilleux ré-
sultats dans l'art de l'incrustation,
très complexe, et soient restés si
naïfs en sculpture, bien plus simple
et facile ? Les stèles sont d'une
grossièreté enfantine ; le procédé
qu'emploie le sculpteur est tout
primitif : il dessine les figures
sur la surface à peine aplanie d'une

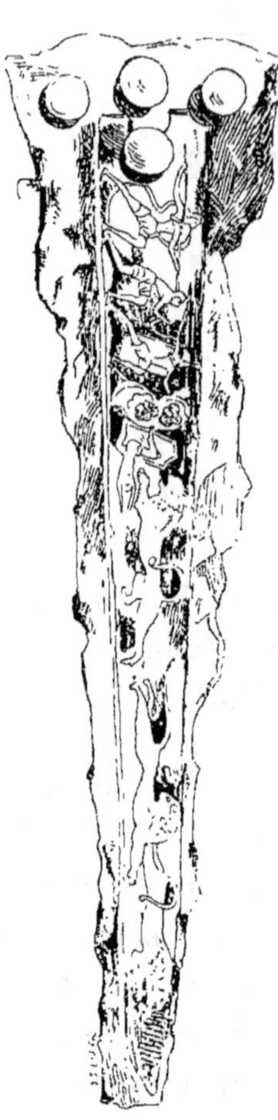

pierre et creuse ensuite les contours qu'il a tracés.
Mais, tandis que nous avons vu les Égyptiens, usant
de la même méthode, couvrir les murs des tombeaux et

des temples d'un nombre incalculable de figures vraiment bien dessinées, et qui, malgré des défauts voulus
et des formes de convention, sont vivantes et naturelles, les figures ici ne sont que mal ébauchées; les
hommes n'ont pas d'apparence humaine, les chevaux,

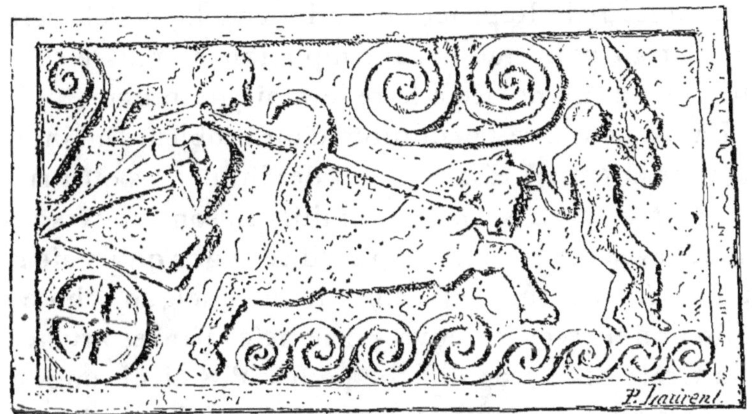

Fig. 46. — Stèle funéraire de Mycènes.

attelés à des chars rudimentaires, n'ont pas forme che-
valine; ces pierres sépulcrales, qui recouvraient des
trésors, sont de la plus puérile naïveté, et rien encore
dans ces essais maladroits ne fait prévoir ce que deviendra plus tard la sculpture grecque. Certes, les chefs
mycéniens dont le docteur Schliemann a retrouvé les
tombes aimaient et, sans doute, comprenaient les arts
de l'Orient que leur faisaient connaître les marchands
phéniciens; mais les artistes mycéniens étaient incapa-
bles de rien faire encore qui rappelât, même de fort
loin, la souplesse et l'imagination orientales. A l'époque
où l'on doit faire remonter les collections de Mycènes,
on ne peut pas dire vraiment que les Grecs aient subi

l'influence de l'Orient; il y a juxtaposition de l'art étranger et de l'art local (si le mot art peut être déjà employé), mais il n'y a pas autre chose; la plastique orientale était trop développée, la plastique grecque trop primitive pour que la première ait pu modifier en quelque façon la seconde. Mettez un écolier en face d'un tableau de Raphaël ou de Titien : le modèle sera trop parfait pour que la contemplation en puisse conduire le peintre novice à faire le moindre progrès.

Là est peut-être la solution d'un problème maintes fois posé et jamais résolu, celui des influences qu'a subies l'art grec. Les Grecs primitifs se sont trouvés en contact avec des peuples trop civilisés pour qu'ils aient pu immédiatement leur emprunter quelque chose; l'imitation directe des œuvres orientales par les artistes de la Grèce était trop difficile pour qu'ils aient songé à s'y livrer aussitôt qu'ils les ont connues. Et, de plus, il y avait entre les Grecs et ces étrangers trop peu d'affinité de nature, les races étaient trop dissemblables, la civilisation naissante des Grecs prenait une direction trop divergente de celle des civilisations orientales pour que l'art des premiers se fît l'humble disciple de l'art des seconds. Cela ne veut pas dire cependant que les Grecs n'aient rien dû à leurs prédécesseurs; mais c'est une question de mesure. Quelques critiques prétendent que l'art grec tient étroitement à l'art égyptien, à l'art assyrien, à l'art d'Orient, en un mot; d'autres veulent qu'il soit, comme les Grecs le disaient d'eux-mêmes, autochtone, c'est-à-dire né spontanément sur le sol hellénique, du génie seul de la race, la plus merveilleusement douée du sens de la beauté formelle.

Pour nous, notre opinion est moyenne; nous demandons qu'on accepte une sorte de compromis : il nous est en effet facile d'admettre que l'art oriental, étant placé, dans la Grèce, en contact avec un art national tout à fait rudimentaire, mais ayant pourtant ses caractères propres, a donné quelque chose de lui-même à ces éléments, leur a imprimé une certaine direction, sans pour cela détruire en eux les germes d'originalité, qui se sont développés malgré la contrainte venue de l'extérieur. S'il y avait eu absorption complète, il n'y aurait pas eu d'art grec, mais seulement une section européenne de l'art oriental; mais nous pensons que, tandis que certains peuples et certains artistes se laissaient séduire par l'art oriental et faisaient passer dans leurs œuvres, qui des éléments pris à l'Égypte, qui des éléments pris à la Chaldée, à l'Assyrie ou à l'Asie Mineure, la majorité des artistes, particulièrement de la Grèce européenne, développaient leur art et faisaient des progrès surtout dans le sens où les entraînaient leurs tendances particulières d'Hellènes.

Nous avons donc à étudier tout d'abord deux séries d'œuvres parallèles qui ne nous semblent avoir entre elles que des rapports bien lointains. Parmi les sculptures qui nous ont été conservées de la Grèce primitive, les unes, en bien petit nombre, nous rappellent l'Orient; les autres, de beaucoup les plus fréquentes, ne pourront être comparées par nous à rien de ce que nous avons décrit jusqu'à présent.

Un fait bien significatif nous paraît avoir été négligé. Les archéologues les plus autorisés attribuent aux trésors de Mycènes, aux objets découverts à Spata, la date fort reculée du xiiie ou du xiie siècle avant Jésus-Christ. En face de cette série de documents, plaçons-en d'autres dont la date est absolument certaine : M. Homolle a trouvé dans l'île de Délos une statue d'Artémis qui passe pour une des plus anciennes statues qui soient parvenues jusqu'à nous. C'est un ex-voto que Nicandra consacra à la « Chasseresse qui frappe de loin ». Il a la forme d'une véritable planche : « Le marbre, depuis la plinthe jusqu'aux épaules, dit M. Homolle, a la forme d'une colonne aplatie ; les côtés sont arrondis à droite et à gauche ; les faces sont deux plans parallèles. La ceinture divise le corps en deux parties inégales ; la partie inférieure, qui est la plus haute, va s'amincissant peu à peu depuis les pieds jusqu'aux hanches qui s'arrondissent sous la ceinture ; la partie supérieure va s'élargissant en sens inverse. La largeur des épaules est égale à celle de la plinthe. A droite et à gauche sont placés deux montants verticaux, raides, appliqués le long du corps ; ce sont les bras. La tête ressemble à une pyramide tronquée dont on aurait effacé et adouci toutes les arêtes. La chevelure, plaquée sur les tempes, épandue sur les épaules, contribue à lui donner cet aspect. Au-dessus de la plinthe, le marbre est échancré et scié en biseau. Dans la cavité triangulaire sont ménagées deux saillies qui représentent les extrémités des deux pieds ; ils sont accolés l'un à l'autre ; on ne saurait rien imaginer de plus naïvement grossier (fig. 47). » Cette statue porte une inscription qui très probablement a été gravée au viie siècle. M. Holleaux a découvert en 1885, dans les ruines du temple d'Apollon Ptoos, en Béotie, un fragment d'i-

dole qui, si l'on en juge par l'imperfection extrême
du travail et par l'inscription de la plinthe, n'est
pas d'une époque plus récente que l'ex-voto délien
(fig. 48). Il faut avouer que, pour si par-
tisan que l'on soit de l'influence orientale,
il est difficile d'admettre qu'elle ait été bien
puissante, puisque pendant plusieurs
siècles elle n'a pas réussi à inspirer les
artistes grecs, qui s'en sont tenus à d'informes ébauches.

Un archéologue très ingénieux, M. Mil-
chhœfer, dans un livre récent, a voulu
soutenir que l'art grec découle immédiatement non de l'art égyptien ou phénicien, mais, par l'intermédiaire de la Crète,
de l'art lycien, que nous ne connaissons
pas du reste. Sans examiner cette doctrine
aventureuse, qui a pourtant occupé de
graves critiques, nous pensons qu'une seule
méthode nous semble bonne. On peut
tout prouver au moyen de considérations philosophi-
ques et de raisonnements; mais il est plus sûr, croyons-
nous, de mettre en regard des monuments orientaux
et des monuments grecs, dont la provenance est certaine, dont l'âge peut être fixé avec quelque approxi-
mation, et de montrer qu'il y a entre les uns et les
autres des ressemblances irréfutables de style ou de
facture. Ces monuments sont extrêmement rares.

Le plus significatif, peut-être, est la statue de Charès, qui, de l'avenue sacrée du temple d'Apollon aux
Branchides, près de Milet, a été rapportée par M. New-

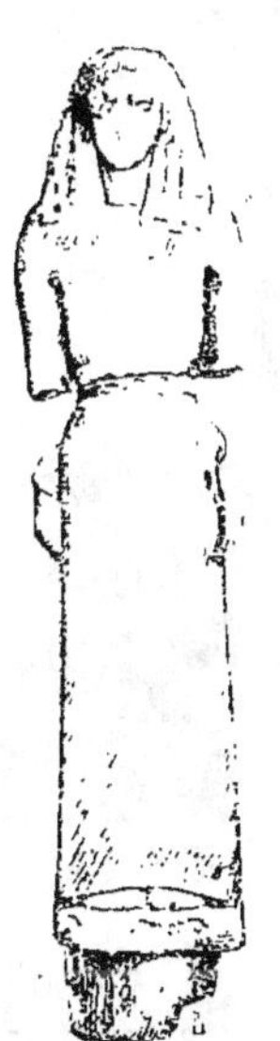

Fig. 47.
Xoanon
de Délos.

ton au Musée Britannique (fig. 49). Ce personnage, plus grand que nature, est assis sur un trône massif; ses pieds sont joints; ses bras, pliés aux coudes, sont appliqués le long de son corps et les mains posent sur les genoux; il est vêtu d'une longue robe collante et d'un manteau qui se drape à plis symétriques. L'aspect général rappelle nombre de statues égyptiennes, surtout les colosses de Memnon, à Thèbes, et aussi des statues chaldéo-babyloniennes, comme l'architecte de Tello (Musée du Louvre) ou mieux encore la statue de Shalmaneser, trouvée à Kalah-Shergat (Musée Britannique); ajoutons que les formes lourdes et molles du corps, les draperies

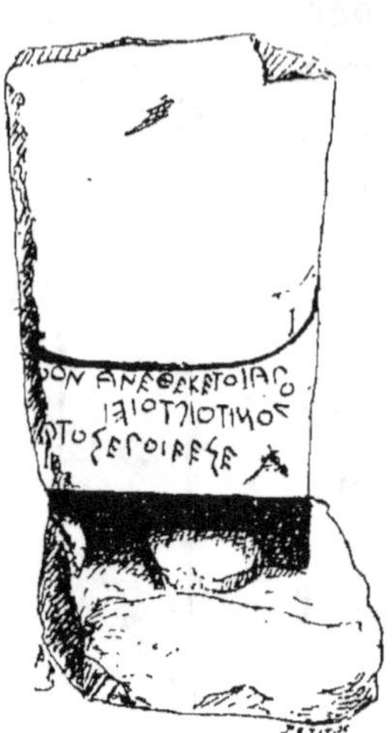

Fig. 48.
Fragment archaïque
de Béotie.

amples et plissées, sont de pur style oriental.

La fameuse Porte des Lions, qui donne accès dans l'Acropole de Mycènes, cette architrave sculptée où l'on voit deux animaux inconnus à la faune hellénique dressés face à face contre une colonne, semblent être des répliques, plus habiles que les modèles, des lions qui gardaient les portes de quelques monuments d'Asie Mineure; citons les bas-reliefs d'Ayazeen, en Phrygie. Sans vouloir multiplier les exemples, et pour nous en tenir aux plus frappants, nous étudierons bientôt un type de statues grecques viriles, dites statues d'Apollon, dont l'attitude semble directement empruntée à

l'Égypte. Appelons encore l'attention sur la figure 50.
Elle représente une plaque de bronze découverte à
Olympie, trapèze plus haut que large et divisé en quatre zones. Sur la première sont
des oiseaux; sur la seconde, deux
griffons affrontés; sur la troisième,
Héraklès poursuivant un Centaure; sur la quatrième enfin, beaucoup plus grande
que chacune des autres, une
divinité orientale, sans doute
l'Artémis persique, sous la
forme d'une femme ailée,
vêtue d'une longue robe,
tenant de chaque
main, par une patte
de derrière, un petit
lion. Des pierres gra-
vées, des cylindres

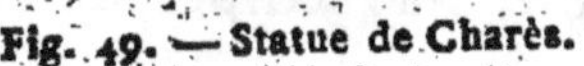

Fig. 49. — Statue de Charès.

chaldéo-babyloniens, depuis longtemps étudiés par
Gerhard, ne laissent aucun doute sur l'identification
de la déesse ainsi figurée, et l'œuvre, grecque pourtant d'origine — comme le prouve la représentation
d'Héraklès et du Centaure, — pourrait passer avant un
examen minutieux pour un objet importé.

C'est, du reste, dans les monuments de dimensions
médiocres, et dans les objets d'industrie plutôt que
d'art, qu'on trouve le mieux marquée en Grèce l'influence orientale. Les menues productions des arts
industriels trouvent facilement place sur un navire;
les petits bronzes incrustés d'or et d'argent, les plaques

d'ivoire, surtout les ustensiles d'usages variés, et d'abord les vases, donnent lieu à un commerce facile et important. Grâce à leur poids, à leur volume restreint, grâce à leur prix modique et à leur utilité de chaque jour, ils ne tardent pas à se répandre partout, dans les maisons des hommes comme dans les temples des dieux. Mais les statues, par exemple, ne sont pas des objets d'un maniement facile, ni, au point de vue du commerce, d'un placement aisé. Nous avons vu ce que produisait, par exemple, et pour ne parler que d'elle seule, la sculpture égyptienne : d'abord les portraits qui devaient être enfouis pour toujours dans les profondeurs mystérieuses des mastabas ou des syringes inviolables, puis des statues de dieux et de Pharaons destinées à orner les temples, statues lourdes de granit, statues le plus souvent colossales. Or les premières ne pouvaient pas, vu leur destination, quitter les puits funéraires, et les secondes eussent été pour les étrangers d'un intérêt bien secondaire.

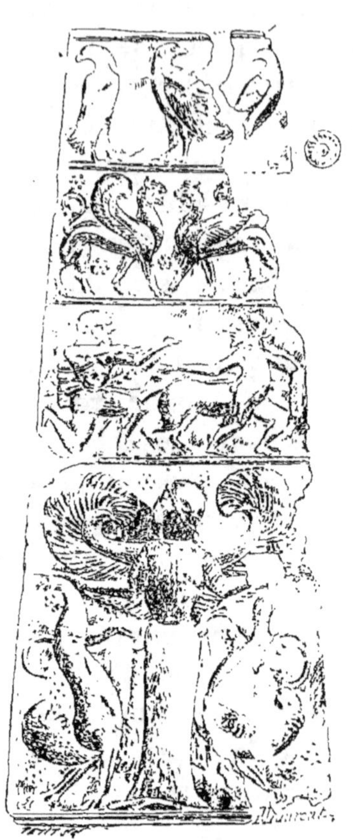

Fig. 50.

Plaque de style oriental (Olympie).

La race grecque ne ressemblait en rien à l'égyptienne; elle n'avait ni les mêmes origines, ni les mêmes mœurs, ni les mêmes croyances. Les Grecs avaient leurs dieux, bien distincts des dieux égyptiens et par l'essence même de leur nature, et par les formes concrètes dont le peuple aimait à les revêtir. Les peuplades encore sauvages qui se disputaient le sol hellénique avaient leur mode, très primitif sans doute, de gouvernement: un chef de guerre choisi au jour le jour, ou désigné au respect par les traditions fabuleuses de ses ancêtres; mais cet état rudimentaire était bien loin de la savante constitution monarchique de l'Égypte, et l'on ne comprend pas quel intérêt auraient eu les navigateurs venus d'Égypte ou de Phénicie à introduire si loin du Nil les images de leurs monarques. Et quant aux bas-reliefs, on sait quelle était en Égypte leur signification exclusive, décorer de scènes familières les parois des tombeaux, de vastes tableaux historiques ou religieux les grandes murailles et les piliers énormes des temples et des palais. La stèle funéraire même qui se trouvait à l'entrée des sépultures n'avait rien de commun avec la stèle des tombeaux helléniques, et, pas plus que les portraits des défunts, ne pouvait quitter les bords du Nil.

Tout au plus les petites amulettes, figurines de pâte de verre, de porcelaine ou de terre cuite, que les Phéniciens portaient avec eux sur les côtes qu'ils fréquentaient, sollicitant l'imagination des peuples crédules comme eux-mêmes, pleins de confiance dans les figures grimaçantes de fétiches, se répandirent-elles facilement parmi les Grecs primitifs, pour exercer

quelque influence sur la fabrication des amu[illegible]
tensiles locaux. Mais pas plus que les obj[illegible]
courant, pas plus que les armes, les bij[illegible]
vases, ces humbles productions d'une [illegible]
rieure et populaire ne pouvaient avoir de [illegible]
sur la statuaire naissante de la Grèce. A[illegible]
les plus brillantes de la civilisation hell[illegible]
valeur de la classification et de la di[illegible]
genres n'a jamais été mise en discussion [illegible]
s'appliquer aux genres artistiques comme a[illegible]
littéraires; un sculpteur n'aurait jamais eu [illegible]
s'inspirer aux œuvres d'un céramiste, si parfa[illegible]
mes, si brillants de décoration qu'aient pu [illegible]
vases sortis de ses mains habiles. Un vase, pour [illegible]
Dédales primitifs, n'était qu'un vase, et pas une [illegible]
d'art, et, sans raisonner leur sentiment, ils ne devaient
pas songer à tirer profit pour leur propre compte d'un
dessin curieux, d'une attitude heureuse, d'une la[illegible]
rieuse composition. Il est vrai de dire pourtant que
la vue journalière de ces objets d'importation répandus
en grand nombre, sans que les sculpteurs primitifs
aient songé le moins du monde à les étudier de près
pour s'en inspirer, a pu sans aucun doute donner à
leurs yeux certaines habitudes, tourner leur goût et
leur imagination vers certaines conceptions qui peu à
peu ont modifié dans un sens nouveau leur activité, et
mis leur main et leur outil sur la trace de procédés qui
les rapprochèrent des étrangers avec lesquels ils étaient
mis en contact même d'une façon toute superficielle.

C'est ainsi, selon nous, et avec cette prudence, que
doit être posée la question des origines de la sculpture

grecque. Sans nier absolument l'influence orientale, nous voudrions la voir restreindre et surtout établir d'une façon bien claire que si les sculpteurs grecs, à l'inverse des céramistes ou des orfèvres, l'ont subie dans une très légère mesure, c'est d'une manière inconsciente. Toutes les fois que dans la suite de cette étude, en suivant le développement original de la sculpture grecque, nous noterons quelque trait dû sans doute à l'influence de l'Orient, il sera toujours bien entendu que nous nous trouverons en présence d'un souvenir involontaire bien différent de l'imitation cherchée que les Phéniciens, par exemple, ont faite des Égyptiens et des Asiatiques. Dans la sculpture primitive des Grecs les traits étrangers nous apparaîtront comme des exceptions involontaires; chez les Phéniciens, c'est l'originalité qui fait exception sans que les artistes euxmêmes se soient bien rendu compte de ce fait.

LES PRIMITIFS

Une double série d'importantes découvertes permet d'écrire dans un sens qu'il était difficile de prévoir il y a peu d'années le second chapitre de l'histoire de la sculpture grecque. L'archéologue n'a plus à chercher à tâtons, dans les ténèbres des auteurs et le vague des musées déjà anciens de l'Europe, les textes et les monuments d'interprétation très incertaine. Une double collection de statues dont les provenances sont certaines, dont les dates peuvent être fixées avec quelque précision, jette maintenant un jour tout nouveau sur les développements qu'a suivis la plastique grecque à ses origines.

C'est un lieu commun aujourd'hui de parler de ces antiques idoles en bois ou en pierre aussi grossièrement équarrie que le bois, de ces *xoana* que, sous couleur de donner aux dieux figure humaine, les sculpteurs primitifs coupaient à force de hache dans un tronc d'arbre, découpaient à la scie dans une planche, taillaient à coups de marteline dans un bloc de calcaire, têtes informes, corps méconnaissables, sans contour réel, sans sexe, sans beauté, qu'enserrait une gaine sans plis, dure et rigide. Avec un soin méticuleux on a recueilli les témoignages des anciens au sujet de ces ébauches de divinités « aux yeux clos, aux bras pendants et collés aux flancs », que les Grecs conservaient encore dans leurs temples aux époques de leur plus brillante civilisation, souvenir toujours vivant et respecté des croyances primitives et des antiques dévotions. Avec plus d'intérêt encore on a catalogué les dessins complaisants de ces naïves ébauches, que les potiers nous ont transmis sur les vases qu'ils décoraient, et ainsi s'est facilement déterminé ce type encore innommable de statue-poutre, immobile et mort, qu'anima bientôt de mouvement et de vie le souffle génial d'un sculpteur légendaire. Dédale, disait une tradition, ouvrit le premier les yeux des divinités aveugles, détacha de leurs corps les bras emmaillotés contre les flancs, sépara les jambes et les pieds cloués et collés ensemble dans une immobilité raide. Dédale est une invention poétique; ce progrès immense dont on lui rapportait la gloire fut l'œuvre non pas d'un homme, mais de générations successives; il est possible aujourd'hui d'en suivre les phases; le sol hellénique nous a livré, presque sans plus d'obscurité, un de ses secrets les plus précieux, et, pour le dire tout de suite, il tend à s'établir presque sans conteste que l'effort des sculpteurs primitifs, s'appliquant à donner la vie aux mortes idoles de bois, a créé deux types, l'un masculin, l'autre féminin, types archaïques d'une originalité si grande qu'ils se sont imposés longtemps aux artistes, et jusqu'aux époques de décadence ont inspiré des imitations.

C'est ce double type qu'il nous faut étudier, dont nous allons retrouver non plus l'origine, les xoana, que nous connaissons maintenant, mais le perfectionnement progressif.

Nous commençons par le type de femme, et les raisons en sont simples. Les heureuses découvertes de M. Homolle à Délos, découvertes désormais fameuses, lui ont permis d'établir, presque sans rupture, la chaîne des progrès accomplis dans la formation du type féminin; pour le type masculin, au contraire, tout à l'origine, la série est encore interrompue par quelques lacunes.

C'est vraiment un xoanon que l'ex-voto de Nicandra, tel que nous l'avons décrit, plaque épaisse de marbre grossièrement équarrie comme à la hache, et qui des raisons purement extérieures, et non point esthétiques, ont fait reconnaître la plus ancienne représentation figurée d'Artémis. La technique du bois se retrouve dans chaque partie de cette ébauche, dans la forme générale, dans la façon dont se rejoignent les divers plans, et qui donne à l'ensemble l'aspect d'une figure géométrique (fig. 47).

C'est encore une imitation de xoanon, mais déjà moins naïve, et qui dénote quelques intentions nouvelles, que le second fragment de Délos. Tout mutilé qu'il soit, — la tête, les bras, les jambes depuis les genoux, manquent, mais les formes ne sont plus indistinctes, — l'on surprend quelque souci du modelé dans le gonflement de la gorge, l'amincissement de la taille et la saillie nettement accentuée des hanches, quelque soin aussi de l'ornementation, comme en fait foi la bande ornée d'une grecque qui pend le long de la gaine. Et déjà le sculpteur a modifié le mouvement

des bras : le droit seul est pendant sur le côté, le gauche
est replié depuis le coude, et la main reposait sur la
poitrine, entre les deux seins (fig. 51). La parenté de ce
fragment avec l'ex-voto de Nican-
dra est évidente. Elle l'est aussi
avec les statues trouvées au même
lieu par M. Homolle, et dont
nous avons eu nous-même l'heureuse fortune d'enrichir la série.

Les musées d'Athènes et de
Myconos possèdent aujourd'hui
sept Artémis déliennes dont le
type, directement venu des xoana,
est celui-là même que nous cher-
chons à déterminer. Des xoana
il reste l'aspect général de la
déesse, raide et guindée, dont le
corps est enserré dans son vêtement, dont les formes, bien qu'ac-
cusées déjà non sans science,
gardent l'allongement et la sveltesse des sculptures en bois. Mais,

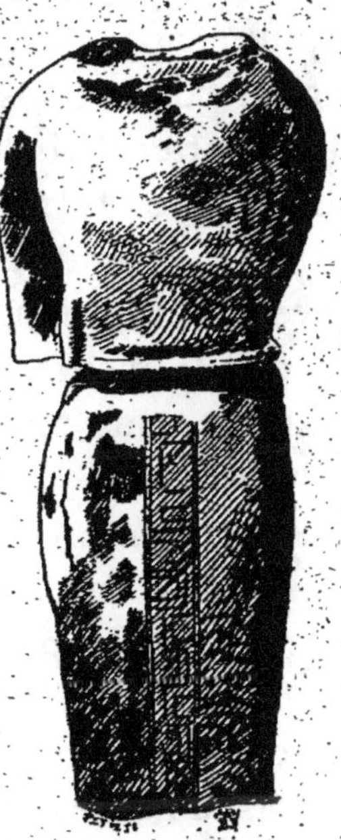

Fig. 51.
Statue archaïque de Délos.

malgré la raideur de la position, Artémis n'a plus rien
de géométrique ; elle est archaïque, et non plus in-
forme ; les sculpteurs ont compris ce que c'est que la
femme, ce qui donne le charme et la grâce à son sexe,
c'est-à-dire la rondeur harmonieuse, la sinuosité des
contours, et, avec la recherche du costume, la coquetterie de la parure. La déesse n'a plus les jambes
accolées, les pieds cloués l'un contre l'autre : une
jambe s'avance légèrement, ce qui a permis de modeler

sous l'étoffe la cuisse arrondie; l'avant-bras droit se
détache du buste, mais il ne vient plus s'appliquer sur
la gorge dont rien ne cache la saillie opulente, haute
et ferme; le bras, nu depuis le coude, portait un
attribut, fruit, fleur ou patère; le bras gauche pend le
long du corps, mais sans s'appliquer au flanc, dont un
vide l'écarte; l'air circule autour de sa rondeur, et
pour occuper la main, qui jusque-là tombait inutile,
l'artiste a conçu cette idée gracieuse de l'employer à
relever la tunique traînante, et cette seule ingéniosité
donne à la statue le mouvement et la vie. La gaine
des xoana, sans plis, rigide comme une armure, est-ce
l'imitation des grosses étoffes primitives, lainages
raides et lourds comme du feutre, qui tombaient tout
d'une pièce et masquaient la force comme la grâce du
corps? Avec le progrès, cette dureté s'est assouplie;
une chemise de laine fine, délicatement tissée, s'applique à petits plis ondulés sur les épaules, les seins et
les bras dont les chairs transparaissent; resserrée où
s'amincit la taille, elle s'amplifie depuis les hanches,
et le bras qui la relève à gauche, en la tendant sur les
muscles des jambes en marche, en fait habilement res-
sortir la souple légèreté. Par-dessus la chemisette, un
manteau, un péplos de tissu plus épais, laissant à
découvert l'épaule et le sein gauches qu'il entoure
comme d'un baudrier, tombe à grandes ondes symétriques; il donne au torse de l'ampleur, sans rien lui
enlever de sa grâce, et les stries larges de ses plis verticaux sur un côté, étalés en éventail sur l'autre, d'un
relief plus accentué, coupent heureusement l'uniformité de la tunique collante. Ces heureux détails de

costume ajoutent leur élégance à l'élégance de l'attitude ; l'artiste a vêtu la déesse comme se vêt une femme amoureuse de parure, se complaisant aux jolis détails des symétries cherchées et rompues, faisant là saillir le relief d'une torsade, étalant ici les plans larges où l'œil s'arrêtera sur une tache lumineuse, sans oublier même l'instinctive coquetterie des riches colliers à pendeloques. Comme le devant du corps, le revers est soigneusement travaillé : les omoplates s'accusent fortement sous le péplos ; les reins se cambrent, et les cuisses tendent la tunique ; sur le dos repose la chevelure serrée dans un réseau rectangulaire, tandis que de longues boucles détachées de derrière la nuque roulent leurs papillottes qui s'éparpillent sur les rondeurs de la gorge.

Mais à ces corps de déesses, d'une si élégante beauté, par une fatalité, ou bien par une mutilation systématique, les têtes manquent ; et comme, pour comble de disgrâce, la tête même de l'ex-voto de Nicandra a trop souffert du temps pour qu'on distingue encore les traits ni à plus forte raison l'expression du visage, l'imagination même est impuissante à se figurer les transformations subies par le type primitif, et par suite à restituer en ce point le type des statues plus récentes.

Heureusement les découvertes archéologiques semblent parfois obéir à quelque loi secrète d'attraction. A peine l'attention était-elle éveillée par les trouvailles de Délos, que de toutes parts étaient signalés des monuments à peine remarqués encore, et qui se rattachent étroitement à la même conception comme à la même période de la sculpture grecque. Enfin, les fouilleurs qui depuis quelques années remuent avec tant de bonheur le sol hellénique ont mis au jour des séries de statues analogues à celles de Délos, de plus en plus riches, grâce auxquelles se comblent peu à peu toutes les lacunes que l'on regrettait dans la série délienne.

A Éleusis d'abord étaient trouvées quatre statues ou statuettes très semblables à celles de Délos, mais acéphales comme elles, et dont l'intérêt principal était de prouver, avec quelques légères variantes dans l'ajustement des étoffes, peut-être aussi dans les procédés techniques, la diffusion du type.

Bientôt après, la merveilleuse découverte, à l'Acropole d'Athènes, près du temple d'Érechthée, de quatorze statues de même type, bien conservées, presque complètes, dont huit ont encore la tête sur les épaules, cette découverte qui fait peut-être du Musée de l'Acropole le plus intéressant et le plus riche du monde, permet de résoudre d'une façon définitive les problèmes où les découvertes de Délos laissaient encore un peu d'obscurité. Laissons de côté les détails du costume, quand nous aurons signalé toutefois l'aide que le pinceau donnait au ciseau; sur le bord des riches draperies, brunes sans doute, semées d'ornements ou de fleurons peints de diverses couleurs, serpentent des grecques, des méandres, verts ou rouges; mais le vêtement est le même qu'à Délos : même chemisette plissée menu, même tunique à demi collante, même péplos drapé à longs et lourds plis symétriques; même attitude aussi, d'une élégance un peu raide et d'une grâce imposante; même immobilité pétrifiée, malgré la recherche déjà manifeste du mouvement et de la vie. Ces caractères du corps sont aussi les caractères de la tête. Certes, les huit visages ne se ressemblent pas, comme dans une série de surmoulages; les traits ne sont pas identiques, l'expression n'est pas uniforme; il y a de la variété dans l'ajustement des coiffures; mais il est impossible cependant de ne pas reconnaître que les sculpteurs avaient dans l'imagination le même type de déesse ou de mortelle, que non seulement ils appartenaient à la même école, mais s'étaient fait de la beauté féminine le même idéal, qu'ils cherchaient à exprimer par des procédés semblables.

Comme ils voulaient donner au corps l'illusion de la vie et du mouvement, ils voulaient aussi animer le visage; ils n'ont trouvé de meilleur moyen que de le faire sourire. Le coin des lèvres s'est légèrement relevé et tiré vers les oreilles, l'angle externe des yeux s'est relevé comme le coin des lèvres; mais si l'artiste a su bien observer le principe même du rire, il s'en est tenu à l'ébauche. Pour donner à un visage de marbre cette expression complexe de la gaieté, de la joie intérieure, si subtile qu'elle semble échapper à l'analyse, il faut une imagination bien pénétrante, un ciseau singulièrement délié. Le sourire est peut-être la plus délicate forme de la vie du visage et la plus difficile à rendre. Les statues de l'Acropole en sont restées à l'intention; ce qui nous frappe dans cette recherche de la vie, c'est l'absence de la vie; le sourire, loin d'animer le visage, l'immobilise.

C'est aussi pour se rapprocher de la nature vivante

que les sculpteurs ont mis tant de soin à séparer autour
des oreilles, à dérouler en boucles tombantes, à friser
en papillottes autour du front bien encadré la riche

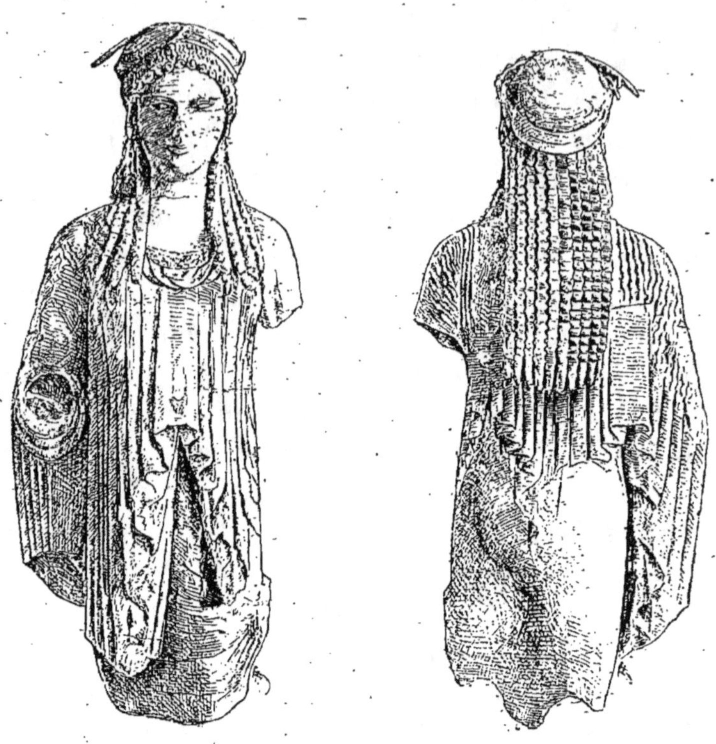

Fig. 52.   Fig. 52 *bis.*

Athéna archaïque (Acropole d'Athènes).

chevelure des déesses; mais, bien qu'ils en aient, la
symétrie trop parfaite de ces ornements, l'ordonnance
trop régulière des frisures accolées et des bandeaux
ondulants, le trop savant appareil de cette perruque où
pas un cheveu, comme on dit, ne dépasse l'autre,
semblent tout conventionnels et produisent une impression de rigidité froide, presque de mort. En vain le

sculpteur appelle à son secours l'artifice de la couleur : la chevelure est peinte en brun ; le diadème qui la couronne est décoré de palmettes ou d'élégantes lignes sinueuses ; les sourcils et les cils, comme les prunelles des yeux, sont peints à l'imitation de la nature, et parfois même dans les orbites creusées en plein marbre s'enchâssait quelque émeraude. Rien ne pouvait encore, cependant, agiter l'immobilité grave des visages pétrifiés (fig. 52, 52 *bis*, 53).

Les xoana n'avaient pas de sexe ; sans remonter aux plus anciens simulacres des divinités, qui n'avaient pas forme humaine, l'Apollon-pieu d'Ambracie, l'Héra-colonne de Samos, les Dioscures-poutres de Sparte, c'est par des raisons extérieures que nous avons reconnu une femme dans le xoanon de Délos. De cette grossière idole est sorti le type féminin que nous venons de décrire : d'ébauches semblables est aussi sorti le type masculin qui lui correspond ; nous voulons parler des sta-

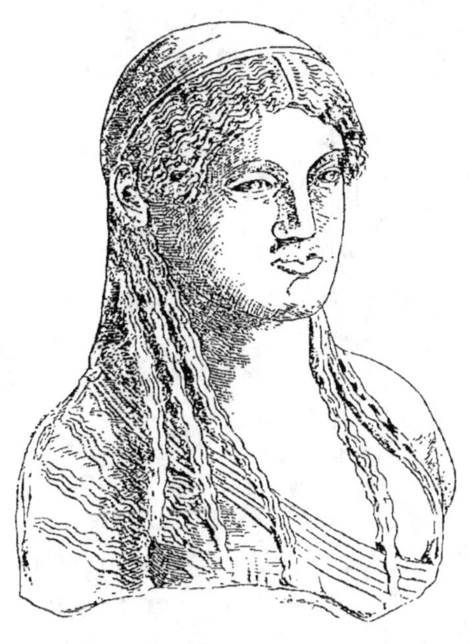

Fig. 53.

Tête archaïque (Acropole d'Athènes).

tues désignées sous le nom d'Apollons archaïques.

Nous sommes encore bien ignorants des progrès successifs qui ont transformé le xoanon primitif en l'Apollon d'Orchomène ; les monuments font défaut, et nous savons mal, d'après quelques allusions d'auteurs, quel était le véritable aspect des statues masculines attribuées à Dédale et aux Dédalides, ses disciples.

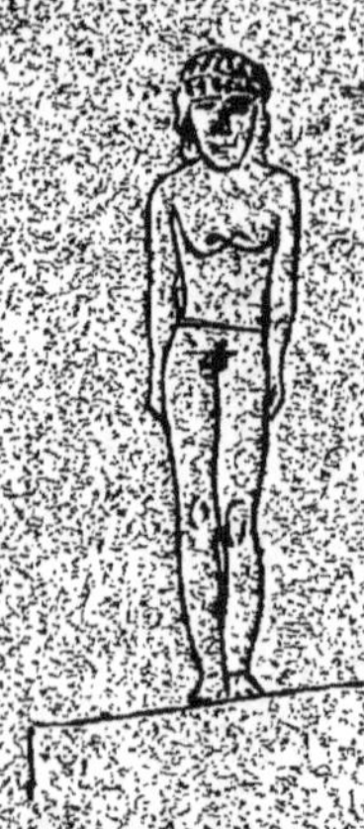

Fig. 54.
Statue dédalique
(peinture de vase).

Comme pour les statues de femmes, on doit sans doute aux sculpteurs que personnifient ces figures mythiques la première imitation de la nature. La planche sans contour de corps et sans sexe est devenue entre leurs mains, sous l'effort de la hache, du rabot et de la scie une forme vague d'homme où l'on pouvait reconnaître l'ébauche d'un torse nu, de bras serrés au torse, de jambes unies étroitement l'une à l'autre ; puis l'ébauche s'est précisée, sans modification de l'attitude ; chaque partie du corps est devenue plus distincte ; l'homme est né, très raide, disgracieux et mal bâti, mais un homme pourtant, quelque chose comme un jouet d'enfant, un soldat de bois ou de plomb. C'est lui qu'on voit par exemple sur un vase du Musée Britannique (fig. 54). Enfin le marbre a remplacé le bois ; mais l'ouvrier n'a pour tailler cette matière plus souple, bien que plus dure, que ses outils de sculpteur-charpentier.

L'Apollon d'Orchomène (fig. 55) est dégrossi selon les procédés de la sculpture en bois, et comme taillé à la hache. La position du corps n'est pas nouvelle ; le personnage est debout, la tête droite, le buste rigide, les bras tombants et les mains fermées, les jambes tendues, mais séparées pourtant, la droite un peu en arrière. L'aspect est lourd, l'exécution heurtée. Le visage a beaucoup souffert ; les yeux, ronds et à fleur de tête, très rapprochés sous un front très bas, sont très usés ; le nez, rongé par l'âge, très gros et large, avait peu de saillie ; la bouche, très grande, a des lèvres minces ; les oreilles sont mal situées, et l'ovale pesant de la figure est, à leur hauteur, comme gonflé ; des boucles à peine indiquées couvrent le front, tandis que les cheveux tombent lourdement sur les épaules et le dos. C'est le torse surtout qui semble un tronc d'arbre dégrossi : les épaules, trop larges et carrées, sans harmonie avec la taille un peu amincie et le bassin étroit, s'unissent par des plans sans modelé aux omoplates et aux pectoraux ; les pectoraux s'unissent de même aux côtes et les côtes au ventre. L'intention de l'ouvrier était bonne : il

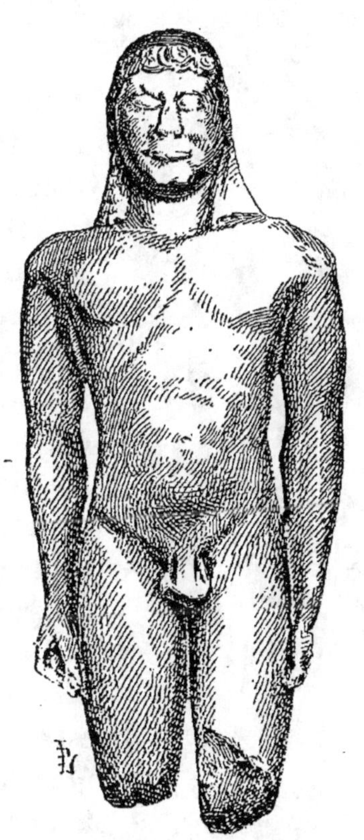

Fig. 55. — Apollon d'Orchomène.

voulait imiter la nature vivante; l'anatomie virile, en
somme, est bien connue et comprise, malgré des fautes;
mais la main était encore gênée par l'habitude d'outils
et de procédés impropres au mode-
lage du marbre.

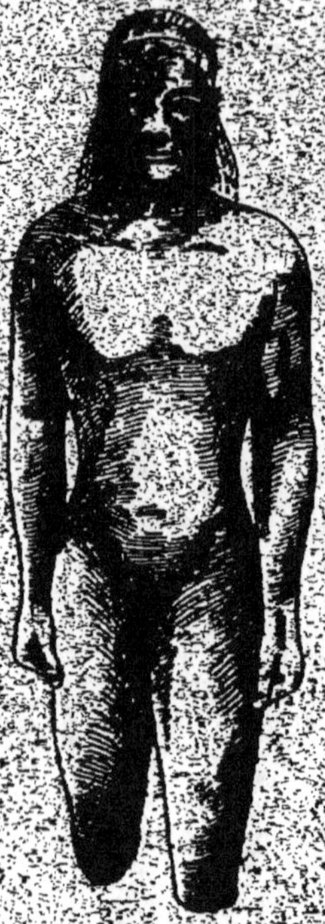

Le plus ancien en date des
Apollons d'Acraiphiæ, trouvé par
M. Holleaux sur l'emplacement du
temple d'Apollon Ptoos (fig. 56), a
certainement l'avantage sur l'Apollon d'Orchomène. Il est presque
son contemporain, sans doute, et
lui ressemble fort : même attitude,
même construction générale du
corps, cou large, bas et raide,
épaules carrées, humérus trop
courts, avant-bras trop longs, pectoraux plats et bas, taille mince et
longue, ventre étroit et déprimé.
Mais la coiffure, disposée de même,
est plus soignée; le profil du visage
est épais et plat; la bouche est aussi
grande et mince, sorte d'entaille;
le nez prolonge le front; les yeux,
un peu obliques, sont fendus en amande, plats et trop
rapprochés; mais le visage est un peu moins carré;
l'ovale en est presque pur et déjà se découvre comme
un semblant de vie. M. Holleaux l'a bien dit : « La
statue d'Acraiphiæ marque un grand progrès sur celle
d'Orchomène. C'est le même type que reproduisent
l'une et l'autre, mais ce type apparaît maintenant dé-

Fig. 56.

Apollon Ptoos.

gagé de sa grossièreté première, non transformé, mais adouci et comme allégé. Notre Apollon est l'œuvre d'un artiste médiocrement curieux d'exactitude anatomique, interprète bien hésitant encore de la forme réelle, mais déjà désireux de plaire, déjà quelque peu épris de grâce et d'élégance, souci nouveau que ne connut jamais, semblet-il, son prédécesseur, le rude créateur de la statue d'Orchomène. »

L'Apollon de Théra (fig. 57, 57 *bis*) est-il antérieur ou postérieur à l'Apollon d'Orchomène, à l'Apollon Ptoos? C'est affaire de sentiment. Du moins, si l'attitude en est la même, si la technique en diffère peu, — elle rappelle aussi de très près le travail du bois, — le type est un peu modifié; les formes du corps, les

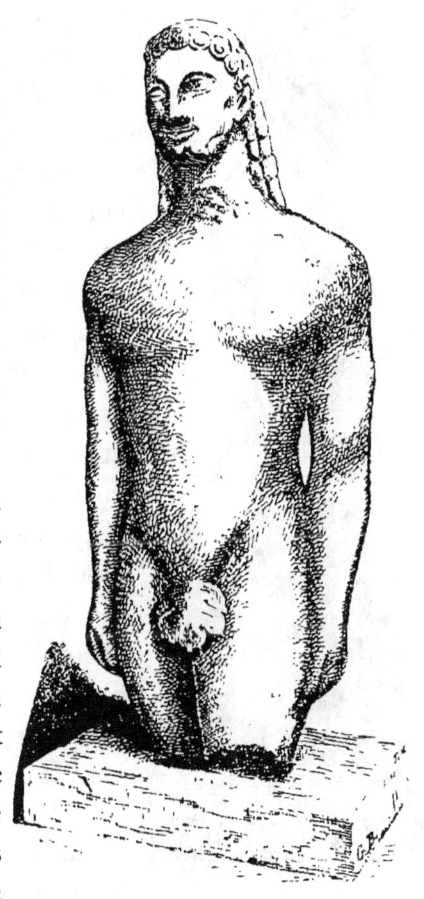

Fig. 57.
Apollon de Théra (face).

traits du visage sont d'un autre style. La tête se porte en avant, sur un cou plus souple; le front est fuyant, le nez mince, un peu arqué, presque pointu; les yeux, grands ouverts, très en dehors, ont le globe aplati; la bouche, aux lèvres plus épaisses, sourit nettement; le tour du visage, aplati aux joues, se rétrécit au menton petit et maigre. Puis les épaules sont tombantes, les pectoraux affaissés et ronds, l'estomac, le ventre, le bas-ventre mal dessinés, plats, sans accidents, sans vigueur, sans modelé, comme les bras et ce qui reste des cuisses. Les caractères propres du corps masculin sont mal observés et mal rendus; l'ouvrier aperçoit le contour général et vague d'un homme, mais il ne voit pas que les muscles, qui s'agencent, forment des plans. Tout l'intérêt, toute la nouveauté, résident dans l'expression du visage. C'est une grimace encore, plutôt qu'un sourire, mais où l'on surprend un effort louable vers la vie individuelle.

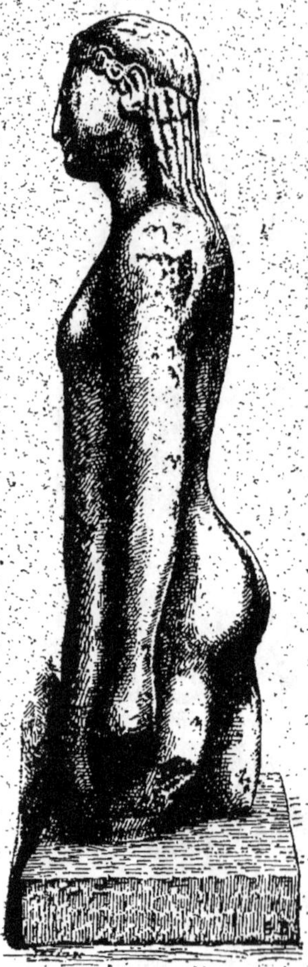

Fig. 57 bis.
Apollon de Théra (profil).

L'Apollon de Ténéa (fig. 58), rejeton presque immédiat de l'Apollon de Théra, est une statue semblable, mais bien supérieure; le progrès est très grand, ou bien l'ouvrier était beaucoup plus habile; c'est enfin une œuvre d'art presque belle, d'une beauté et d'un art singulièrement originaux. Premier mérite qui a bien son

prix, la statue est complète et très bien conservée. De
tous les Apollons de cette série, lui seul n'a pas les
jambes brisées près des genoux,
et nulle part le relief n'est altéré.
Le visage semble encore taillé au
couteau dans un dé de bois, par
plans; l'ombre et la lumière s'étalent sur des surfaces plates, sans
demi-teintes; le doigt, quand on le
promène sur le front, sur les joues,
autour des pommettes, se heurte à
des arêtes sèches et dures; les
oreilles, sans relief, presque sans
épaisseur, sont plaquées hors de
place, contre la perruque; une
simple ligne creuse, comme un
trait de canif, cerne les yeux; deux
plans, taillés en biseau, détermi-
nent les lèvres; le menton carré,
plat par-dessous, s'unit sèchement,
par un angle droit, au cou large, à
peine arrondi. Le torse, les bras,
les cuisses, sont mieux modelés,
sans être souples ni corrects, d'une
anatomie ou fautive ou trop sommaire. Les épaules, les pectoraux
tombent trop; la taille est trop

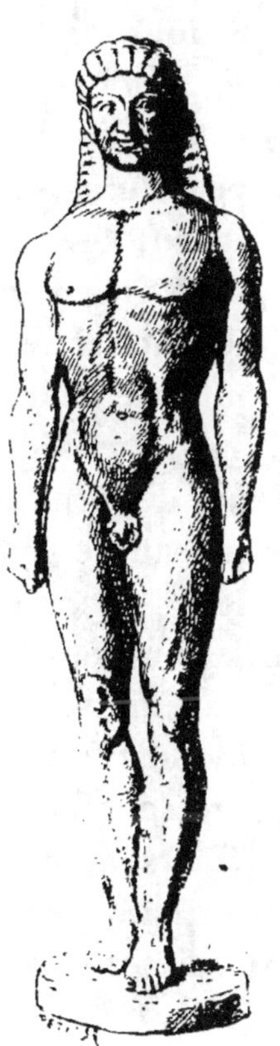

Fig. 58.
Apollon de Ténéa.

mince, trop cambrée par derrière, le bassin trop
étroit; les cuisses, trop bombées par derrière, sont
trop plates par devant; le triangle que forme l'in-
tersection des jambes et du ventre est allongé sans

mesure; le bras, de l'épaule au coude, est conf... coude au poignet, trop long. Au contraire, com... arrive aux époques très primitives, les jambes, d... les genoux, sont d'une exécution plus souple, d'une tenue plus naturelle. Le modelé simplifié des g... et des rotules est bien naïf, mais les plans des ... un peu durs, sont bien placés et vrais; les ... s'attachent bien aux chevilles fines et nerveuses... pieds, petits et vraiment modelés avec art, avec sc... même, bien que tournés en dedans, surprennent... le contraste de leur élégance presque féminine. Ma... qui frappe et séduit, en dehors de toute analyse m... culeuse des procédés techniques, c'est le charme étr... et nouveau de la physionomie souriante. Le dieu, ou l'athlète — car la statue peut bien être celle d'un athlète, ou peut-être d'un mort héroïsé — est laid; sa face est niaise, son sourire béat, comme celui d'un homme heureux de poser pour avoir son image; l'attitude de son corps est ridicule peut-être; mais à travers les défauts et la maladresse transparaît la conscience d'un artiste ingénu, qui s'efforce à la fois, de voir et d'interpréter la nature.

Enfin, notons un point important. Lorsqu'une personne non prévenue voit pour la première fois l'Apollon d'Orchomène ou l'Apollon de Ténéa, il est bien rare qu'elle ne s'écrie pas : Voilà une statue égyptienne. C'est qu'en effet l'attitude en rappelle singulièrement celle d'un grand nombre de statues égyptiennes dont nous avons cité quelques exemples, attitude toute de convention, malgré son naturel et sa simplicité apparentes, qui frappe vivement l'attention lorsqu'on parcourt une galerie d'œuvres égyptiennes, parce qu'elle se répète indéfiniment, presque sans variante, ayant la valeur d'un véritable cliché. On ne peut se défendre de penser que les primitifs Grecs ont emprunté le type viril à l'Égypte, mais sans copier servilement leur modèle, car à l'attitude se borne l'emprunt. C'est beaucoup, sans doute, sans être tout; l'anatomie, le sourire archaïque, la nudité complète, la technique, qui donnent à ces statues leur valeur propre, sont purement et vraiment grecques.

Le bas-relief diffère essentiellement de la ronde bosse; l'art en est à la fois plus facile et plus difficile, plus facile, d'abord, parce que la figure qu'il s'agit de représenter n'a qu'un seul aspect, une seule face; celui qui le regarde n'a pas à tourner autour, c'est une silhouette en saillie; ensuite, cette figure a un support, le champ sur lequel elle se détache en bosse : un cou peut être mincé, un bras tendu, une jambe avancée, une main ouverte, un objet fragile délicatement découpé, sans crainte de cassure. Il en résulte la variété, le mouvement rencontrés dès le premier effort. Mais, d'autre part, si l'œil, voyant en général les objets comme des bas-reliefs, détachés en saillie sur le fond varié des arrière-plans, s'accoutume ainsi aux erreurs des raccourcis et des perspectives, combien longue et ardue doit être la recherche des procédés techniques qui donneront l'impression de la nature en faussant la nature, combien tâtonnante l'éducation de la main qui veut exprimer ce que l'œil voit sous une forme qui n'est pas la forme réelle! S'il est plus aisé de copier la nature, comme par un surmoulage, que de l'interpréter, la

sculpture en ronde bosse aurait dû prendre l'avance
sur la sculpture en bas-relief et se perfectionner la première.

Mais nous savons ce qui en retenait les progrès,
ses origines et ses conditions techniques. Le bas-relief
s'est plus vite affranchi de ses entraves. Alors que les
statues se ressemblent toutes et s'acheminent lentement
vers le point où nous les avons laissées, les bas-reliefs
se différencient, se compliquent et donnent, à la même
époque, l'idée d'un art plus avancé.

La légende raconte qu'une jeune Corinthienne,
ingénieuse par amour, profila au charbon, sur une
muraille, l'ombre en silhouette de son amant; son
père, Boutadès, remplit d'argile la surface ainsi limitée,
et l'art du bas-relief naquit. Le conte est gracieux, mais
il rapproche trop deux périodes bien distinctes. Le bas-
relief fut d'abord et dut être longtemps un simple
dessin; le ciseau burinait en creux une ligne primitive
de charbon, et ce procédé naïf et simple, dont les Égyptiens, nous l'avons vu, se servirent toujours concurremment avec d'autres, c'est à lui que sont dues les stèles de
Mycènes (fig. 46), où des chariots rudimentaires, attelés
de rosses informes, montés par des cochers monstrueux,
forment partout des groupes, disons mieux, des dessins
mouvementés et presque vivants.

Le progrès commença le jour où un sculpteur, à
coups de pic, creusa le champ réservé entre les figures
pour leur ménager une saillie, technique qui longtemps
aussi fut en honneur chez les Égyptiens et dont le bas-
relief de Samothrace et la belle stèle de Philis, au
Musée du Louvre, dont, plus tard, la frise de l'héroon

de Gjœlbaschi, transportée à Vienne, nous montrent la persistance en Grèce.

Enfin, quand au relief donné par le ravalement du fond s'adjoignit le relief dû au modelage des figures

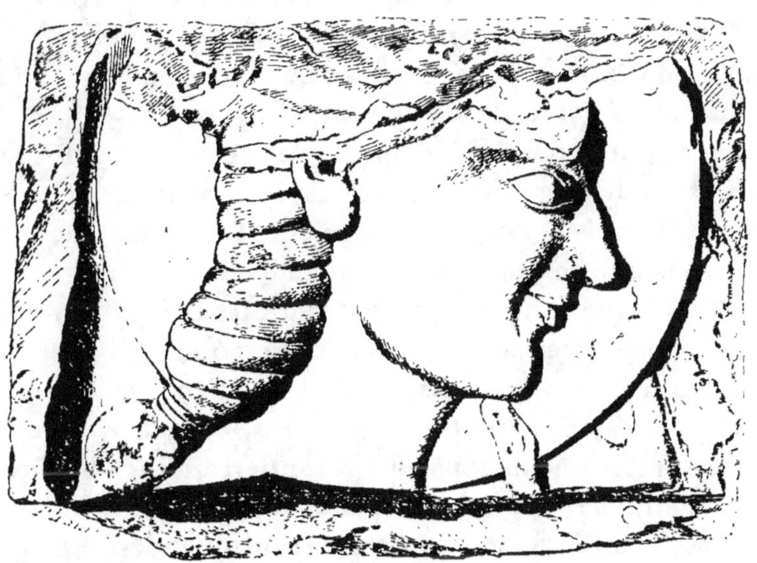

Fig. 59. — Stèle du Discobole (Acropole d'Athènes).

saillantes; quand furent découvertes et admises les conventions de la perspective, les sculpteurs n'eurent plus rien à acquérir que la prestesse de main et l'affinement du goût. On sent bien, à l'étude des monuments qui nous restent, les tâtonnements des primitifs. Ainsi, il est un fait, que le profil de l'homme, corps ou visage, est plus net, plus caractéristique que la face ou le trois quarts. L'œil, au contraire, est d'une forme plus simple vu de face que de côté; il en résulte que les bas-reliefs archaïques, comme les dessins de vases, nous montreront, à l'exemple de l'Égypte, des profils d'hommes et de femmes dont les yeux seront de face.

Tel est le fragment de stèle funéraire et un symbole trouvé dans le mur de Thémistocle, à l'Acropole d'Athènes. Nous n'hésitons pas à considérer cette tête (fig. 59) comme un des plus anciens monuments qui nous soient parvenus de la sculpture grecque en bas-relief, contemporain de quelques-unes des têtes viriles étudiées au début de ce chapitre. Sans parler de son rire, qui a pourtant la valeur d'une date, nous trouvons une ressemblance frappante entre ce visage et celui de l'Apollon de Ténéa : front plat et fuyant, œil en amande, très près du nez ; nez pointu, menton en retrait, cheveux divisés par un lien en zones horizontales et parallèles. Du corps, on n'a rien retrouvé ; mais nous supposons volontiers qu'il était dans l'attitude des Apollons archaïques, sauf la main gauche, relevée pour maintenir le disque derrière la tête.

La stèle si connue d'Aristion, œuvre d'Aristoclès, nous paraît moins ancienne (fig. 60). Ce soldat, qu'on appelait à tort Soldat de Marathon, armé, cuirassé, casqué, date à peu près de la LXXe olympiade, c'est-à-dire du vi^e siècle avant Jésus-Christ ; mais l'allongement de son visage, la frisure de sa barbe, de ses cheveux, l'ajustement et la coloration de son armure — car la peinture s'est conservée — malgré la position du bras pendant, de la jambe gauche avancée, dénotent un art plus habile et plus complet que la tête du Discobole ; il y a la même distance

entre les deux œuvres qu'entre l'Apollon de Théra,
par exemple, et l'Apollon de Ténéa.

Les deux bas-reliefs précédents sont attiques ; mais
hors de l'Attique, les monuments
similaires ne font pas défaut. Le
bas-relief de Samothrace (fig. 61)
(Musée du Louvre), que nous
avons déjà signalé pour la façon
dont le relief en a été obtenu,
représentant Agamemnon, assis devant Épéos et Talthybios, bien
que les trois personnages soient
vêtus, est bien du style et de l'époque du Discobole. Les caractères
des inscriptions qui se déroulent
entre les figures semblent indiquer
à peu près la LXe olympiade
(540 av. J.-C.); les profils, les
chevelures en anneaux, l'attitude
générale des corps qui marchent
avec raideur, sont ceux des Apollons et du Discobole. Il faut pourtant noter ici quelques traits frappants dus certainement à l'influence orientale : au-dessus des
personnages court une bandelette
décorée de palmettes dans le style
asiatique ; au-dessous d'eux, une

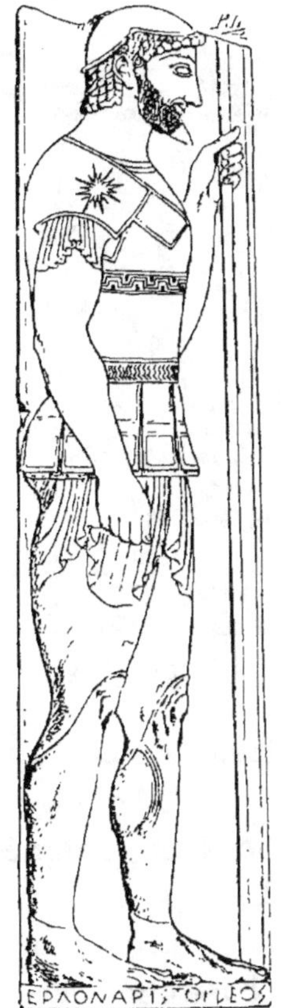

Fig. 60.
Stèle d'Aristion.

plinthe ornée d'une tresse dans le style mycénien ; les
barbes pointues et bien peignées, les vêtements amples
enveloppant des corps assez courts et trapus, rappellent

les monarques dont les images ont été retrouvées aux pays du Tigre et de l'Euphrate.

Par contre, une stèle funéraire, trouvée à Orchomène, œuvre du Naxien Alxénor — un peu plus récente sans doute que la stèle d'Aristion, comme le prouvent, avec l'inscription de la plinthe et le pied droit présenté de face, la recherche d'une attitude plus souple et moins naïve, et l'effort sensible vers l'agencement d'un groupe familier, d'une scène qui fait tableau — s'en rapproche par la technique, la ressemblance des visages archaïques, des cheveux et des barbes bien peignés (fig. 62).

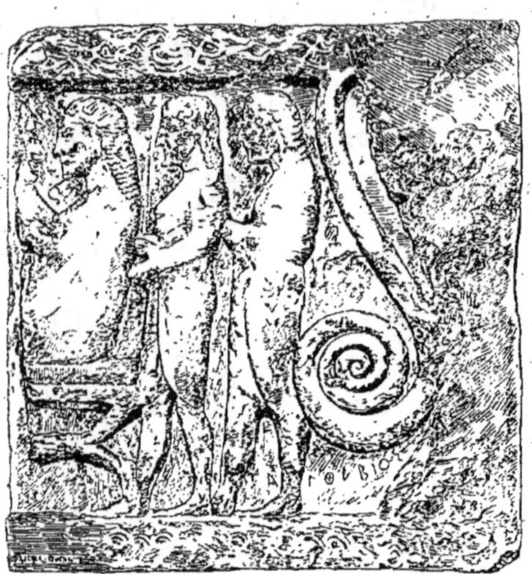

Fig. 61. — Bas-relief de Samothrace.

Le type de statue féminine que nous avons décrit est aussi celui qui se trouve représenté sur la plupart des bas-reliefs de la même époque. On n'a pas découvert de bas-relief archaïque où soit représentée la femme xoanon; il est probable qu'on n'en découvrira pas.

Le bas-relief, nous l'avons vu, n'a pas la même origine que la ronde bosse, et ses premiers pas, d'ailleurs, étaient plus libres et plus francs. Mais l'Artémis de Délos, l'Athéna de l'Acropole, se retrouvent fréquemment.

Un des plus anciens bas-reliefs attiques, conservé au musée de l'Acropole d'Athènes, représente une femme montée sur un char. Le visage est mutilé, la chevelure ne tombe pas en masse sur le dos, en boucles sur les seins, mais se rattache en chignon sur la nuque. La femme tend les mains qui tiennent les guides ; elle pose un pied sur le char, l'autre par terre ; il y a donc là des différences notables avec les statues trouvées au même lieu, différences qui s'expliquent d'ailleurs : pour l'action violente, il faut une coiffure courte et solide ; mais le costume n'a pas varié comme la coiffure ; longue tunique transparente qui

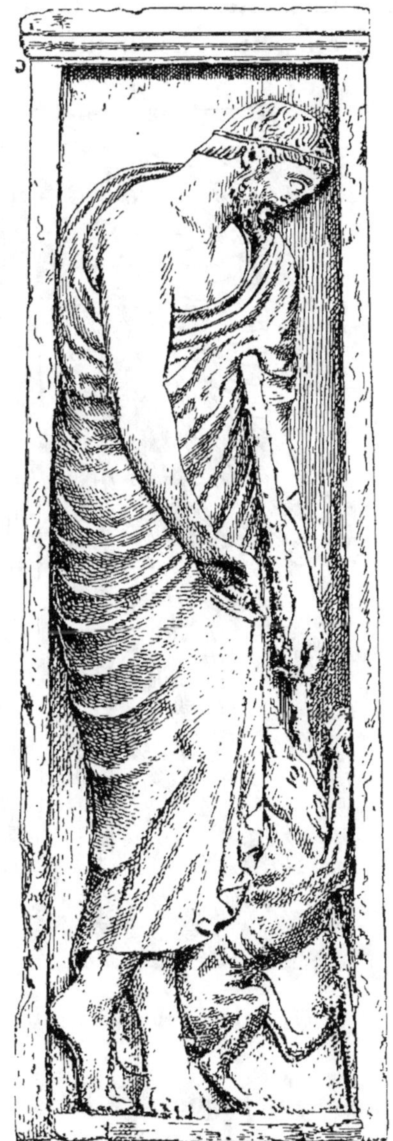

Fig. 62. — Stèle d'Alxénor de Naxos.

colle au buste, aux cuisses, aux mollets, chemisette
froncée à petits plis, manteau dont les pointes tombent

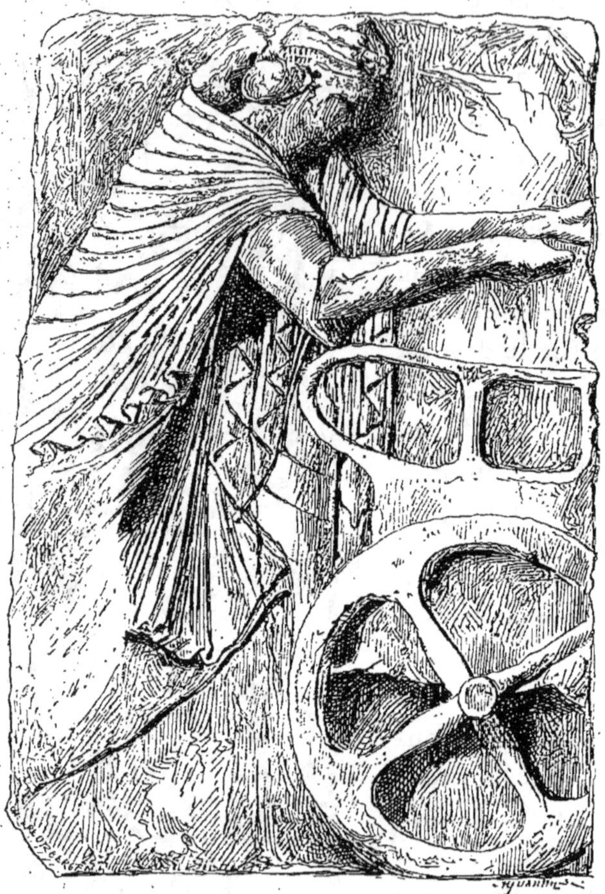

Fig. 63. — Femme en char (Acropole d'Athènes).

à ondes symétriques. La Déesse en char est bien la même
déesse dont nous avons déjà admiré l'élégance, avec
les mêmes traits d'archaïsme et d'imperfection pri-

mitive, avec, en plus, la liberté du mouvement et la
vie plus sensible qu'admettait déjà le bas-relief (fig. 63).

De ce fragment, la Déesse en char, à la scène d'of-
frande que reproduit la figure 64, bas-relief trouvé comme le premier à l'A-cropole, il y a peut-être quelque différence d'âge; celui-ci est un peu plus récent, si l'on en juge par

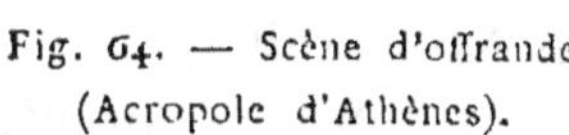

Fig. 64. — Scène d'offrande
(Acropole d'Athènes).

la complication et l'heu-
reux agencement du ta-
bleau, par la tentative de poser des figures de trois
quarts. Et cependant le type féminin se retrouve
tel absolument que nous le connaissons. Sauf le
casque, qui distingue ici nettement Athéna, l'attitude,
le geste, le vêtement, sont ceux que nous avons étudiés,
et comme pour attester davantage l'importance du monument, pour en mieux marquer la date et l'origine, le

profil, front en arrière, nez pointu, bouche saillante, yeux largement fendus, se rapproche singulièrement du profil du Discobole et de l'Apollon de Ténéa. Enfin, les cheveux qui tombent en boucles sont, par derrière, encerclés de liens et divisés en zones, encore comme ceux du Discobole et de l'Apollon de Ténéa.

Sortons-nous de l'Attique, le tombeau lycien des Harpies, le monument votif de Thasos semblent, pour la facture et les types sculptés, sinon pour les sujets et l'arrangement même du tableau, dus au même ciseau que les bas-reliefs de l'Acropole.

Quel que soit le sens des scènes étranges représentées sur les parois du tombeau de Xanthos (la figure 65 reproduit la face ouest), on y voit tantôt des processions de femmes, tantôt de gros et lourds personnages assis, rois ou dieux, qui reçoivent des offrandes, flanqués de Harpies, monstres ailés à tête et gorge de femmes, à serres d'oiseaux de proie, mangeurs d'enfants, ou Sirènes emportant des âmes de morts, — quels que soient, disons-nous, les rôles que jouent les personnages, et la nature même de ces personnages, comme les statues de Délos et d'Athènes, comme les femmes des stèles de l'Acropole, toutes les figures féminines sont ici vêtues jusqu'aux talons de fines tuniques plissées que souvent soulève une de leurs mains. Femmes, Harpies ou Sirènes, toutes sont couronnées d'un diadème d'où se répandent sur la poitrine les longues boucles, sur le dos les masses enfermées dans une résille, qui sont maintenant pour nous comme la coiffure classique avant les guerres médiques ; à moins que l'artiste n'ait préféré rouler sur leur nuque la même torsade élégante qui pare si bien la Déesse en char de l'Acropole.

Décrire les Nymphes qu'Apollon et Hermès conduisent sur le monument de Thasos (fig. 66) serait inutile maintenant et presque fastidieux. C'est encore le même art appliqué à la représentation du même type; c'est le même style si commun, si répandu dans toutes les parties du monde hellénique, — nous pourrions multiplier les exemples — que nous hésitons à l'appeler attique.

Seulement de-

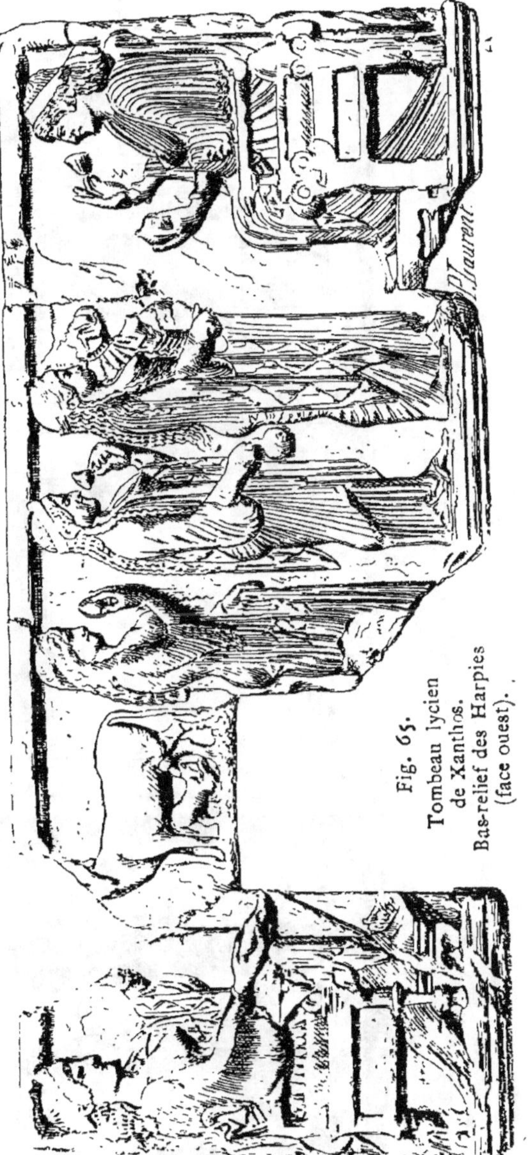

Fig. 65.
Tombeau lycien
de Xanthos.
Bas-relief des Harpies
(face ouest).

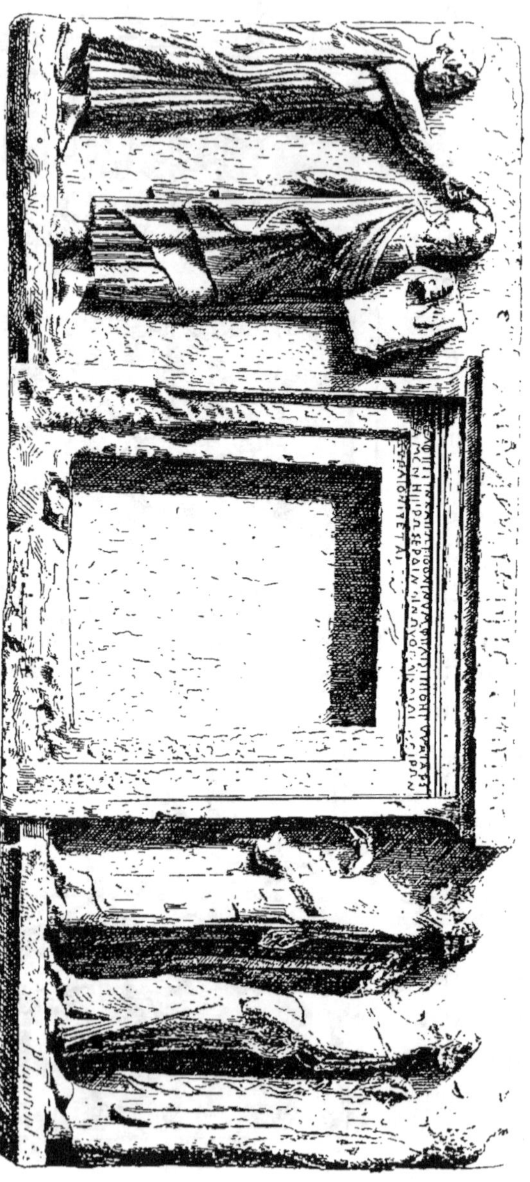

Fig. 66. — Apollon et Hermès conduisant des Nymphes. — Bas-relief de Thasos.

vons-nous noter quelques traces de progrès, plus, il est vrai, dans l'attitude d'Apollon, qui est presque de face, et d'Hermès, dont les jambes nues sont dessinées avec assez de science, que dans la représentation des femmes.

Est-ce à dire que ces différents types, statues ou bas-

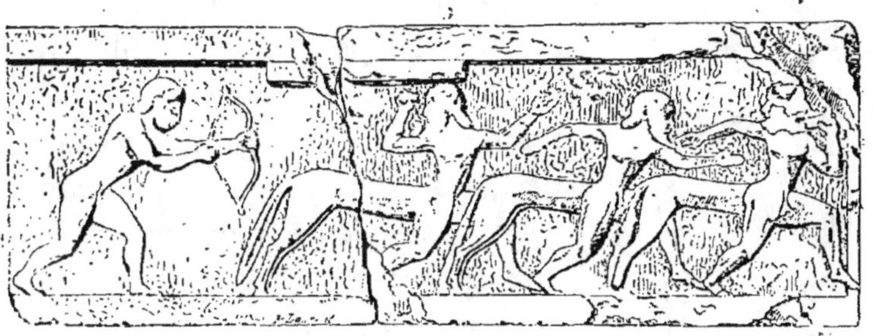

Fig. 67. — Bas-relief d'Assos.

reliefs, se rencontrent exclusivement à ces époques primitives partout où la civilisation grecque commença à se répandre? Est-ce à dire même que dans une même région, dans une même ville, comme à Athènes, ils se rencontrent seuls? L'art, même à sa naissance, n'était pas si étroitement borné, et les monuments sont nombreux qui, sans infirmer en rien, croyons-nous, les conclusions auxquelles nous avons abouti, doivent être signalés à titre d'importantes et curieuses exceptions. En Asie, des statues archaïques, comme celles qui décoraient l'avenue sacrée du temple des Branchides (fig. 49), œuvres froides et impersonnelles, des bas-reliefs comme la frise du vieux temple dorique d'Assos, sur laquelle des bandes d'animaux passants ou affrontés alternent avec des scènes de combat entre hommes et dieux marins, des scènes de banquet, ou bien des Centaures poursuivis par Héraklès (fig. 67), portent la marque indéniable de l'influence orientale.

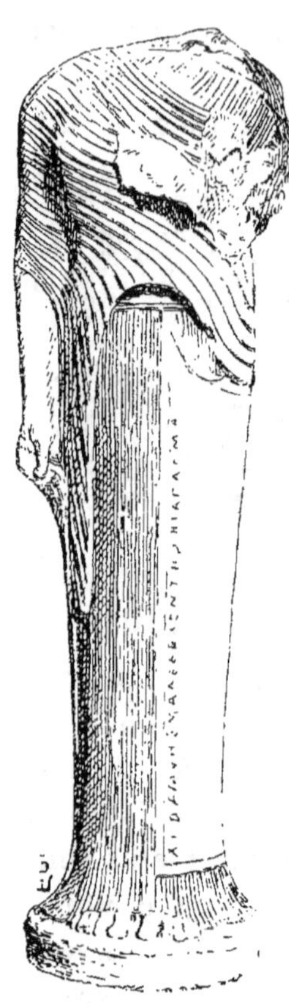

Fig. 68.
Héra de Samos.

L'Héra trouvée à Samos (fig. 68), les jambes prises dans une robe qui les enveloppe comme une gaine ronde, donnant à l'ensemble l'aspect d'une colonne, s'éloigne fort du type ordinaire ; mais si l'on en croit l'inscription, la statue remonte à peine au commencement du ve siècle, tout au plus aux dernières années du vi^e, et déjà à ce moment l'art était plus libre, moins enfermé dans ses conventions, et d'ailleurs l'Héra de Samos n'est sans doute que la reproduction quelque peu affinée et comme enjolivée de l'antique Héra Sanis, ou Héra — planche que vénéraient les Samiens, sœur de l'Héra Kiôn, ou colonne, chère aux habitants d'Argos.

L'Artémis ailée de Délos (fig. 69), œuvre des Chiotes Mikkiadès et Archermos, fils de Mélas, est certainement plus ancienne ; on peut l'attribuer à la fin du viie siècle ; elle n'est pas droite et immobile, comme les autres statues déliennes ; elle veut courir, et le sculpteur naïf, pour donner l'illusion de ce mou-

vement, n'a pas su mieux faire que d'agenouiller presque sa figure, dans une attitude bizarre souvent acceptée

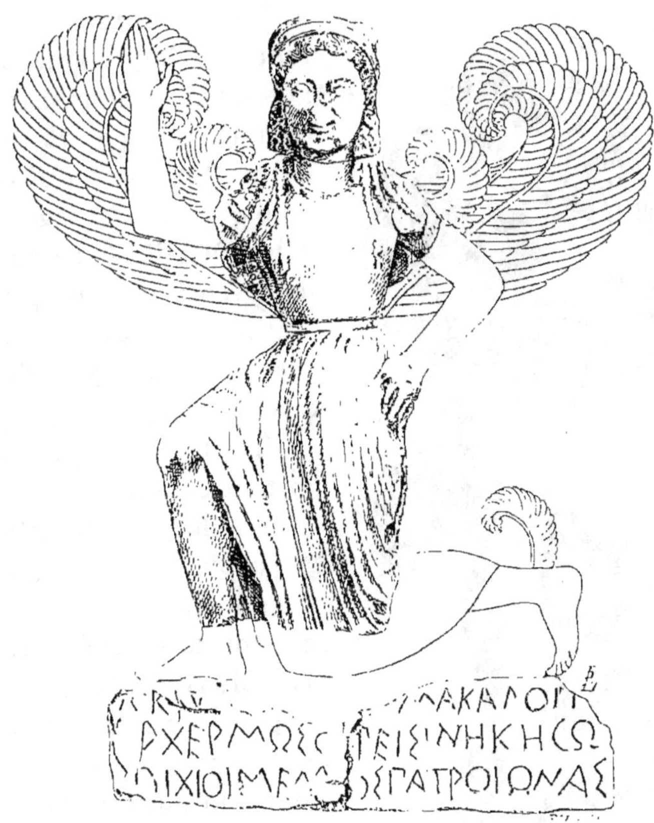

Fig. 69. — Artemis ailée de Delos.

par les décorateurs de vases, et qu'ont prise aussi
nombre de figurines de bronze trouvées un peu partout,
surtout à l'Acropole d'Athènes, des Artémis, des Gor-
gones ou des Victoires.

A Athènes même, à l'Acropole, où moins qu'ailleurs l'exception semble avoir pu se rencontrer, plusieurs statues ou statuettes en marbre, de déesses ou de femmes assises — dont une surtout est importante si l'on doit y reconnaître, comme on l'a voulu faire, l'Athéna d'Endoios, élève du légendaire Dédale, — s'écartent sensiblement par l'attitude surtout, mais aussi par le style, du type reçu (fig. 70).

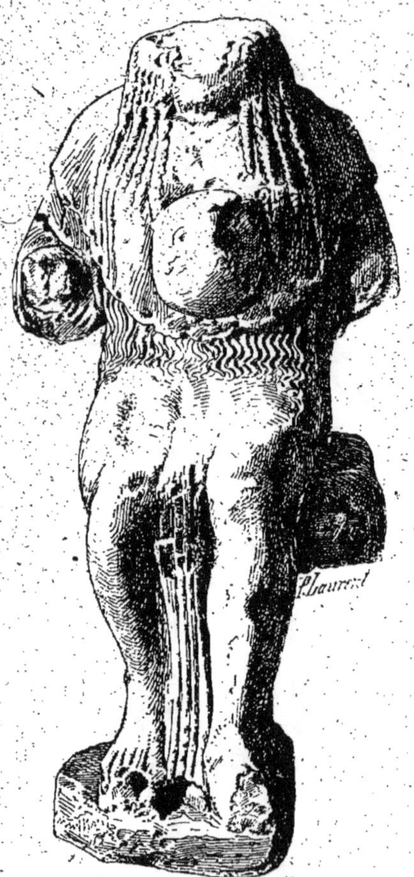

Fig. 70. — Athéna d'Endoios.

La statue de prêtre portant un veau sur ses épaules (fig. 71), Hermès Moscophore, comme on l'appelle, mérite une mention toute spéciale. Il est bien difficile de lui assigner une date exacte, de dire si elle est antérieure ou postérieure à l'Apollon d'Orchomène ou de Ténéa, tant elle montre à la fois d'effort vers l'originalité, et de naïveté dans l'exécution. Le sacrificateur n'est pas nu, car, avec quelque soin, on voit une étoffe transparente et plus que mouillée, un véritable maillot collé contre tout son corps, et reconnaissable seulement à quelques bourrelets simulant des plis, à un appendice, près des coudes, qui semble indiquer une manche. La tête, barbue, est peignée avec soin; il pend des boucles sur les épaules, à l'ordonnance. Mais ce qui frappe surtout, c'est la prunelle creusée, à qui, sans doute, l'insertion d'une matière vitreuse ou d'une pierre fine donnait le regard et la vie. Le veau, dont l'homme tient à deux mains les quatre pattes croisées sur sa poitrine, ne manque pas de naturel.

C'est à Sparte surtout, et dans les pays

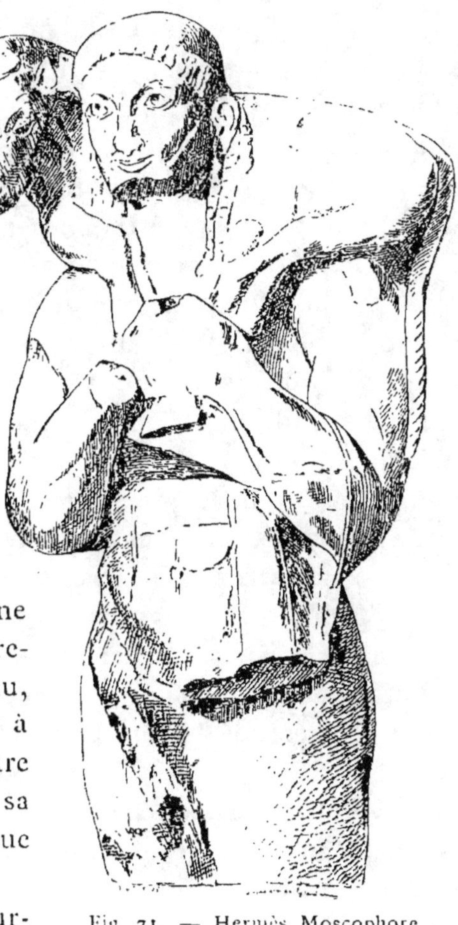

Fig. 71. — Hermès Moscophore.

doriens qui l'avoisinent, que les sculpteurs ont le mieux conservé leur indépendance. Les nombreuses stèles funéraires sur lesquelles depuis quelques années s'est

arrêté l'attention des archéologues, très différentes
entre elles, très dissemblables des bas-reliefs que nous
avons décrits par les sujets et la facture, sont sans doute
l'œuvre d'une école indépendante, dont l'existence
s'explique d'ailleurs par les conditions de la
vie et de la civilisation spartiates.

La stèle de Chrysapha (fig. 72) montre
deux personnages, deux morts héroïsés,
assis sur un grand fauteuil. Le personnage du premier
plan, homme ou femme — le sexe est peu distinct —
regarde en face, bien qu'assis de profil; devant lui, de
la main droite, il tient un grand canthare, le bras
gauche est tendu, la main ouverte fait un geste protec-
teur; au second plan, l'autre personnage, sans doute
une femme, toute de profil, tient de la droite, sur son
genoux, une grenade; de la gauche relevée, un objet
indistinct, peut-être un pan de voile, comme pour s'en
envelopper. Derrière le siège se dresse un serpent;
devant le groupe, deux figures très petites, comme il sied
aux humains en présence des dieux ou des héros, portent l'offrande d'un coq, d'une fleur et de deux fruits.
Rien d'incorrect ni d'enfantin comme la technique de
ce bas-relief, si ce n'est la composition même de la
scène. Le relief est peu saillant, et sauf le visage du
premier personnage qui semble, avec son nez busqué,
ses yeux énormes, ses joues creuses, son menton mince
en galoche, se détacher en caricature, il n'y a ni dans
le nu ni dans les draperies aucune recherche de modèle. Les bras sont plats, sans anatomie; les habits sont
plaqués sans relief, striés de lignes transversales ou
perpendiculaires pour simuler des plis; ces figures de

pierre ou de marbre semblent des figures de bois.
Sauf quelques variantes, le groupe, sur les stèles
spartiates, est toujours le même, et la main de l'ouvrier

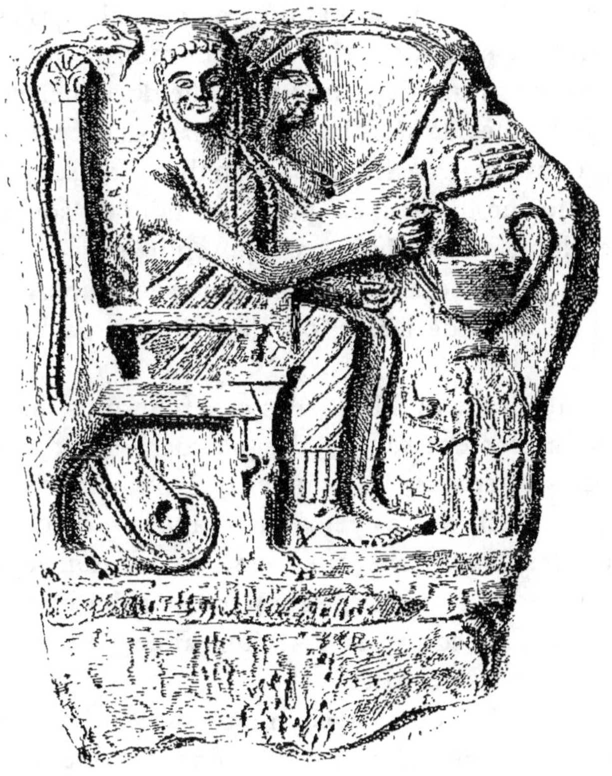

Fig. 72. — Stèle de Chrysapha.

ne semble pas faire de progrès, ni chercher à progresser.

Cependant, et malgré toutes ces différences qu'à
dessein nous avons marquées fortement, il y a parenté
étroite entre tous les monuments que nous venons de

décrire et ceux dont nous venons de les distinguer. La position des statues des Branchides peut être égyptienne ou assyrienne : la raideur de leur attitude, le soin des longues draperies, la simplicité large des plis symétriques sont déjà loin des habitudes orientales. L'Héra de Samos, avec son buste vigoureux de matrone où s'applique, comme humide, une fine étoffe de laine, et les petits plis rigides de sa robe, cannelures de la colonne, malgré la rudesse grossière de ses mains et de ses pieds, malgré sa forme bizarre, est par l'attitude de son bras droit pendant, de son bras gauche replié sur le sein, comme par la recherche d'élégance de ses draperies, la sœur des Artémis de Délos ou des Athénas de l'Acropole.

L'Artémis ailée de Mikkiadès et Archermos, si l'on examine simplement sa tête, les accroche-cœur de son front et de ses tempes, les boucles qui tombent sur ses épaules, lé dessin de ses yeux en amandes, de son nez épaté, de ses lèvres charnues, de son menton épais, son sourire figé, l'ornement aussi de sa robe que bordaient des bandes coloriées, l'Artémis ailée se rapproche fort des Artémis sans ailes.

L'Athéna d'Endoios, avec moins de sentiment délicat de l'élégance féminine, moins de finesse du ciseau, avec moins d'art, rappelle pourtant, et de très près, le faire des sculpteurs à qui nous devons les chefs-d'œuvre archaïques de l'Acropole. C'est une main moins habile, mais préoccupée des mêmes soins, qui a froncé sur le corps de la déesse la légère draperie de laine souple, et si la tête avait été conservée (nous pouvons l'inférer des boucles et du chignon pendants), cette tête

sourirait comme les autres du naïf et mystérieux sourire archaïque.

Et, pour ne pas insister outre mesure, si nous reve-
nons par le plus court aux bas-reliefs spartiates, là
même nous trouvons des rapports frappants : le profil
du personnage d'arrière-plan sur la stèle de Chrysapha,
et peut-être aussi le profil des petits hommes debout,
front fuyant, nez pointu, yeux gros à fleur de tête, vus
de face, rappelle le profil du Discobole et de l'Apollon
de Ténéa. Quelquefois aussi voit-on le pan d'un
péplos ou d'un himation retomber en plis égaux, savamment, bien qu'un peu lourdement, équilibrés suivant la mode que nous connaissons bien.

Il y a certainement, dans toutes ces œuvres, un air
de famille et des traits communs unissant celles qui
semblent le plus éloignées. Prenons encore un exemple.
Ce qui frappe le plus dans l'Apollon d'Orchomène ou
de Théra, c'est la lourdeur des corps mal dégrossis,
qui paraissent courts malgré leur taille; ils donnent
l'idée d'hommes forts, trapus et laids; c'est l'impassibilité bestiale d'un visage stupidement hideux. N'est-ce
pas, avec un peu d'atténuation, l'aspect du Moscophore?
Son attitude est mieux explicable; ses yeux parlaient
peut-être un peu plus, nous l'avons dit; mais sa tête
n'est pas moins inexpressive, ses épaules moins carrées,
ses bras moins rudement dessinés, son corps taillé
avec plus d'art.

Si nous voulons enfin parler des deux antiques métopes de Sélinonte, qui semblent au premier abord
déconcerter la critique, Héraklès portant les Kercopes,
comme Persée tuant la Méduse (fig. 73), avec quelque

chose de très personnel dans la saillie du relief et le
groupement des personnages, dénotent les mêmes préoc-
cupations et des conventions, des procédés de même na-

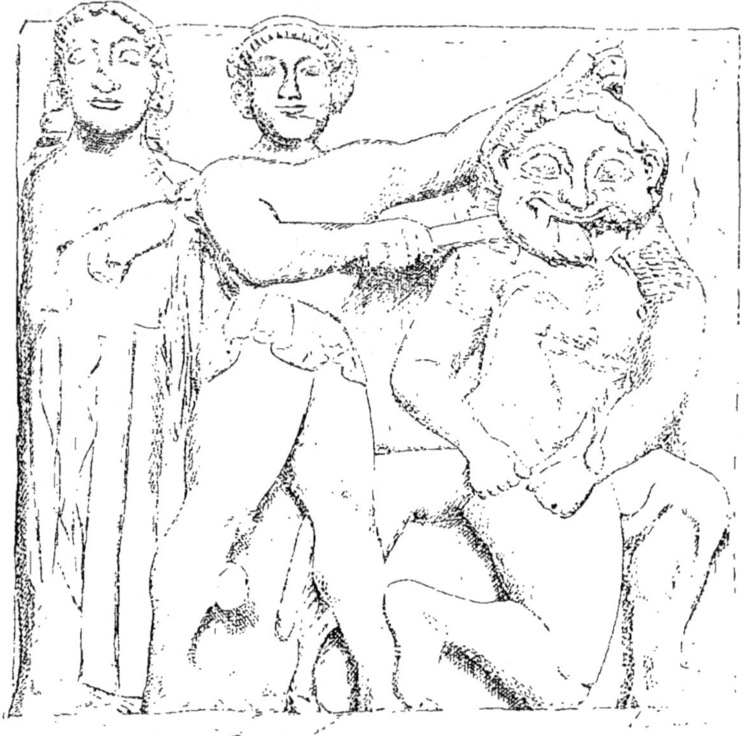

Fig. 73. — Métope de Sélinonte.

ture que les œuvres précédemment décrites. Les personnages sont gros et courts; leurs muscles rebondis s'accusent en saillies hors nature, tandis que les attaches des
pieds et des mains s'amincissent, dans une vue maladroite d'élégance. Les faces des brigands ou du monstre,
comme les figures des dieux, sont larges, lourdes.

laidement bestiales; mais les détails caractéristiques de
cette époque se retrouvent; les visages sont présentés
de face, les bustes de trois quarts, tandis que les jambes
et les pieds sont vus de profil, attitude déjà connue. La
Gorgone s'agenouille pour courir, comme l'Artémis
ailée de Délos. Les chevelures des Kercopes retombent
à droite et à gauche de leur tête (ils sont suspendus par
les pieds) en un triple chapelet de boules, comme les
cheveux du Moscophore. L'Athéna qui assiste Persée
n'a pas une autre coiffure que l'Apollon de Ténéa, et
la tunique tombe à plis réguliers comme les draperies
des statues de Délos ou de l'Acropole. Enfin, depuis
longtemps on a noté les ressemblances de ces métopes
fameuses avec quelques monuments de main dorienne
comme eux : du même geste que Persée décapite Gorgone, Oreste tue Klytemnestre sur une curieuse stèle
trouvée aux environs de Sparte.

KANACHOS — LES FRONTONS D'ÉGINE

Il est d'ordinaire une transition entre les œuvres naïves des primitifs et les chefs-d'œuvre parfaits des maîtres classiques, transition parfois lente et pénible, sans attrait que pour l'érudit curieux : ce sont les pages fastidieuses d'un roman qui font longueur et qu'on saute. En Grèce, cette période est courte, pleine d'enseignements et d'intérêt. Jamais aucun peuple ne passa avec tant de souplesse ni de rapidité des hésitations de l'enfance qui tâtonne à l'assurance de l'âge mûr. Entre les ouvriers qui dégrossirent l'Artémis xoanon de Délos et les sculpteurs qui plissaient amoureusement les tuniques des déesses athéniennes, qui peut dire combien d'années se sont écoulées? Mais ces derniers et Phidias, nous le savons, moins d'un siècle les sépare, et ce siècle, c'est celui de Kanachos, de Kalamis et de Myron. Nous devrions dire des maîtres d'Argos, de Sicyone et d'Égine, car un trait distinctif de cette période, c'est la formation non pas d'écoles, mais de centres artistiques ayant chacun sa vie indépendante. Déjà, dans les œuvres que nous avons étudiées, nous aurions pu distinguer, avec quelques historiens, deux courants naturels, le dorien, entraînant les sculpteurs du Péloponèse, de la Béotie et de la Sicile; l'ionien, qui roulait ses eaux autour de l'Asie antérieure, des îles grecques et de l'Attique : courants souvent parallèles, quelquefois aussi confondus. Ces courants semblent maintenant avoir trouvé des lacs où ils se sont étendus pour y stationner, séjours de prédilection qu'ils ont rendus célèbres.

Fidèle à notre méthode de ne parler que des œuvres qui ont survécu, sans rien dire des sculpteurs d'Argos connus seulement par la mention d'un historien ou l'éloge de quelque critique, nous irons droit à Kanachos, le plus ancien des maîtres de Sicyone.

Son œuvre maîtresse fut l'Apollon Philésios, en bronze, qu'il cisela pour le temple de Didyme, près de Milet, et dont une réplique en bois de cèdre orna le temple d'Apollon Isménien, près de Thèbes. Des monnaies de Milet donnent une idée vague de ces statues; plusieurs petits bronzes, l'un au Musée Britannique, l'Apollon Payne-Knight, deux autres, presque identiques, l'Apollon de Naxos, à Berlin, et un Apollon trouvé au temple d'Apollon Ptoos par M. Holleaux, une statue de marbre ayant la même origine, une autre, plus petite, connue sous le nom d'Apollon Strangford (Musée Britannique), enfin le précieux Apollon de bronze du Louvre, l'Apollon de Piombino, sont des copies très antiques et à peu près exactes de l'Apollon de Kanachos. Le dieu était debout, le pied gauche légèrement avancé; les bras, collés au corps jusqu'aux coudes et relevés depuis les coudes, se tendaient pour porter des attributs. Apollon Payne-Knight porte sur la main droite ouverte un petit faon accroupi: la main gauche, fermée, tenait un arc; ses cheveux tombent sur son dos en chignon, sur ses épaules en longues boucles, selon la mode archaïque. Apollon de Piombino est dans cette attitude; mais le faon, ou l'attribut, quel qu'il ait été, est tombé de sa main droite, et les cheveux noués sur la nuque, en catogan, ne pendent pas sur les épaules. L'orbite des yeux est creuse, pour recevoir un globe de matière brillante; les lèvres et les pointes des seins, par un raffinement d'élégance et de richesse, sont marqués par une incrustation de cuivre rouge (fig. 74). Kanachos, jugé d'après ces répliques de son œuvre capitale, est encore attaché à tous les procédés, à toutes les conventions de l'art primitif. Son Apollon semble un terme de cette riche série longuement étudiée; il descend en droite ligne de l'Apollon de Ténéa; mais en lui les traits de la race se sont affinés. Le mouvement des avant-

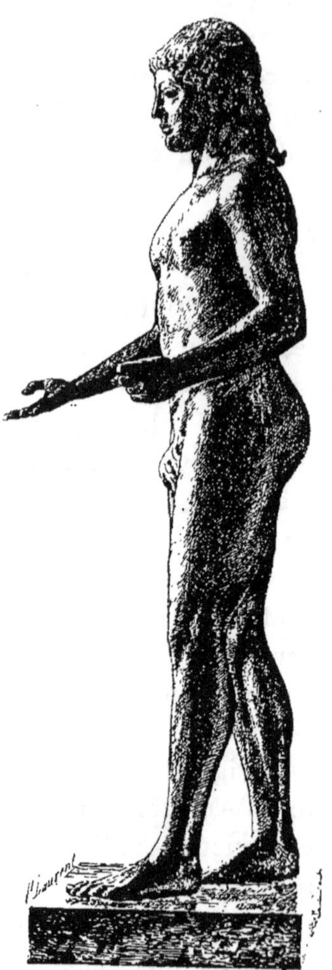

Fig. 74. — Apollon de Piombino.

bras tendus est encore bien timide; le pied avancé donne au corps, qui reste un peu court et massif, plus d'aplomb que de légèreté; l'anatomie des mus-cles est encore peu savante, nonob-stant un effort sen-sible dans la re-cherche du modelé naturel; mais on voit que l'artiste sent enfin le besoin de dégager un peu son art des conven-tions qui l'enser-rent. Si les bras restent appliqués contre le torse, du moins les coudes sont-ils reculés en arrière, et le paral-lélisme des lignes verticales est ainsi détruit; les épaules tombent, la tête s'incline, la poitrine se gonfle et respire; ce n'est pas encore

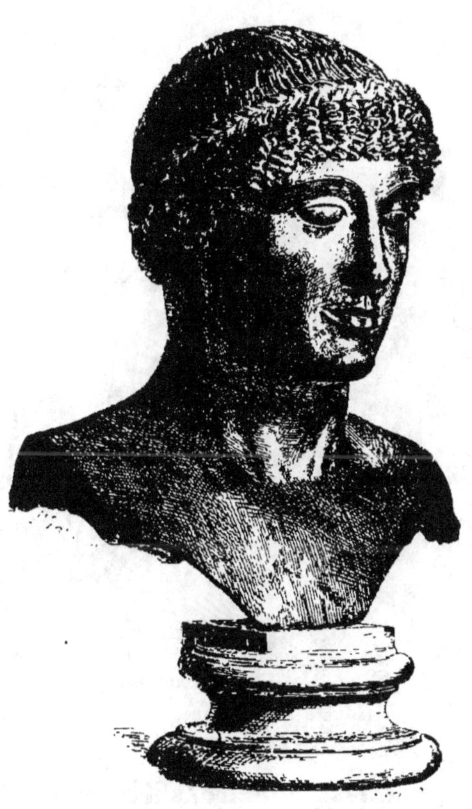

Fig. 75. — Tête de bronze d'Herculanum.

la souplesse, c'est presque la vie, et nous compre-nons quel fut le talent de Kanachos, encore rude et se plaisant aux attitudes tranquilles des membres robustes, encore fidèle aux types consacrés des antiques idoles, mais poussé d'instinct à atténuer les conventions, sinon à rompre avec elles.

Si nous nous en rapportions à la critique des anciens, la tête de bronze trouvée à Herculanum, qui présente la figure, nous donnera surtout, avec l'Apollon de Piombino, de précieuses indications sur le style de Kanachos. Nous constaterons le progrès énorme fait depuis l'époque pourtant assez récente où furent sculptées les statues archaïques de Théra et d'Orchomène. A ce titre, il est bon d'insérer ici la figure 76 (tête archaïque du Musée Britannique), qui forme un contraste bien frappant avec la précé-

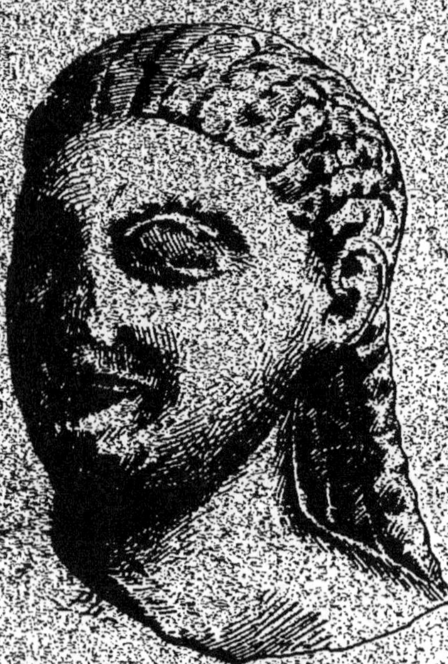

Fig. 76. — Tête archaïque.
(Musée Britannique.)

dente. Mais peut-être, s'il nous était parvenu quelqu'une de ces statues d'athlètes vainqueurs dues à la main de Kanachos que mentionnent les anciens auteurs, serions-nous étonnés de voir quelles libertés le sculpteur avait prises avec les traditions artistiques qu'il avait trouvées en vigueur. Même nous songeons volontiers à lui lorsque nous étudions quelques fragments archaïques, par exemple, la tête de marbre de la collection Rampin, ou celle qui du cabinet de M. O. Rayet est passée dans la collection Jakobsen à Copenhague. Celle-ci (fig. 77), d'aspect brutal, avec ses gros yeux obliques que sépare un nez large et camus, ses joues aux pommettes saillantes, sa bouche lippue, d'expression obtuse, son cou large et musclé, rappelle franchement les Apollons archaïques ; mais on sent quelque chose de nouveau, la main d'un artiste original, franc observateur du réel, amoureux de la nature, et qui la rend même dans ses difformités, les oreilles tuméfiées du pugiliste, les chairs bouffies par les coups

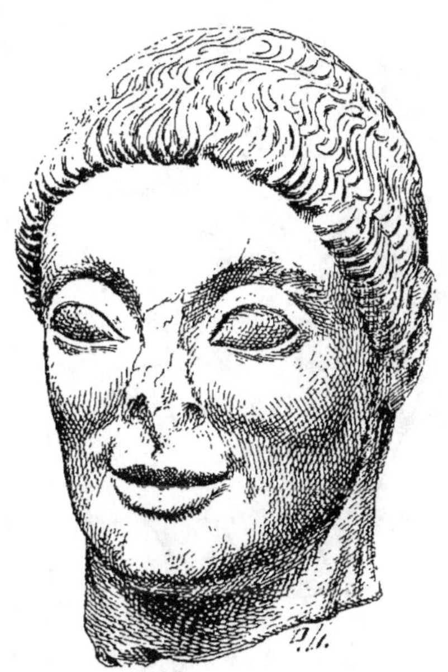

Fig. 77. — Tête archaïque.
(Collection Jakobsen.)

reçus, la chevelure drue et taillée courte, comme il sied pour la lutte, moins astreinte aux symétries qui expriment la grâce plus que la force.

L'autre, la tête Rampin (fig. 78), a les mêmes caractères, très nets, de haute antiquité, avec un peu moins de rudesse ; les yeux sont moins stupides ; les lèvres, moins charnues, sont plus expressives ; mais l'originalité du sculpteur apparaît surtout, très vive, dans la frisure de la barbe et des cheveux, d'une élégance outrée, d'une régularité trop artificielle, suivant une mode encore inconnue. Notons, comme détaile ssentiel, la branche de chêne dont l'athlète s'est couronné; ce symbole de victoire, qui précise le personnage, marque un progrès, le premier pas vers la détermination exacte des divers types figurés; nous n'aurons bientôt plus à discuter sur l'attribution de telle ou telle statue.

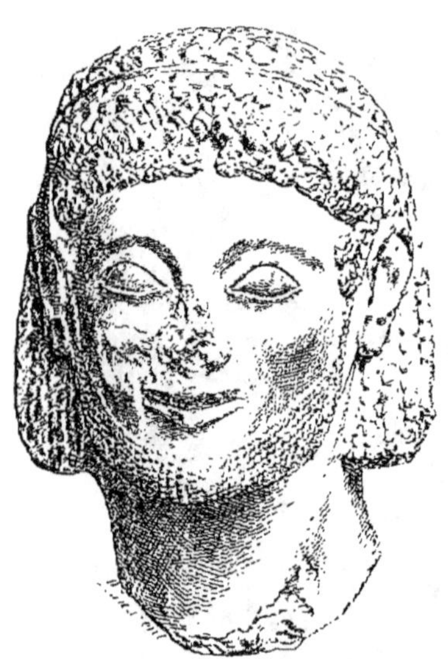

Fig. 78. — Tête d'athlète.
(Collection Rampin.)

Nous ne sommes pas loin de croire non plus que les statues des frontons des temples d'Égine peuvent donner une idée exacte, sinon du style personnel de Kanachos. du moins des progrès que firent faire à leur art les maîtres de son époque.

Onatas, le plus célèbre des sculpteurs éginètes, et son fils Kallitélès étaient dans tout l'éclat de leur talent vers l'année 465; ils sont donc contemporains de Kanachos. Si nous voulons nous faire une idée de la manière de ces vieux maîtres, peut-être faut-il examiner un petit bronze du cabinet des médailles à la Bibliothèque nationale (fig. 79); c'est un Héraklès combattant. Il tient son arc dans sa main gauche tendue, comme pour parer une attaque, et de sa main droite il va assener un grand coup de massue. Friederichs et M. O. Rayet sont portés à voir dans cette statuette la réduction d'une œuvre célèbre d'Onatas consacrée par

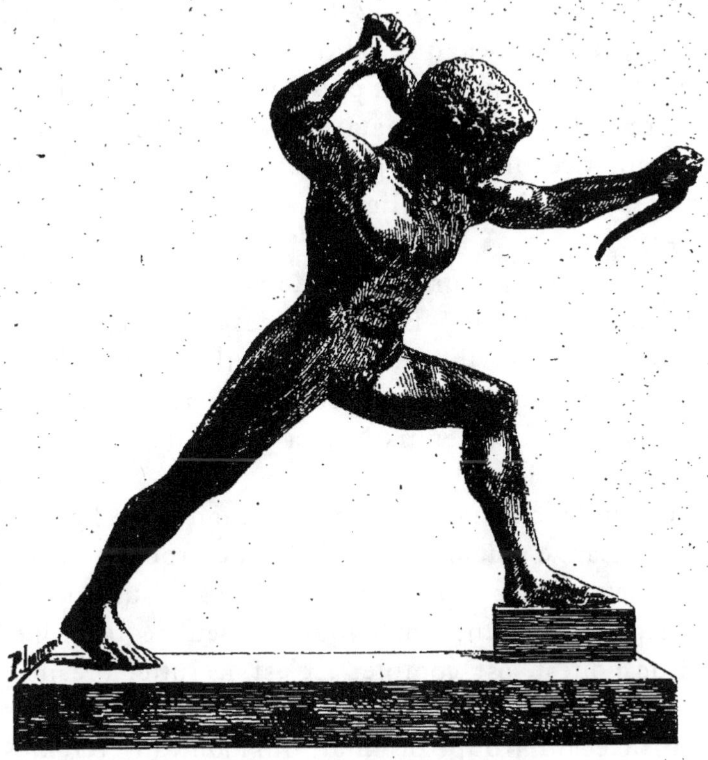

Fig. 79. — Héraklès combattant.
(Bronze du Cabinet des médailles.)

les Thasiens à Olympie entre 510 et 465. De fait on note dans le petit bronze les mêmes qualités que nous allons retrouver dans quelques statues des frontons d'Égine, la hardiesse des mouvements, la science déjà

avancée de l'ossature et de l'anatomie musculaire, et
les mêmes défauts archaïques, la raideur et l'immobilité qui subsistent malgré la recherche de la vie. Si
l'on ne peut pas prouver qu'Onatas et son fils aient
mis la main aux frontons d'Égine, du moins ont-ils
sculpté des groupes qui, pour la composition et le
style, ressemblaient de fort près aux groupes du Musée
de Munich. On sait qu'Onatas avait représenté la scène
où Nestor tire au sort le guerrier qui doit combattre
Hector en combat singulier ; la scène comprenait dix
statues.

C'est en 1811 qu'un groupe de voyageurs anglais et
allemands découvrit à Égine, brisées en morceaux autour du temple d'Athéna, les dix-neuf statues en marbre de Paros qui, merveilleusement restaurées par
Thorwaldsen, font depuis lors la gloire de la Glypto-
thèque de Munich.

Au Musée, chaque fronton comprend onze figures,
mais M. Lange a démontré que chaque groupe se com-
posait de quatorze personnages disposés suivant un
ordre rigoureusement symétrique. Un seul des frontons,
celui de l'ouest, est complet : c'est la lutte, présidée
par Athéna, des Grecs et des Troyens autour du corps
de Patrocle ; du groupe oriental, qui montrait Héraklès
et Télamon aux prises avec Laomédon, il ne reste que
cinq statues et quelques fragments. Mais la composition était la même, à l'est comme à l'ouest : au centre,
Athéna debout, assistant ou prenant part à la lutte ; à
ses pieds un héros blessé que se disputent cinq guerriers
à droite, cinq à gauche, debout ou agenouillés, armés
de la lance ou de l'arc ; à chaque angle, à droite comme

à gauche, un héros tombé sur le coude, qui arrache une flèche de son flanc ou de sa cuisse. Au sommet de chaque fronton se dressaient, en guise d'acrotères, deux petites statues de femmes, accotées à la palmette traditionnelle.

Cette composition est à la fois simple et savante. Très habilement, les corps se dressent, s'inclinent, s'agenouillent ou se couchent, accommodant leur attitude à la forme inflexible du triangle, et, sans effort, l'intérêt se concentre, au milieu même de l'espace à décorer, sur le personnage principal, le héros blessé que l'on s'arrache, sur la déesse qui domine le combat. L'instinctif besoin de symétrie et de parallélisme, qui liait les primitifs à la monotonie froide et raide, a servi cette fois plus qu'il n'a gêné le compositeur éginète. Le regard, comme l'esprit, est satisfait à suivre le développement naturel et rigoureux, presque nécessaire, de ces scènes épiques. Mais ce souvenir d'archaïsme n'est pas le seul, par malheur; chaque figure prise à part porte, comme il est juste, la marque de son époque et subit l'influence des œuvres antérieures; les marbres d'Égine ne sont pas encore tout à fait dégagés des traditions, et le progrès qu'ils marquent, pour être très grand, n'est pas décisif. Encore faut-il ici parler avec prudence; il est certain que les dix-neuf statues ne sont pas de la même main; de telle à telle autre il est des différences qui sautent aux yeux; même on a pu affirmer, sans crainte d'erreur, que les statues de l'est sont plus achevées, peut-être plus récentes, que celles de l'ouest. Prenons des exemples. L'Athéna du fronton occidental a toute l'apparence d'une idole archaïque (fig. 80).

Debout, regardant bien en face, elle a les pieds posés
de profil ; de l'égide, qui plaque sur les épaules et les
seins avec une rigueur métallique, tombe jusqu'aux
pieds une robe lourde et raide à qui la volonté du
ciseau, non les formes du corps qu'elle enserre, font
des plis réguliers et secs : on dirait d'une étoffe durcie
à force d'amidon, polie à force de fer à repasser. La
tête, droite et fixe, s'attache aux épaules, sans souplesse, par un cou puissant ; le geste des bras, dont
l'un tient la lance, l'autre le bouclier, est naturel, mais
sans grâce ; le visage, aux traits obtus, sans expression,
n'a d'autre beauté qu'un air de force et d'impassibilité
divine, auquel se joint l'énigme du sourire éginétique.
C'est en effet aux statues de Munich, surtout à l'Athéna
que nous venons de décrire, qu'on a d'abord remarqué
le sourire archaïque, et c'est bien ici le lieu de citer
quelques lignes où M. Heuzey, le pénétrant critique,
en a expliqué l'origine et le sens : « C'est une pure
affectation, une de ces modes conventionnelles par lesquelles les artistes croient ajouter à la beauté humaine.
J'y vois surtout une tentative d'expression se rattachant
au grand effort orignal des anciennes écoles grecques
pour animer la physionomie. L'artiste, après avoir
retroussé les coins de la bouche par un sourire accentué, observe que l'équilibre des traits est rompu, et,
obéissant à une loi naïve de parallélisme, transporte
aux yeux le même principe d'obliquité, s'efforçant
de les faire sourire avec les lèvres. L'étiquette orientale imposait aux images des rois et à celles des
dieux un visage impassible : dans la vie libre des cités
grecques, les chefs du peuple et les dieux eux-mêmes

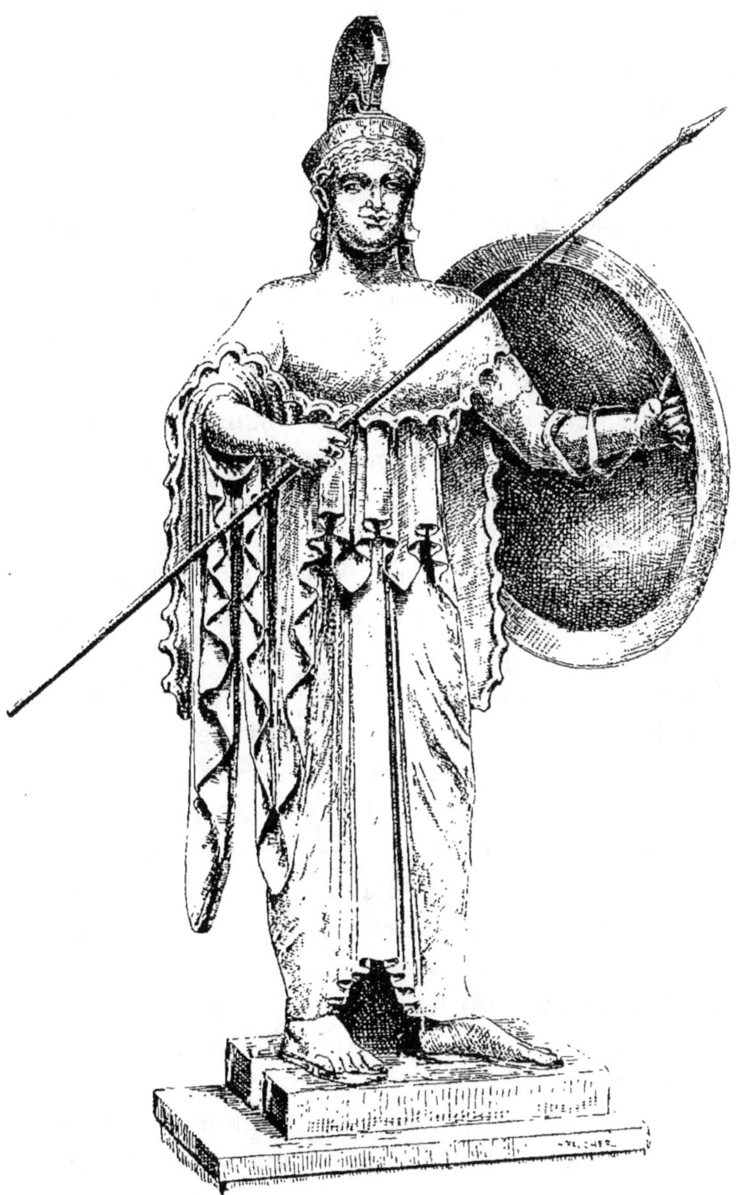

Fig. 89. — Athéna d'Égine.

veulent paraître aimables et cherchent la popularité. »

Les statues des guerriers, d'autre part, sont bien plus naturelles, et presque vivantes. Patrocle tombé, les deux héros couchés aux deux angles du groupe ne portent certes pas la souffrance empreinte sur le visage, comme le devraient des blessés; leurs corps n'ont ni l'affaissement qui prosterne, ni les convulsions qui secouent tour à tour les moribonds; leurs muscles ne se raidissent ni ne se gonflent sous la douleur; ils se sont simplement abattus sur le sol dans des positions très naturelles, mais déjà compliquées. Patrocle se soutient sur sa main gauche qui brandit encore une courte épée, comme pour continuer la lutte; il semble ne pas vouloir accepter le coup fatal et résister à la mort; les deux blessés étendus sur le côté, appuyés sur un coude, arrachent la flèche qui les a percés. Mais ces blessés ne souffrent pas de leurs blessures; comme les guerriers qui combattent encore avec la lance ou l'arc, droits ou agenouillés, ils ont un corps sain et robuste, d'où le sang n'a pas coulé, où circule une vie forte et tenace. Si tous ces fiers combattants méritent encore le nom d'archaïques, c'est à cause même de leur visage énergique et froid, que ne contracte aucune passion, de leurs muscles forts et raides, que n'assouplit aucune élégance. Les artistes qui les ont sculptés n'étaient plus esclaves d'une tradition vieillie; non seulement ils surent diversifier les attitudes, donner à chaque membre son indépendance, changer les aplombs et varier les équilibres des corps humains; mais ils ont appris encore, progrès plus délicat et plus difficile, à mieux connaître, presque à bien connaître l'anatomie humaine,

les proportions de la charpente osseuse et les détails
de la musculature, en un mot le jeu des mouvements
et de la vie. Il leur reste du passé l'ignorance de ce qui
fait la personnalité d'un corps ; le type qu'ils s'attachent
à reproduire a changé ; il est moins naïf, il n'est plus
grossier, il est plus réel, ne gardant du type précédemment aimé que l'étrange sourire figé, que le soin
de la chevelure ; mais ce type, comme le premier, ils le
reproduisent sans cesse ; on reconnaît la même tête et
le même corps dans des attitudes diverses, et comme les
anciens eux-mêmes l'avaient très bien remarqué, ce
qui caractérise encore cette école et cette époque, c'est
la raideur et la dureté dont le génie dorien a si rarement pu se défaire.

Ces qualités et ces défauts se retrouvent encore,
mais atténués, dans quelques statues du fronton oriental. L'Athéna centrale, en tout semblable à l'autre pour
l'armure et le vêtement, est sortie de l'engourdissement
hiératique. Elle n'est plus couverte, mais armée de
l'égide qu'elle déploie, tout hérissée sur les bords de
têtes de serpents ; elle ne tient plus sa lance, elle la
brandit ; elle n'assiste plus seulement à la lutte qui
se déroule à ses côtés, elle combat. Mais elle est encore
bien gauche et comme pétrifiée dans son élan belliqueux. Au contraire, le guerrier barbu qui meurt à
l'angle de gauche (fig. 81) et Héraklès tirant de l'arc
(fig. 82) sont d'un art bien plus avancé, d'une facture
bien plus savante. Le demi-dieu, quoique assis sur son
mollet et sur son talon droits, le torse légèrement
incliné en arrière, pour résister à l'attraction des bras
avancés qui tendent la corde, arc-bouté sur la jambe

gauche, la tête bien droite, le regard fixe, restera comme
le type de l'archer nerveux et bien musclé, sûr de son
coup; il est un peu lourd aussi, et le modelé de ses
membres nus est un peu sommaire; mais la lourdeur
est ici de la force; la simplicité, voulue, mérite plutôt

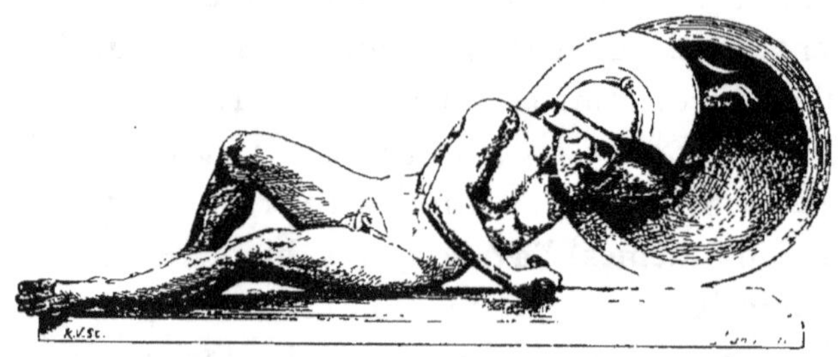

Fig. 81. — Guerrier blessé d'Egine.

le nom de sobriété. La tête de lion qui fait casque,
l'épaisse cuirasse de cuir, d'où pendent à la taille des
lamelles, d'où sort aux entournures des manches une
fine et souple chemise, dénotent un sens déjà vif du
pittoresque. Et quant au blessé, c'est bien maintenant
un vrai blessé, non plus seulement un corps étendu sur
le sol. Dans un dernier effort le héros cherche à s'appuyer sur son bouclier; mais sa tête, sous le poids du
casque, sous les tortures de la souffrance, s'incline vers
le sol; son visage s'éclaire presque d'un reflet douloureux; les muscles du torse se contractent, tandis que les
jambes étendues s'allongent et s'affaissent, déjà mortes.
Pour nous, ce soldat est, malgré quelques traits survi-
vants d'archaïsme, la plus belle statue des deux frontons; elle surpasse même l'Héraklès, pourtant si juste
de mouvement et de dessin; c'est presque un chef-
d'œuvre.

Replaçons maintenant ces marbres précieux au faîte
de leur temple, restaurés avec leurs ornements de

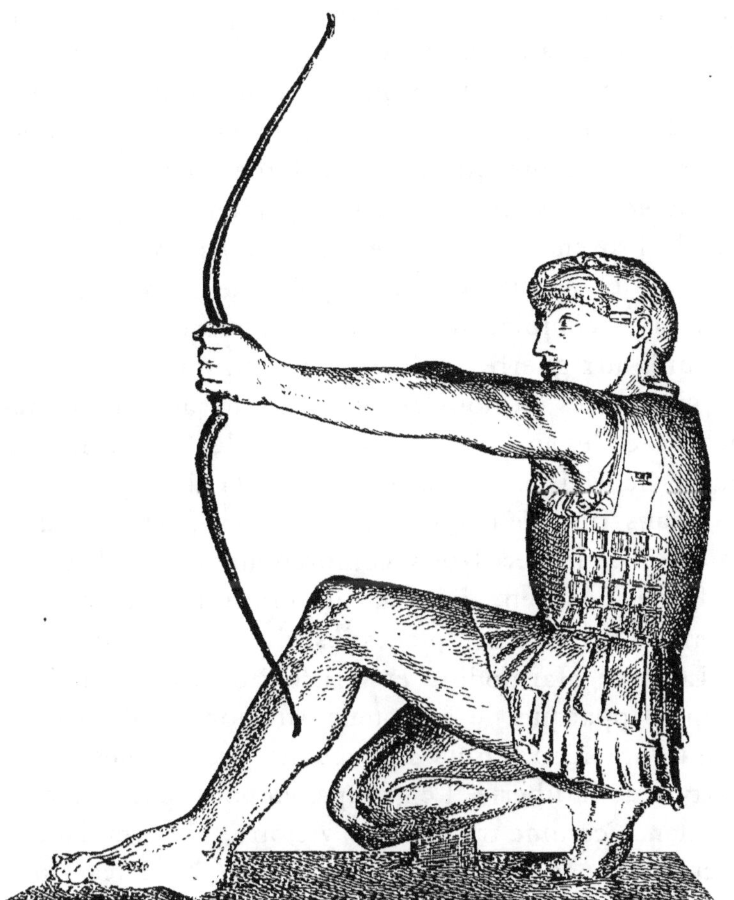

Fig. 82. — Héraklès archer d'Égine.

bronze, et les couleurs éclatantes dont plusieurs portent encore les traces; revoyons les frontons d'Égine

tels que M. Charles Garnier, avec un peu d'exubérance peut-être, les a revus dans une brillante restitution, et nous comprendrons que c'en est fini des tâtonnements de l'enfance, que la statuaire grecque marche sans longs détours à la perfection.

C'est aussi ce que prouve le seul monument athénien de cette époque que nous connaissions à peu près. Il était à prévoir que le génie ionien, en Attique, ne se laisserait pas distancer par le génie dorien, ou plutôt qu'il prendrait l'avance. Rappelons-nous les rares qualités des statues de l'Acropole que nous avons décrites avec complaisance, et qui sont certainement antérieures aux guerres médiques : il y avait là plus que des espérances, et nous constatons sans aucun étonnement, avec les anciens, que le groupe des Tyrannicides, œuvre de Kritios et Nesiotès, dont la date peut être fixée sans trop de conteste à l'année 476, était presque un chef-d'œuvre. Nous comprenons même l'erreur de Pline l'Ancien, qui, par un grave anachronisme, faisait de ces deux sculpteurs les rivaux de Phidias.

Lorsque Harmodios et Aristogiton eurent tué le tyran Hipparque, le sculpteur Anténor, sur l'ordre du peuple athénien, ciscla l'image de bronze des deux martyrs de la liberté. Le groupe, emporté par Xerxès à Ecbatane, comme trophée de victoire, fut remplacé à l'Acropole par l'œuvre de Kritios et Nesiotès, dont deux statues de marbre du Musée de Naples, — la figure 83 ne représente que le plus jeune des deux héros, — malgré quelques restaurations inexactes, sont très probablement des copies authentiques.

Harmodios et Aristogiton, comme l'indiquent,

entre autres monu-
ments, une mon-
naie (fig. 83 *bis*)
et un bas-relief
d'Athènes, cou-
rent d'un même
élan au combat.
Le premier, plus
jeune et plus ar-
dent, nu comme
un athlète, bran-
dit une courte
épée au-dessus de
sa tête, et sa main
gauche, tom-
bante, serre un
poignard; le se-
cond, plus calme,
aussi vaillant, un
court manteau dé-
ployé sur son bras
gauche tendu,
tient la gaine de
l'épée qui arme
sa main droite
ramenée en ar-
rière; son atti-
tude, moins vio-
lente, est celle de
l'attaque pru-
dente qui a souci

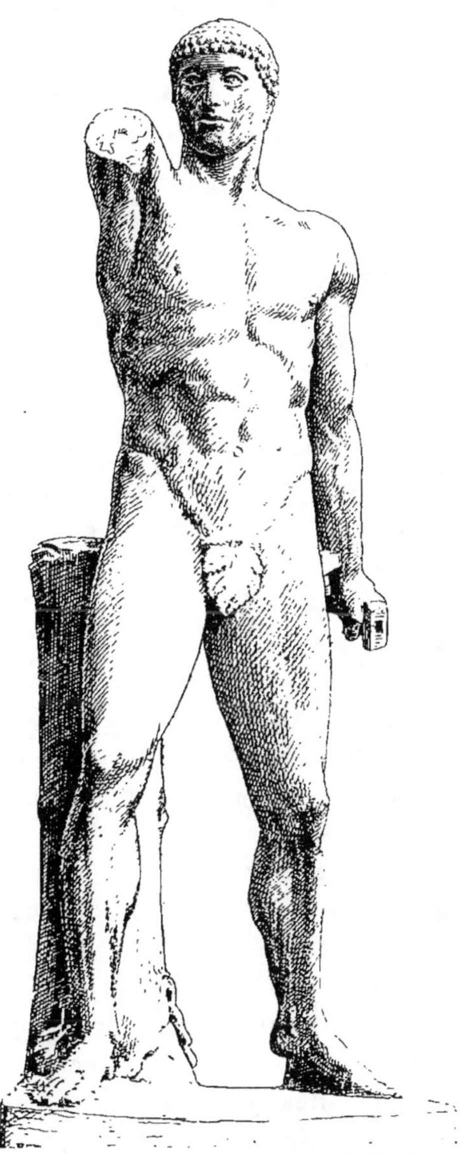

Fig. 83. — Harmodios. (Musée de Naples.)

de la défense. La tête d'Aristogiton est, à Naples,
très jeune et imberbe; c'est une restauration maladroite et d'un style beaucoup trop récent; le héros de
Kritios et Nesiotès était barbu; on a voulu retrouver

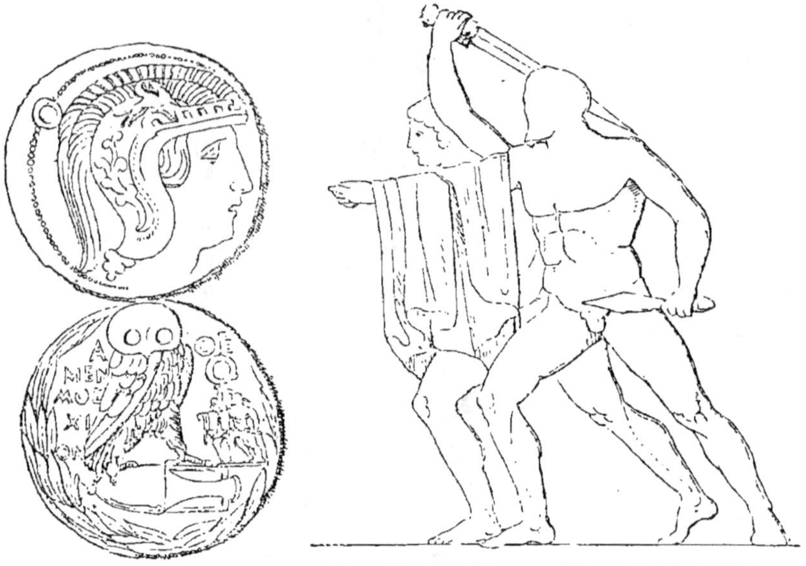

Fig. 83 *bis*. — Harmodios et Aristogiton. (Monnaie d'Athènes.)

sinon la tête elle-même, du moins une copie de la tête
originale dans un buste du Musée de Madrid connu
sous le nom de Phérékydès. Quoi qu'il en soit, et quelque défiance que doivent inspirer certains détails des
statues napolitaines, nous ne pouvons qu'admirer la
hardiesse des artistes qui, sans effort, oubliant les conventions étroites où vingt ans plus tôt s'enchaînaient
encore les sculpteurs athéniens, ont créé d'instinct un
art libre, franc et bien personnel. — Les sculpteurs

d'Égine étaient guidés par la forme même des frontons
au groupement des personnages, groupement en somme
plus heureux qu'habile ; leur art n'était là que le servi-
teur de l'architecture. Mais Kritios et Nesiotès, dans
une pleine indépendance, inspirés par leur seul génie,
ont savamment rapproché les deux conjurés concou-
rant à une action commune. Chacun d'eux, certes, a
sa vie à part ; les mouvements, l'attitude de l'un ne répètent ni les mouvements ni l'attitude de l'autre, et
pourtant c'est bien au même exploit qu'ils s'élancent
d'une même ardeur ; la force de chacun semble doublée de celle de son ami, et séparé d'Aristogiton, Harmodios paraîtrait amoindri, comme Aristogiton séparé
d'Harmodios. C'est le caractère d'un groupe bien disposé, que l'impression qui s'en dégage est une et simple, que chaque personnage, sans rien perdre de son
individualité, n'est qu'un détail de l'ensemble, mais un
détail nécessaire au parfait équilibre comme à la complète intelligence de la scène représentée. De plus, et
c'est une des plus grandes difficultés de la statuaire,
surtout dans les groupes, de quelque côté qu'on regarde
les Tyrannicides, en face, sur les flancs, par derrière, on
voit les lignes des deux corps s'entre-croiser ou se suivre
dans un dessin harmonieux, et le groupe, au sens fort
de ce terme, on peut, comme on dit, tourner autour.

Quant à la technique même des statues, quant à savoir jusqu'à quel point Kritios et Nesiotès subissaient
l'influence de leurs devanciers, il est assez facile de le
déterminer. Les marbres de Naples portent de nombreuses traces d'archaïsme, empruntées à leurs modèles
de bronze. Lucien a dit que ces statues étaient ner-

veuses, dures, et d'un dessin sec et tendu, critique un
peu sévère, sans doute, car cette dureté qu'on reproche
semble peu d'accord avec la hardiesse de l'attitude et
la vie du mouvement. Mais il est certain que la tête
d'Harmodios, où la technique sommaire des plus anciennes têtes de bronze se retrouve avec évidence, dans
la chevelure par exemple, la tête d'Harmodios, dont
le front est bas, l'œil gros, peu enfoncé sous l'arcade
sourcilière, la bouche épaisse, dont le visage est court
et carré par le bas, rappelle plus Anténor et les prédécesseurs de Kritios et Nesiotès que Kalamis ou Myron
leurs successeurs. Les corps eux-mêmes, longs et élancés, dans le goût ionien, ont la taille mince et le ventre
déprimé que nous avons observés chez plusieurs des
Apollons archaïques, contrastant avec les larges épaules
et les muscles amples de la poitrine.

IV

KALAMIS ET MYRON

On sera moins étonné des reproches de Lucien si l'on songe que Kalamis et Myron, contemporains de Phidias, les ont mérités tout comme Kritios et Nesiotès.

Kalamis, s'il n'était pas lui-même Athénien, était fils d'Athénien et vécut à Athènes. On a voulu lui attribuer le même rôle pendant l'administration de Cimon que nous verrons jouer à Phidias pendant celle de Périclès ; c'est dire qu'il travailla vers l'an 470.

Peu d'œuvres méritent autant de regrets que celles de ce sculpteur, qui, de l'aveu de tous les anciens, s'illustra par une manière toute personnelle, et dota l'art attique d'une beauté nouvelle, la grâce. On cite jusqu'à douze œuvres maîtresses de ce rare génie, statues de marbre, de bronze, d'or et d'ivoire, surtout deux chevaux de course destinés à consacrer la victoire d'Hiéron de Syracuse à Olympie en 468, groupe que les anciens déclaraient inimitable, et à l'entrée de l'Acropole, une statue féminine célèbre sous le nom de Sosandra. Lucien disait, cherchant à former avec des traits pris aux plus illustres chefs-d'œuvre un type idéal de beauté féminine : « Sosandra et Kalamis l'orneront de pudeur ; son sourire sera grave et discret,

comme celui de Sosandra, à qui elle empruntera
la chaste élégance de ses voiles, sauf que sa tête
découverte. »

Nous ne pouvons juger de ces beautés que sur
dire ; cependant il nous est parvenu des copies
près sincères d'une autre œuvre célèbre de Kalamis,
l'Hermès porteur de bélier consacré à Tanagre,
Béotie, surtout une statue de la collection Pembroke,
Angleterre. Le dieu porte le bélier sur les épaules,
comme nous l'avons déjà vu porter un veau, tandis
que dans la statue de l'Acropole, il a saisi l'animal
par les pieds qu'il maintient contre sa poitrine. Il est
debout, les jambes réunies, les pieds joints sur la
même ligne. A droite et à gauche, avec une symétrie
parfaite, tombent de derrière les épaules jusqu'au milieu des mollets les deux pointes d'une draperie. L'Hermès est barbu ; soigneusement peignés, ses cheveux, tri-
sés sur le front et serrés d'un bandeau, laissent pendre
deux boucles sur la poitrine. C'est là vraiment une
attitude, ce sont des détails de parure qui font plus que
sentir l'archaïsme. Les anciens avaient donc sujet de
faire sur ce point de légères critiques à Kalamis ; mais
à côté de ces souvenirs d'un art en train de disparaître,
souvenir que Kalamis semble avoir affecté de conserver, car il était certainement capable de s'en affranchir,
on trouve sans conteste cette grâce qui fait sa gloire,
grâce qui se montre ici dans la jeunesse souple et ferme
du corps, l'élégance de la taille amincie et la pureté
du galbe, et jusque dans l'ingénieuse adaptation des talonnières, qui, relevées en ailettes courbes de part et
d'autre des chevilles, semblent élargir la base d'appui

de la statue, sans toutefois la rendre lourde. Que si
nous admettons, avec des autorités, que l'Hermès
sculpté en bas-relief sur un autel athénien est directement inspiré de la statue de Tanagra, cette impression de grâce est encore plus vive, tant est fin le profil du visage encadré de cheveux frisés, que prolonge élégamment la barbe en pointe, tant est souple la cambrure de la taille et le mouvement des bras tenant les pattes du bélier. Aussi bien que la statue Pembroke, ce bas-relief laisse voir ce que Kalamis aimait encore dans l'archaïsme; mieux qu'elle il fait comprendre le génie propre de ce grand sculpteur (fig. 84).

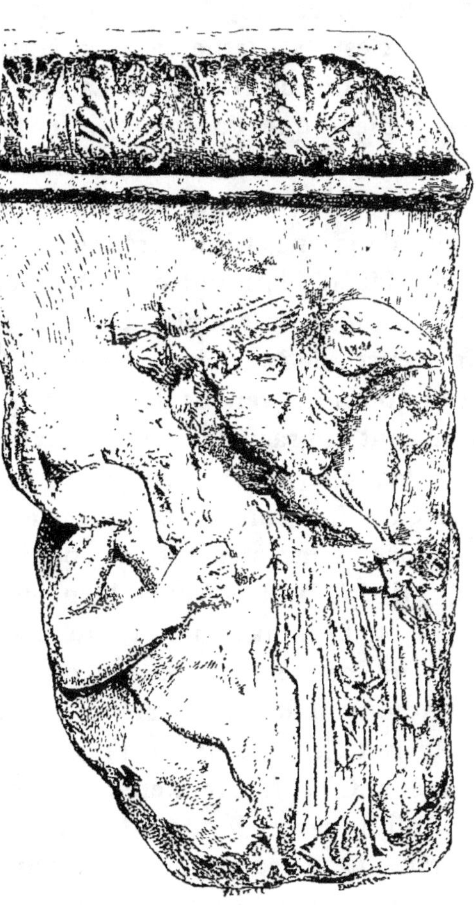

Fig. 84.
Hermès Kriophore de Kalamis.

On a soutenu qu'une autre œuvre de Kalamis,

un Apollon qui se trouvait au Céramique, à Athènes,
nous serait bien connue. Plusieurs bonnes copies en
seraient conservées, l'une surtout, au Musée Britannique; c'est la statue célèbre sous le nom d'Apollon de Choiseul-Gouffier. La question est très douteuse, bien que l'opinion soit faite pour séduire.
L'Apollon Choiseul (fig. 85) est un grand et robuste
jeune homme, large d'épaules, et bien en chair,
debout dans une attitude très simple de repos, la jambe
gauche légèrement infléchie. Son corps est construit
avec ampleur et simplicité, non sans quelques réminiscences de lourdeur archaïque. Cependant, malgré
l'aveu que nous venons de faire, le dieu, si c'en est un,
est élégant et gracieux. C'est une impression d'ensemble à laquelle on ne peut résister, due sans doute à
l'heureuse harmonie des lignes, à l'éclat de jeunesse
des muscles grassement et sobrement modelés. La
tête, prise à part, résume bien les qualités de cette
œuvre au plus haut point intéressante. Les cheveux,
serrés un peu en arrière du front par une tresse, tombent autour de la tête en mèches touffues et courtes, et
se séparent sur le front en deux masses d'inégale
épaisseur. C'est la première fois que nous remarquons
cet oubli de symétrie, dont l'effet est justement un effet
de grâce. Le visage, qu'encadre cette élégante coiffure,
porte bien aussi la marque d'un art nouveau qui se
rappelle l'art qu'il remplace. Le sculpteur n'a pas encore l'intention nettement avouée de créer un type
idéal; un homme, un individu, pour mieux dire, dont
la figure avait bien son expression personnelle, a dû
poser devant lui; nous le jugeons au gonflement de la

lèvre inférieure qui fait
saillie, à la proéminence
ronde et un peu lourde
du menton ; mais ces
traits distinctifs du mo-
dèle, que l'artiste a
conservés, son instinct
et son génie en ont at-
ténué le défaut en har-
monisant avec eux la
longueur du nez, la
largeur de la face, l'am-
pleur un peu grasse de
l'ovale ; si bien que ce
portrait même, semi-
exact, semi-idéalisé d'un
vigoureux athlète, laisse
une impression plutôt
gracieuse, de grâce vi-
rile, s'entend, écartée de
toute afféterie et de
toute mignardise. Que
ne sommes-nous à
même de juger ainsi la
grâce tant vantée de la
Sosandra !

Pour le dire en pas-
sant, on voit combien
nous nous éloignons de
l'avis de M. Waldstein,
qui, dans un mémoire

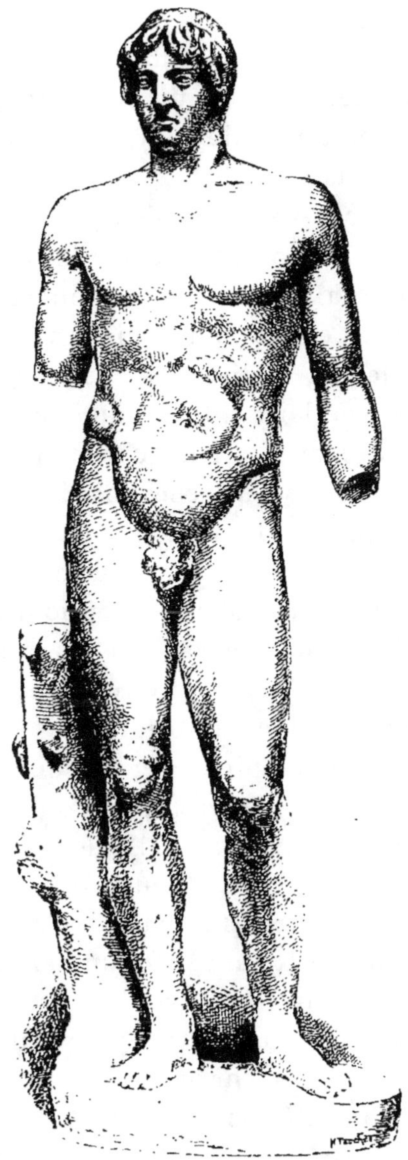

Fig. 85. — Apollon de Choiseul-Gouffier.

assez récent, s'est efforcé de démontrer que l'Apollon Choiseul-Gouffier n'est, malgré son nom, qu'un athlète, et même un pugiliste, parce que les caractères de force brutale sont, avant tout autre, apparents dans cette statue.

Nous sommes bien plutôt frappé de sa grâce. Mais nous devons avouer que les arguments que M. Waldstein fait valoir pour prouver que ce chef-d'œuvre est dû au ciseau d'un sculpteur célèbre, contemporain de Kalamis, Pythagoras de Rhégion, sont pour le moins très spécieux. Pline a dit que Pythagoras sut le premier rendre avec art les chevelures et donner de la saillie aux veines : les cheveux de la statue Choiseul sont en effet d'une élégance rare et nouvelle, et toutes les répliques que nous connaissons de ce type s'accordent à donner une valeur exceptionnelle à quelques grosses veines qui courent sur les bras et sur les pieds par exemple. Ce devait être un trait, avant tout autre, distinctif de l'œuvre originale.

Ce n'est plus la grâce qui caractérise l'art de Myron, dont l'œuvre, par bonheur, nous est plus sûrement connue que celle de Kalamis ou de Pythagoras.

Myron, né à Éleuthères, entre Athènes et Thèbes, élève, comme Phidias, de l'Argien Agéladas, contemporain de Kalamis, fut un hardi novateur, dont les anciens comprirent très bien la hardiesse. Ce que Kalamis avait ajouté à l'art attique, cette grâce qui nous a toujours si fort charmé, qualité toute en nuances, faite de finesse et de légèreté, cette grâce si difficile à exprimer par l'ébauchoir ou le pinceau comme par la plume, avait frappé les anciens comme elle le méritait.

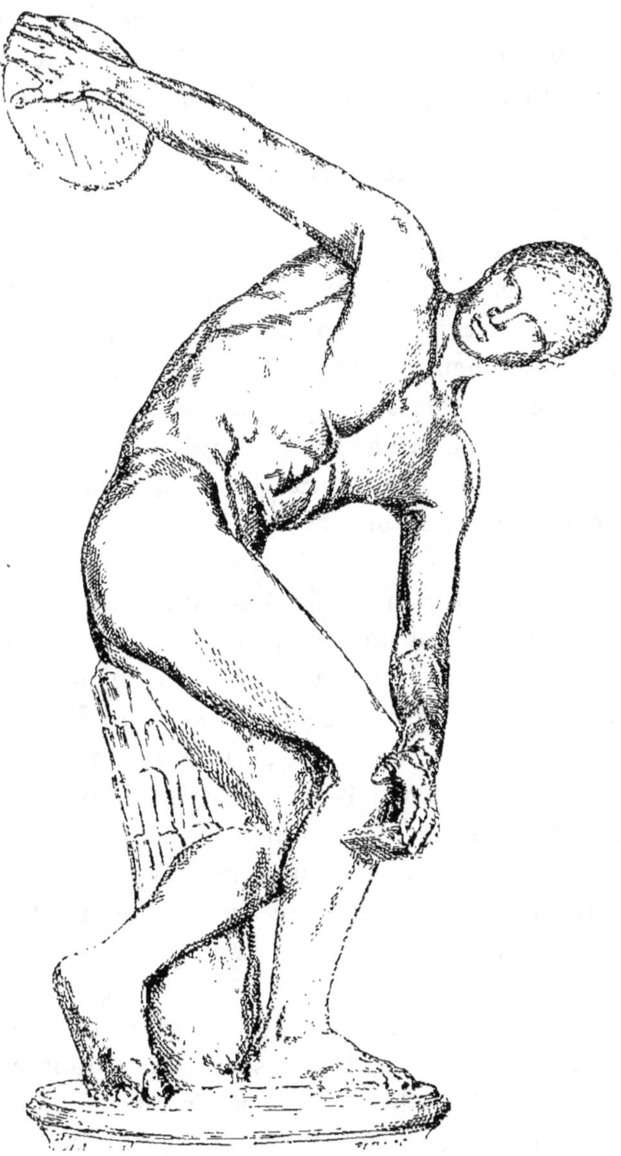

Fig. 86. — Discobole de Myron.

Mais le progrès qu'elle marquait, progrès dont il était difficile aux artistes médiocres de profiter, ne leur semblait pas aussi important que la conquête de Myron sculptant le Discobole.

Lucien a décrit cette statue fameuse avec une élégante précision : C'est un athlète qui se penche et prend élan pour jeter un disque le plus loin possible ; sa tête se tourne vers la main droite projetée en arrière qui tient le disque, et tout le torse suit, pour ainsi dire, le mouvement de la tête. La jambe droite, solidement campée sur le sol, se plie au genou pour établir l'équilibre, et la jambe gauche, complètement infléchie, touche la terre de l'extrémité du pied, sans appuyer. Le Discobole était en bronze.

Un célèbre marbre du palais Massimi alle Colonne, à Rome, un autre marbre du Vatican, en sont des copies sur la valeur desquelles on ne peut se méprendre, tant l'attitude du personnage correspond bien aux descriptions antiques, tant le style en est original, tant on retrouve dans tel ou tel détail de muscles, dans tel ou tel procédé de modelage, la sécheresse technique propre aux statues de bronze. Pour nous, nous sommes assez, en l'atténuant, de l'avis de Quintilien : « Quelle œuvre plus contournée, plus élaborée que le fameux Discobole de Myron ! » Et de fait, si l'on apercevait brusquement le Discobole au bout d'une galerie réservée aux statues que nous avons étudiées jusqu'ici, statues archaïques, d'attitudes simples, disons monotones, pourrait-on se défendre de reprocher un peu de violence à son attitude, et de juger que le génie de Myron aimait un peu la recherche et l'effort (fig. 86) ?

Mais c'est justement en ce point que l'art de Myron nous semble nouveau et singulièrement audacieux. Jusqu'à lui les sculpteurs, cédant peut-être aux nécessités d'une technique encore jeune, peut-être poussés par un sentiment intime des conditions les plus générales de la statuaire, fixaient d'ordinaire leurs personnages dans une attitude de repos, ou tout au moins choisissaient des positions que l'ensemble du corps et chacun des membres semblât pouvoir conserver longtemps sans effort ni fatigue. Les attitudes d'exception, les mouvements violents qui ne peuvent durer, ne tentaient ni leur imagination ni leur main, comme restant en dehors des limites propres ou des ressources de leur art. La sculpture, née sans doute du besoin de donner une forme corporelle aux divinités entrevues dans les rêves, put naturellement borner ses désirs à dresser dans le silence des sanctuaires des idoles pétrifiées, à qui leur rigidité froide, leur immobilité sans gestes, leur repos lourd comme un sommeil, donnaient on ne sait quelle majesté mystérieuse. La timidité d'un art enfant, l'insuffisance des instruments et des procédés rudimentaires, qui n'osaient ni détacher un bras du torse, ni porter un pied en avant, entraves matérielles où venait se joindre la persistance de la vénération populaire pour les plus vieilles images des dieux, tout cela, s'il n'arrêta pas le progrès, le maintint certainement dans une même voie étroite.

Certes, nous n'oublions pas Kritios et Nesiotès, et le groupe des Tyrannicides; les deux héros courent à leur exploit d'un élan impétueux; ils élèvent d'un geste violent leurs bras armés de poignards; mais ce geste

n'est pas un simple mouvement passager, une disposition momentanée des muscles; il n'est pas purement
matériel, mais bien l'expression vive et forte des sentiments qui poussaient Harmodios et Aristogiton, l'audace pour la vengeance. L'attitude des deux conjurés,
toute mouvementée qu'elle soit, reste en quelque sorte
un repos, et la postérité ne saurait se représenter autrement les héros de la liberté athénienne. Au contraire, Myron a pétrifié, pour ainsi dire, l'athlète discobole à l'instant précis où le disque va s'échapper de la main qui le
lance, minute, ou, pour mieux dire, seconde fugitive,
où s'est concentrée toute la vigueur et toute la souplesse
des membres, et que va suivre, sans que l'œil puisse
aisément saisir la transition, une détente générale des
muscles dans l'immobilité du corps redressé. On dirait,
toutes proportions gardées, une de ces épreuves de photographie rapide où sont saisis des mouvements de
muscles au milieu de leur évolution, où l'on voit, par
exemple, un homme montant des degrés, le pied sus-
pendu entre la marche qu'il vient de quitter et la marche où il va se poser.

Mais, s'il est évident que le Discobole, supposé
vivant, en chair et en os, ne pourrait qu'un instant
supporter sans fatigue la tension de sa jambe et de son
bras droits, et la flexion de sa jambe gauche à peine
soutenue par l'extrémité des orteils, nous devons admirer sans réserves la sincérité d'observation et la
sûreté de main que Myron a su mettre au service de son
audacieuse conception. Le mouvement du Discobole
était d'autant plus difficile à saisir qu'il a dans la nature
moins de durée; il fallait pour le voir un coup d'œil

net et prompt, pour le choisir une décision hardie,
pour le reproduire une science rare du jeu des muscles et des lois de l'équilibre. C'est l'honneur de
Myron, et le plus bel éloge du Discobole, que tout, en
ce chef-d'œuvre, la position générale du corps aussi
bien que le détail anatomique, est conforme à la
nature. Ce n'est certes pas un art réaliste qui prend un
modèle et s'efforce d'en copier servilement jusqu'aux
défauts, mais un art qui, n'aimant pas à s'abandonner
à l'improvisation désordonnée ou seulement trop libre,
observe la nature d'une vue large et discrète, pour être
vrai sans cesser d'être indépendant. Car si l'exactitude,
par endroits, est poussée très loin, comme le montrent
le mouvement de la main gauche pendante et la disposition si vraie, si naturelle des doigts tombants, d'autres
parties, au contraire, sont traitées avec une parfaite
liberté. La tête, à ce titre, est surtout intéressante; les
athlètes qui voulaient, par métier, développer leur force
musculaire, avaient certainement des corps d'une vigueur et d'une souplesse rares; pour la plupart ils étaient
très beaux; leurs formes parfaites offraient aux artistes
d'admirables modèles; mais si l'on en juge d'après
quelques têtes qui sont certainement des portraits,
œuvres de sculpteurs vraiment réalistes (fig. 77, 78, 87),
la vie même et les exercices des athlètes ne donnaient à leurs visages que des traits rudes, parfois
bestiaux, jamais éclairés par ce reflet d'intelligence
sans lequel il n'est même pas de beauté matérielle parfaite. Nous ne disons rien des blessures qui déformaient
les nez, les oreilles ou les bouches et produi-
saient la laideur. La tête du Discobole n'a pas cette pré-

cision et en ce sens est œuvre d'idéaliste. Les cheveux courts, largement massés sans abus de parallélisme ni de symétrie, le front bombé, les traits gros, s'accordent bien avec la vigoureuse charpente du corps et sont bien d'un athlète; mais il faut remarquer la tranquillité du visage, où pas un muscle ne se contracte, comme il serait juste, sous l'effet d'un pareil effort. C'est que, sans doute, Myron se faisait un idéal de la beauté du visage masculin, tel que toute altération des lignes lui paraissait grimace, et qu'il s'est

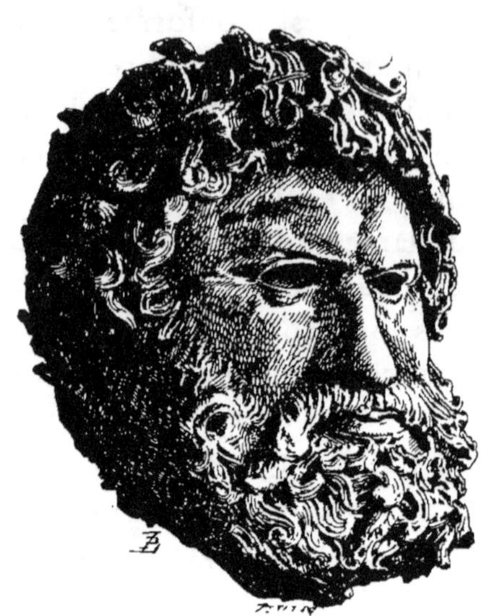

Fig. 87. — Athlète. — Bronze d'Olympie.

réservé sur ce point liberté entière vis-à-vis de la nature. Nous aimons à comparer à la tête du Discobole la tête de la statue Choiseul-Gouffier plus ancienne, moins indépendante de facture et de style, mais que nous semblent rapprocher une inspiration semblable et le même souci de la forme idéale.

La même conception des droits et des beautés de la statuaire que nous admirons dans le Discobole se retrouve dans le Marsyas saisi d'étonnement à la vue des flûtes inventées par Athéna. Si nous admettons que la

statue bien connue du Musée de Latran, à Rome, s'est
directement inspirée de ce bronze célèbre, nous ne pouvons faire difficulté de reconnaître que là encore Myron a choisi avec hardiesse un mouvement d'exception, pour mieux dire, une phase rapide d'un mouvement, et qu'il l'a rendue avec un admirable sentiment de naturel et de vérité. Marsyas surpris se rejette vivement en arrière, cambré sur la jambe gauche; les bras de la statue sont brisés près de l'épaule, mais on sait que le droit, levé en avant, semblait abriter et protéger la tête, tandis que le gauche se tendait en arrière, la main grande ouverte, en signe d'effroi (fig. 88).

Il est impossible de mieux exprimer par une attitude et par un geste

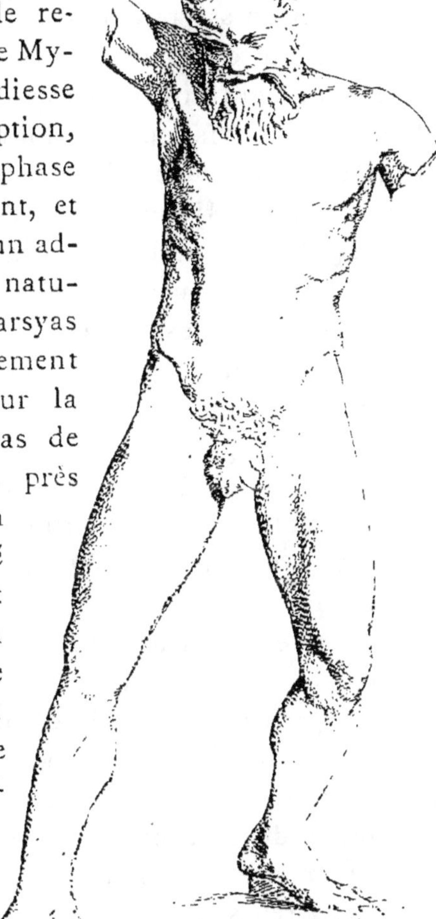

Fig. 88. — Marsyas du Latran.

l'étonnement et la crainte mystérieuse; mais le choix

de cette attitude et de ce geste atteste une puissance rare d'observation, bien prouvée par ce fait seul que, voulant restaurer la statue brisée du Latran, un sculpteur en a fait un satyre dansant, parce que le sculpteur lui semblait surtout dans son rôle en reproduisant des mouvements continus, et parce que le rythme seul de la danse, à son avis, pouvait donner quelque durée au mouvement indiqué par la position du corps.

Cet effort de Myron vers l'expression des mouvements rapides est si bien la caractéristique de son talent, qu'un critique raffiné a voulu voir dans le Marsyas quelque chose de plus subtil encore, la lutte de deux mouvements opposés, la jambe droite exprimant un mouvement en avant qui finit, la jambe gauche et le bras gauche un mouvement en arrière qui commence. Cela est bien ingénieux, mais n'est point impossible, et le ciseau de Myron n'était pas au-dessous d'une tâche si délicate. La tête du Marsyas nous révèle une nouvelle originalité de ce génie inventif; c'est une tête expressive : le sculpteur a voulu que le visage témoignât des mêmes sentiments que témoigne l'attitude du corps; c'est la première fois — car nous nous sommes expliqué sur le sourire archaïque, et nous en connaissons au juste la valeur — que nous notons une tentative de ce genre. La stupéfaction et l'effroi peints sur la face à demi bestiale du satyre dit bien que Myron a réussi.

Enfin, nous ne rendrions pas pleine justice à Myron si nous manquions de signaler la grande variété des sujets qu'il a choisis, empruntés pour la plupart à la vie de chaque jour; si surtout nous ne célébrions pas, avec les anciens, son extrême talent à sculpter les animaux. De nombreuses épigrammes de l'*Anthologie* louent l'admirable naturel d'une vache de bronze dont la figure 89 reproduit sans doute une bonne copie : « Berger, disait Anacréon, fais paître ton troupeau plus loin, de peur que, croyant voir respirer la vache de

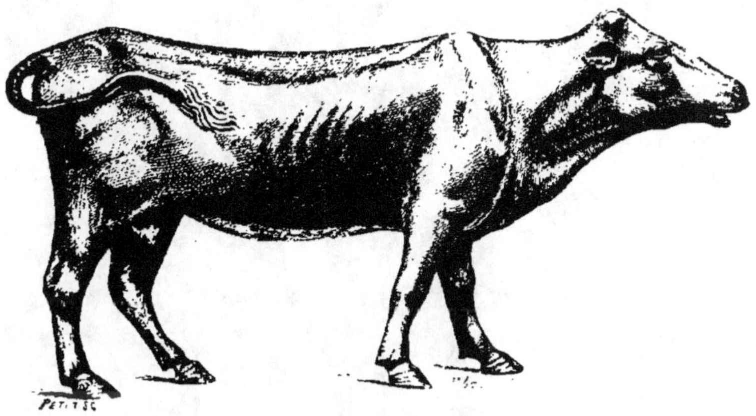

Fig. 89. — Vache de Myron.

Myron, tu ne la veuilles emmener avec tes bœufs. »

Désormais, grâce à Myron, la sculpture est sortie non de l'enfance, mais de l'adolescence; maîtresse enfin de toute sa force et de tous ses moyens, elle n'ignore plus aucun mystère de la forme et de l'anatomie humaine. Elle est devenue capable de reproduire toutes les attitudes, s'est reconnu le droit de représenter tous les gestes; elle a compris que le visage, miroir de l'âme, doit en refléter les émotions; que le bronze et le marbre se prêtent, par la perfection de certains outils et de certains procédés, à toutes les vo-

lontés de l'artiste. Le moindre effort sera suffisant
la débarrasser du reste de sécheresse et de dureté. La
critique très sévère conserve le droit de lui repr...

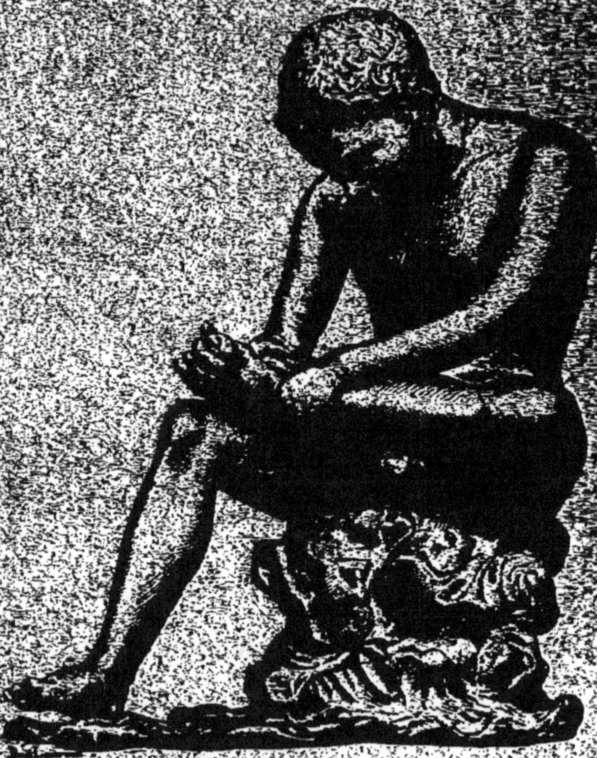

Fig. 90. — Bronze de Sparte. (Cabinet E. de Rothschild.)

Aussi n'est-il pas surprenant que Myron ait fait école;
certaines œuvres de valeur exceptionnelle rappellent
à s'y méprendre sa manière. Nous citerons la statue
d'athlète se versant de l'huile dans la main, au Musée
de Munich. D'autres procèdent de la même inspiration
et dénotent chez le sculpteur les mêmes sentiments esthé-

tiques. A ce titre, nous attribuons un intérêt particulier à un petit bronze trouvé près de Sparte (cabinet de M. Edmond de Rothschild). C'est la copie la plus ancienne qui nous soit encore parvenue d'un original qui, si l'on en juge par le nombre et la valeur des répliques, fut autrefois en grande faveur. Un jeune berger ou un jeune athlète, un coureur, sans doute, assis sur un rocher, travaille à extraire une épine de son pied gauche. L'attitude d'exception et la franchise du mouvement rare, l'anatomie simple et vigoureuse du corps, la tête forte aux cheveux drus et courts, l'expression du visage attentif nous remettent en mémoire les observations que nous a suggérées l'étude du Discobole et du Marsyas (fig. 90). Quelques traits enfin du type que personnifie le Discobole ont été adoptés pendant de longues années par de très grands sculpteurs, comme la forte saillie de chair à la naissance du nez, détail singulier qui se retrouve, entre mille exemples, au Thésée de Phidias, au Diadumène de Polyclète, à l'Hermès de Praxitèle.

V

Phidias d'Athènes, fils de Charmidès, naquit très probablement entre 490 et 485. Sans doute, comme son frère Panainos, il s'essaya d'abord à la peinture; mais il préféra bientôt la sculpture qu'il apprit à l'école d'Hégias ou Hégésias, contemporain de Kritios et Nésiotès, puis à l'école de l'illustre Argien Agéladas. C'est un lieu commun de la critique de montrer que Phidias est le plus grand sculpteur de tous les temps; son nom est devenu synonyme de perfection idéale, et le mot divin semble le plus naturel à glorifier son génie. Si Phidias avait paru après Kalamis et Myron, s'il n'avait fait que porter à son apogée l'art qu'ils ont élevé si haut, ajoutant un progrès suprême aux progrès déjà accomplis, sa gloire serait très grande; mais quelle idée ne devons-nous pas nous faire de son génie, si nous songeons qu'il partit exactement du même point que ces deux maîtres dont il est le contemporain, qu'ayant, au début de sa carrière, les mêmes modèles qu'eux et les mêmes exemples, il dépassa l'un et l'autre, et les laissa si loin derrière lui, malgré leur valeur singulière, qu'ils ne peuvent pas même être appelés ses émules! De plus, l'allure de Phidias était si personnelle que l'initiative pourtant très originale de Kalamis ou de Myron ne semble pas avoir eu d'influence sur lui, que lui-même ne paraît pas leur avoir rendu aucun service.

Il y a deux artistes en Phidias, le sculpteur de l'Athéna Promachos, de l'Athéna Parthénos, du Zeus d'Olympie et le décorateur du Parthénon. Phidias a mené concurremment ces deux parts de son œuvre qui contribuent également à sa gloire; mais elles demeurent distinctes. Par malheur, il ne nous reste rien de la première, la plus personnelle comme la plus parfaite, au dire des anciens; des statues où seul il mit la main, qui nous auraient révélé tous les secrets de son incomparable génie, nous n'avons que des descriptions obscures ou incomplètes, que des copies maladroites ou inexactes, souvent traîtresses comme des traductions. Des frontons, de la frise, des métopes du Parthénon bien des morceaux sont venus jusqu'à nous, encore sublimes malgré les ravages du temps et des hommes, plus barbares que le temps; mais les frontons, la frise, les métopes ne sont pas, ou ne sont que par fragments dus au ciseau du maître. Si nous acceptons les hypothèses même les plus favorables à Phidias, nous reconnaîtrons partout les conceptions de son génie et sa direction souveraine, mais sa main dans quelques figures des frontons seulement, et dans le dessin de la frise dont il élabora minutieusement les cartons.

Phidias mérite bien que, pour une fois, nous soyons infidèle à notre méthode et décrivions la Promachos, la Parthénos, le Zeus olympien comme si ces chefs-d'œuvre resplendissaient encore à nos yeux émerveillés dans tout leur éclat de bronze, d'or et d'ivoire.

L'Athéna Promachos, colosse de bronze dressé à l'entrée de l'Acropole, est une œuvre de jeunesse. On la rapporte aux dernières années du gouvernement de Cimon; mais Phidias était déjà célèbre. La première statue qu'on lui attribuait était une Athéna Chryséléphantine destinée à un temple de Pellène, en Achaïe; entre 465 et 460 sans doute, il exécuta un ex-voto de bronze que les Athéniens consacrèrent à Delphes en souvenir de Marathon; c'était un groupe de divinités, Athéna, Apollon, de héros éponymes, Érechthée, Cécrops, d'autres encore, Miltiade enfin, le grand vainqueur. Vers la même époque un temple de Platée reçut l'Athéna Aréia, statue de bois doré. Mais la Promachos a bien plus de renommée : haute de neuf mètres, debout sur un large piédestal un peu en arrière des Propylées, la déesse tenait sa lance appuyée sur le sol, et du bras gauche soutenait son bouclier que plus tard Mys décora de bas-reliefs; la tête . casquée se penchait vers la ville d'Athènes qu'enveloppait un regard caressant. Telle du moins nous apparaît la déesse sur quelques monnaies athéniennes; à en juger d'après ces documents indécis et d'après quelques textes un peu vagues, la statue n'aurait guère eu d'autre originalité que sa taille énorme; l'attitude immobile et presque froide, le style des deux tuniques tombant à plis réguliers, rappellent les vieux maîtres et les prédilections de l'école archaïque. Phidias n'était pas encore affranchi des traditions. Mais rappelons-nous qu'au dire de Zozime, les Goths envahissant l'Acropole reculèrent épouvantés à l'apparition de la déesse, dressée en armes pour leur barrer le passage. C'est assez dire par quelle expression de majesté et de courage surhumain Phidias avait remplacé la fixité morne ou le froid sourire des antiques idoles.

Mais voici qu'à Cimon succède Périclès; Athènes, libre, puissante, riche de son or et des trésors de ses alliés, veut l'emporter sans conteste sur le monde hellénique par toutes les gloires de la paix. L'antique ville d'Érechthée, le Pirée, Éleusis, toute l'Attique se couvrent de temples, et les temples se peuplent de statues. Périclès a compris le génie de son ami Phidias et lui confie l'intendance de ses vastes projets artistiques, et tout d'abord il lui livre l'Acropole, où le plus magnifique des sanctuaires, le divin Parthénon, demeure de la grande vierge Athéna, doit faire oublier l'Hécatonpédon brûlé par la rage des Mèdes.

Le Parthénon, tout le Parthénon, voilà vraiment le chef-d'œuvre de Phidias. Tour à tour architecte et sculpteur, à tous les travaux il donne l'impulsion; dans les moindres détails de la bâtisse ou de la décoration il fait sentir l'autorité de son goût impeccable; il a conçu les groupes merveilleux des frontons et en a sculpté, sans aucun doute, les plus admirables figures; il a dessiné les cartons de la frise qui déploie autour de la cella la pompe de ses processions et de ses cavalcades; il a choisi les sujets et réglé la disposition des quatre-vingt-douze métopes. Il a dominé de si haut la pléiade de ses illustres collaborateurs, les architectes Iktinos, Kallikratès, Mnésiklès, les sculpteurs Alkamènes, Agorakritos de Paros, Krésilas, Kolotès, Paionios, le peintre Panainos son frère, que nul monument n'a jamais dû sa perfection à plus d'unité dans l'ensemble ni d'harmonie dans les détails. Enfin, il s'est réservé de dresser au centre de ce sanctuaire splendide la grande statue d'Athéna Parthénos, pour qui, depuis des siècles, les hommes n'ont jamais trouvé de louange égale à leur admiration.

Disons tout de suite qu'à notre avis on surfait un peu la beauté des métopes. On sait que dans les temples doriques les cadres formés au-dessus des colonnes par l'ordonnance des triglyphes pouvaient, suivant la volonté des architectes, suivant aussi les ressources dont ils disposaient, rester vides ou s'orner de bas-reliefs. Les métopes ne sont donc qu'un accessoire de la décoration ; l'importance en est très secondaire, comparée à celle du fronton. Il était bien naturel que Phidias en cédât l'exécution à ses élèves, et aucune de celles qui nous sont parvenues ne nous semble porter la signature de son génie. Elles appartiennent toutes au côté sud du temple ; elles retracent une scène chère aux sculpteurs antiques : le combat des Centaures et des Lapithes. Aux noces de Pirithoos, où assistait son ami Thésée, le grand héros athénien, les Centaures enivrés voulurent faire violence aux femmes des Lapithes, et une lutte terrible s'engagea entre les insulteurs et les maris de leurs victimes, dans la salle même du banquet. C'est le même combat que représente la frise du temple de Thésée, que nous retrouverons au temple d'Apollon Epikourios à Bassæ, et sur le fronton occidental du temple de Zeus, à Olympie. Il était difficile, au Parthénon, d'éviter la monotonie en un pareil sujet, qu'il fallait, là, décomposer en épisodes, sans qu'aucun des bas-reliefs pût contenir plus de deux per-

sonnages. Les sculpteurs, que Phidias inspira sans
doute, car nous retrouvons ici toute la souplesse de
son imagination et la délicatesse de son goût, évitèrent

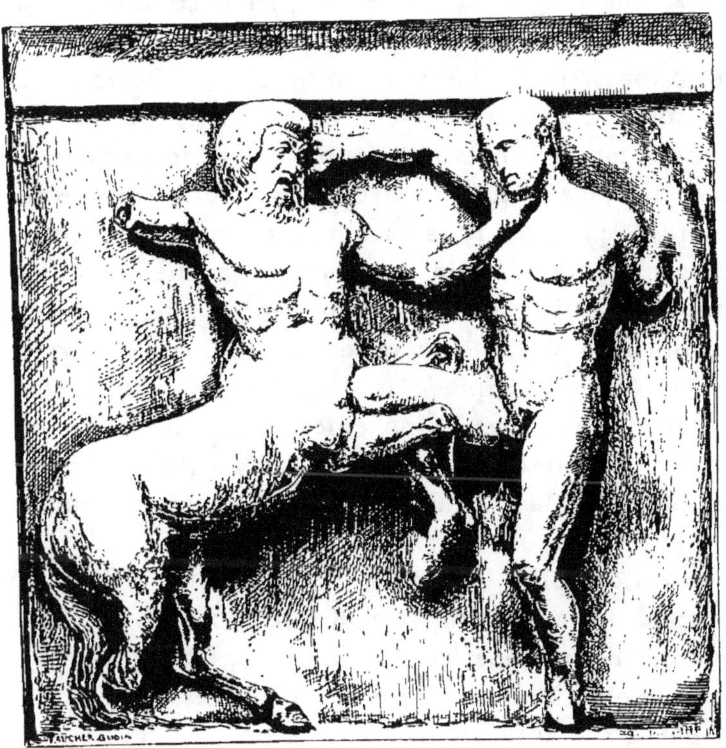

Fig. 91. — Métope du Parthénon.

heureusement le danger, d'abord en séparant par d'autres métopes, traitant d'autres sujets, les métopes de la
Centauromachie, puis en renouvelant sans cesse, par
des variations de détails, ce thème unique : combat
singulier d'un Lapithe et d'un Centaure. Comme on l'a
très bien dit, on distingue dans l'ensemble des métopes

une série de groupes où l'idée de la lutte d'un Centaure contre un Lapithe se trouve développée; le sculpteur prend l'action à son début et en traduit toutes les phases. On imagine facilement à quelles combinaisons variées et toujours nouvelles se prête cette ingénieuse conception. Ainsi, l'on voit tantôt la lutte indécise de l'homme contre l'homme-cheval, tantôt la défaite de l'homme, tantôt la défaite du monstre; l'un ou l'autre, tour à tour, est à terre ou dressé dans une attitude de victoire, le pied ou le sabot sur son ennemi renversé; ici l'animal est à droite, ici, il est à gauche, sans que jamais une attitude ou un geste répète une attitude, un geste déjà vus. De temps en temps (nous en avons conservé deux exemples), le Lapithe combattant est remplacé par une Lapithine enlevée, dont les robes et les voiles flottants et les formes plus grêles alternent heureusement avec la nudité et la rude anatomie des corps virils (fig. 91).

Ce qui complète bien cette heureuse diversité, c'est la variété de la facture; il suffit de rapprocher quelques-unes des métopes et d'en comparer la technique, pour voir qu'elles ne sont pas du même ciseau. Toutes sont d'une si haute saillie que les personnages semblent plutôt des statues en ronde bosse appuyées contre un marbre que des figures en bas-relief, et ce fait, si en dehors, à l'époque où nous sommes, de la tradition attique, dénote bien que les divers sculpteurs ont reçu l'inspiration, peut-être la leçon ou même l'ordre d'un maître commun. Mais si l'on en vient aux détails de composition et de facture, on voit ici le groupe bien plus franchement établi, avec plus de

verve et de mouvement heureux, là moins hardi, moins
souple, se ressouvenant un peu trop de la dureté
archaïque. Le Centaure est ici plus massif; ses pattes
sont moins fines, il se cabre avec moins de force nerveuse; l'anatomie de ses membres, comme celle du
Lapithe, est étudiée avec moins de précision, rendue
avec moins de vérité. Telle des métopes est certainement supérieure à telle autre; elle sort du même atelier, mais elle est l'œuvre d'un sculpteur plus habile.

Pas plus que les métopes, la frise, avons-nous dit,
n'est due au ciseau de Phidias. La foule innombrable
de divinités, de prêtres, de jeunes gens, de jeunes filles,
de cavaliers, de victimes qui déploie autour de la cella,
sur une longueur de 160 mètres, tantôt avec majesté,
tantôt avec grâce, son magnifique cortège, est aussi
l'œuvre collective des plus habiles disciples formés à
l'école de Phidias. Comme pour les métopes, — on l'a
depuis longtemps remarqué, — certains groupes sont
de beauté sensiblement inférieure, sans que l'on puisse
dire que le sculpteur ait faibli sur ce point, car on
reconnaît une main différente, d'autres procédés, surtout quelques souvenirs de raideur et de sécheresse
archaïque. Mais il semble impossible de ne pas rapporter au maître lui-même la composition d'ensemble,
bien plus, le dessin même de la frise, ce que les artistes
nomment les cartons, car lui seul semble avoir été capable d'une conception si neuve et si originale. « Un
sculpteur de l'ancienne école, dit un fin critique, aurait
fait tourner la procession autour du temple, sans commencement ni fin, comme les zones de personnages
figurés par les peintres céramistes sur les vases grecs

d'ancien style. Phidias, au contraire, a donné au cortège un point de départ et un point d'arrivée, et tous les personnages sont entraînés par un même mouvement. » Parties de l'angle sud-ouest du Parthénon, l'une vers la droite, l'autre vers la gauche, les deux files du cortège se rejoignent au milieu de la façade orientale, de part et d'autre d'un groupe central.

La frise représente les préparatifs du sacrifice des Panathénées et non le sacrifice lui-même; la scène centrale même n'est qu'un épisode de ce prologue : le prêtre remettant à un éphèbe, avant d'égorger les victimes, son manteau soigneusement plié. Si l'on se rappelle que tous les détails d'ordre religieux, même les moindres, avaient chez les Grecs la même importance, on admirera l'habileté de Phidias qui a choisi pour le représenter le moment où la procession se forme, où le sacrifice n'a pas encore commencé, car il a pu laisser aux personnages qui se meuvent dans son immense tableau une liberté de groupement, d'allure et d'attitude qui n'eût pas convenu quelques instants plus tard, à l'heure solennelle où le prêtre plongeait son couteau dans la gorge des victimes, au milieu du recueillement et du silence de la foule ordonnée symétriquement selon les rites. Grâce à ce choix heureux, nous voyons les groupes familiers des éphèbes, des femmes ou des vieillards couper la monotonie du cortège déjà formé par fragments. Si les canéphores, les nobles jeunes filles d'Athènes chargées des corbeilles saintes; si les jeunes gens porteurs d'amphores, si les vieillards choisis parmi les plus beaux des tribus pour présenter à la déesse les rameaux d'olivier, s'avancent déjà formés en procession grave et régulière, voici les citoyens et

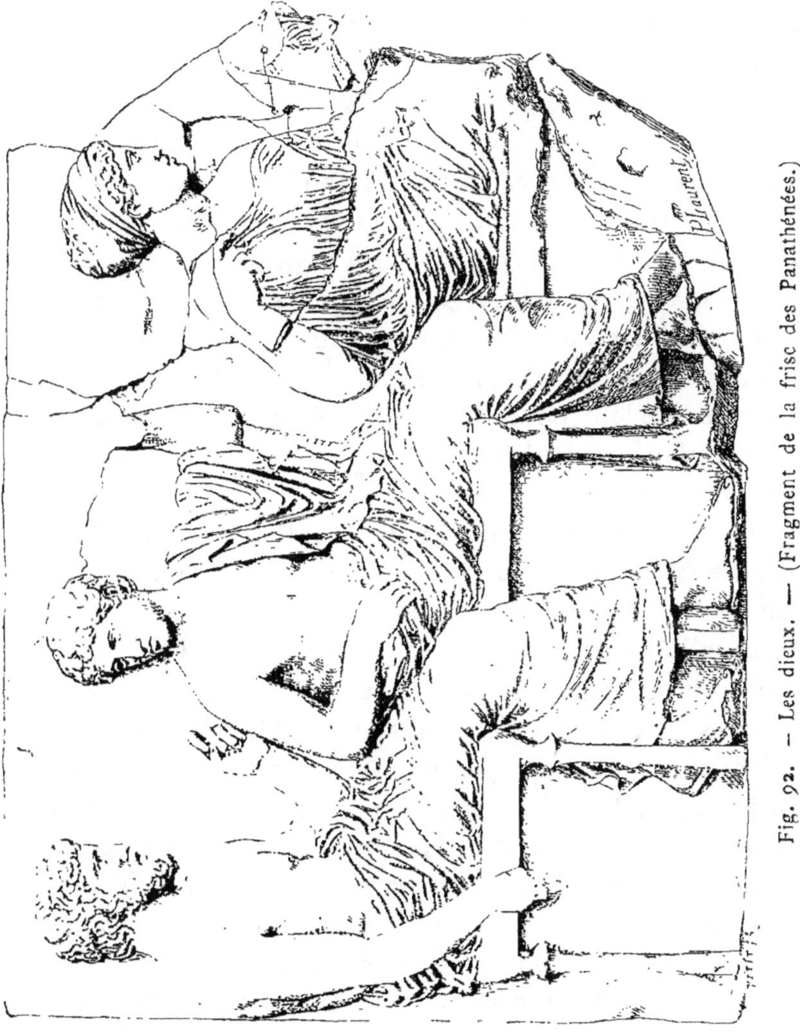

Fig. 92. — Les dieux. — (Fragment de la frise des Panathénées.)

les magistrats de la cité qui se sont arrêtés sur leurs
bâtons et causent familièrement, tandis que, plus loin,

les victimes beuglent et se débattent en désordre entre
les mains des serviteurs, tandis que s'organise l'esca-
dron brillant des jeunes cavaliers, la jeunesse dorée,
ornement et chère espérance d'Athènes. A cet important défilé se mêlent encore des scènes plus familières,
même des scènes intimes ; on voit un Athénien occupé
à mettre sa tunique, et près de là, tandis que son maître,
à pied, cause avec des amis, un cheval chasse d'un
coup de naseaux une mouche qui le pique au-dessus du
sabot. Mais pour relever de leur présence la simplicité
de ces tableaux, des dieux, reconnaissables à leur taille
plus qu'humaine, à la majesté de leur visage, à la
noblesse de leur pose, se sont assis en deux groupes et
contemplent le défilé superbe qui se prépare en l'honneur d'Athéna (fig. 92).

La place des métopes, en dehors du temple, en plein
air, en plein soleil, permettait de donner aux figures
une saillie de ronde bosse ; la frise, au sommet du mur
de la cella, dans le jour adouci du péristyle, voulait un
relief moins sensible, et c'était là pour les élèves de
Phidias, préparés à ces travaux par la tradition archaïque, un élément précieux de succès. Rappelons-
nous les stèles funéraires de Marathon, d'Orchomène ou de Naples, et la Déesse en char de l'Acropole.
Mais ici encore Phidias a innové. Le premier, croyons-
nous, il a compris que le très bas relief donné à chaque
figure permettait d'en superposer plusieurs dans des
plans différents et d'augmenter ainsi le nombre des
personnages ; d'où la vie et la variété, avec l'illusion
de la nature.

Nous ne savons pas au juste quel emploi fut fait

des couleurs; du moins les trous qui s'ouvrent çà et là, par exemple, aux bouches des chevaux, disent nettement que le bronze ou l'or employés aux ornements et aux accessoires rompaient avec bonheur la monotonie blanche des longues surfaces de marbre.

Chaque groupe, chaque figure exigerait une longue description; nous ne pouvons ici que signaler, avec les qualités maîtresses de l'ensemble, la hauteur et la liberté de l'inspiration.

Comme les dieux, nous l'avons vu, sont mêlés aux mortels, comme le familier de certains épisodes s'allie au sublime religieux des processions, Phidias, qui domine ici de bien haut ses praticiens, passe en jouant des imitations du réel aux créations de l'idéal; ici les dévots d'Athéna se montrent dans le cortége sacré, drapés dans leurs costumes de cérémonie, vraiment vêtus et parés comme des vivants: là, au contraire, comme des immortels, dans l'Olympe que nulle intempérie ne rend glacial ou brûlant, nus ou demi nus, ils livrent aux caresses du jour la souplesse et la grâce forte de leur chair. La convention, pour dire le vrai mot, s'est fait sa place à côté de l'étude exacte de la nature.

« L'artiste a fait une large part, écrit M. Collignon, à la convention. La vie réelle lui a seulement fourni des éléments de variété qui, répartis çà et là par une main de maître, dans la cavalcade idéale, en écartent l'uniformité et la monotonie. C'est là le secret de cette grâce inimitable répandue sur les figures de la frise. Ces personnages, si vivants, ont comme une réalité immatérielle. Cette procession sacrée, dont l'harmonieuse ordonnance se déroule lentement, ce cortège de cavaliers s'avançant à flots pressés et tumultueux semblent se mouvoir dans une atmosphère idéale, sous la lumière d'un ciel divin. »

Quant aux qualités mêmes d'exécution, ce sont celles qui, à cette époque, ont surtout caractérisé le génie athénien et qu'un mot expressif résume : l'atticisme, c'est-à-dire, en littérature comme en politique, comme en art, le goût exquis du ton juste et des proportions naturelles, la recherche de la souplesse sans mollesse, de la grâce sans mièvrerie, l'amour des élégances sobres et fines, tous ces dons mis au service d'une imagination riche, originale et libre. On peut dire qu'en ce sens la frise des Panathénées a mérité de devenir un modèle, et c'est peu hasarder que d'attribuer à son influence directe quelques bas-reliefs des plus beaux que l'Attique nous ait laissés, par exemple, la balustrade du temple de la Victoire Aptère ou la stèle célèbre d'Éleusis, Déméter et Koré faisant à Triptolémos le don précieux d'un grain de blé. Nous reviendrons sur ce point.

Maintenant, les statues des frontons nous attirent. On l'a souvent dit, il est impossible que Phidias ait sculpté lui-même plus de quarante figures colossales, ou même qu'il en ait modelé toutes les maquettes. Mais on peut, sans crainte de trop errer, déterminer sa part dans cette œuvre collective.

Comme pour les métopes et pour la frise, il est juste de lui attribuer, avant tout, l'invention des sujets et la disposition des personnages dans les tympans triangulaires. Rappelons-nous les marbres d'Égine et l'abus archaïque des symétries, des mêmes attitudes reproduites de part et d'autre d'un personnage central. Phidias s'est affranchi de cette contrainte; si la forme même du fronton exigeait l'abaissement progressif des corps, du moins Phidias a-t-il compris et montré le premier que la disposition géométrique, l'obliquité progressive et régulière des lignes rampantes, suffisait à donner à tout le motif son caractère de décor architectural, et qu'il y avait liberté entière de composer des groupes savants, de diversifier les attitudes en dehors de toute correspondance symétrique, de rompre, pour tout dire, avec les régularités d'une convention surannée pour chercher la variété et l'imprévu libre de la nature et de la vie.

Aussi voyons-nous, au fronton oriental qui représente la naissance d'Athéna, Hélios-Hypérion s'élevant de la tête seulement et des épaules au-dessus de l'Océan d'où émergent encore les têtes ardentes de ses chevaux ; puis Héraklès, appuyé, presque étendu sur un coussin bas ; à côté d'Héraklès, qui regarde vers le sud, Déméter et Koré, assises sur des escabeaux, légèrement tournées l'une vers la droite, l'autre vers la gauche, pour ménager une transition entre les figures d'angle et les figures debout, se rapprochent, la main sur l'épaule, dans une attitude familière de caresse. Debout à leur côté, Iris, messagère des dieux, l'écharpe ouverte au vent, comme une aile, leur annonce la bonne nouvelle de la délivrance de Zeus. Le groupe central a péri ; nous ne savons bien ni quel instant de la naissance d'Athéna Phidias avait choisi pour le représenter, ni quel était le groupement des dieux acteurs ou témoins du miracle. Mais nous retrouvons, à l'angle nord, le groupe fameux des trois Parques, plus probablement des trois Charites : Auxô, Thallô et Karpô, dont deux sont assises, comme Déméter et Koré, dont la troisième, souplement allongée, comme Héraklès, s'appuie sur les genoux d'une de ses sœurs avec on ne sait quelle voluptueuse mollesse féminine. Enfin, une tête superbe de cheval, dont le naseau vivant le cheval de la Nuit, déborde à l'angle extrême du fronton, hors des lignes architecturales, sans crainte d'en rompre l'harmonie, rappelle, mais ne répète pas les chevaux d'Hélios.

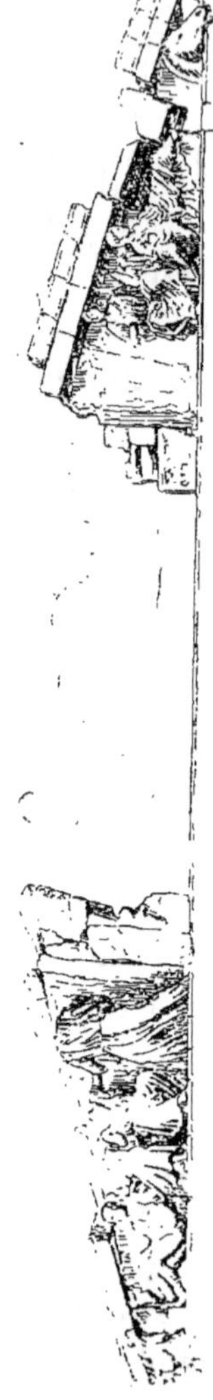

Fig. 93. — Fronton oriental du Parthénon.

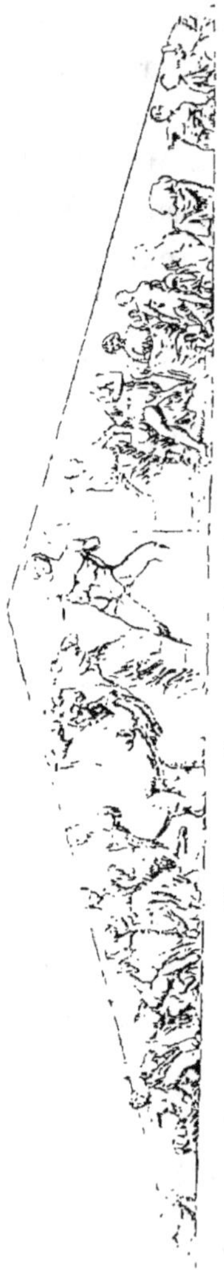

Fig. 94. — Fronton occidental du Parthénon.

Dans le tympan occidental, on voyait Poseidon dotant Athènes du cheval, symbole de la puissance

guerrière, Athéna donnant à sa ville l'olivier, symbole
de toutes les gloires pacifiques. Une seule figure nous
reste assez intacte pour faire éclater le génie du maître,

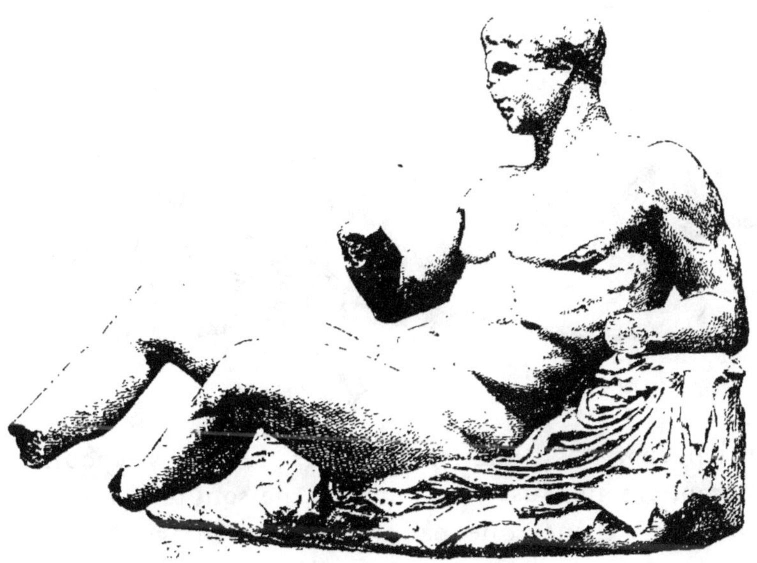

Fig. 95. — Héraklès de Phidias.

c'est l'image symbolique de l'Ilissos ou du Képhisos qui reposait à l'angle nord sa nudité divine.

C'est par des dessins de voyageurs, San-Gallo,
Carrey, surtout de Carrey, que nous connaissons
le groupement des figures dans les frontons (fig. 93,
94); l'histoire lamentable des marbres du Parthénon a
été mille fois racontée; on sait comment une bombe
vénitienne, en 1687, éventra le temple transformé
depuis deux cents ans en mosquée; comment les Véni-
tiens brisèrent des statues pour compléter le ravage
de leurs bombes; comment le vandalisme de lord Elgin

mutila les métopes en les arrachant de leurs coulisses,
enleva, non sans dommage, deux cents pieds de la frise
et les statues des frontons que le temps ou la guerre

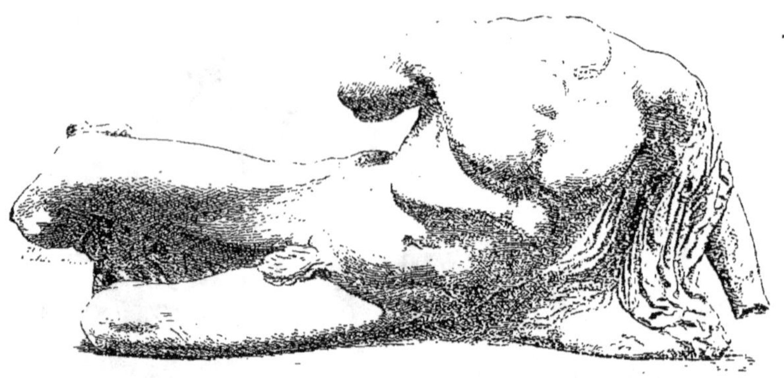

Fig. 96. — Képhisos de Phidias.

avaient épargnés; comment enfin ces précieuses dépouilles, captives au Musée Britannique, ne sont plus représentées à Athènes que par de froids moulages. Nous
ne pouvons pas, hélas! admirer à leur place même les
chefs-d'œuvre de Phidias, et l'imagination, malgré
tous ses efforts, a peine à se figurer le rayonnement
splendide de tous ces dieux, alors qu'ils baignaient
dans l'éclatante et pure lumière d'Athènes, enlevés sur
le champ coloré des frontons, parés eux-mêmes de couleurs que le génie de Phidias nous permet de juger dis-
crètes et savamment harmonieuses.

Et pourtant, comme ils sont vivants encore, même
sous les brumes britanniques et malgré les outrages
des siècles et des barbares, Héraklès (fig. 95), Képhisos (fig. 96), Déméter et Koré (fig. 97), les
Charites (fig. 98), ces morceaux de maîtrise de-

vant lesquels, on l'a très bien dit, un sentiment invincible, en matière d'art meilleur juge que le raisonnement, nous porte à prononcer comme d'instinct le nom de Phidias! A décrire ces statues, les plus parfaites qui

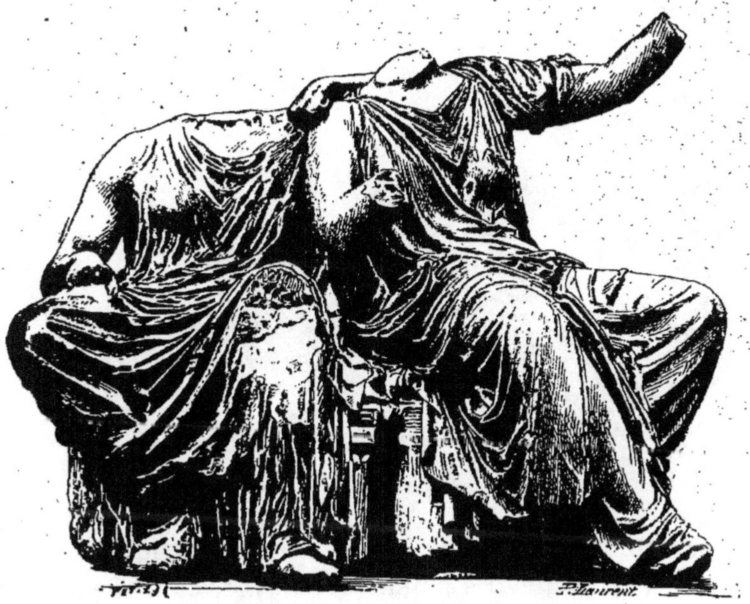

Fig. 97. — Déméter et Koré de Phidias.

soient parties d'une main humaine, les formes de l'admiration depuis longtemps sont épuisées.

Comment exprimer, puisque nous sommes réduits à ne citer que quelques exemples, l'éclat de vigueur souple qui brille au corps divin du jeune Fleuve couché (Képhisos)? Ce n'est pas la nature servilement copiée, car la nature a des défaillances; le plus beau des hommes, le plus superbement taillé en pleine chair saine et palpitante est imparfait en quelqu'un de ses muscles

atrophié par les actions de la vie journalière; la plus
noble, la plus élégante de ses attitudes offre toujours,
observée de quelque point de vue défavorable, certains
assemblages discordants de lignes, certaines saillies
inattendues de contours. Mais Képhisos, comme les

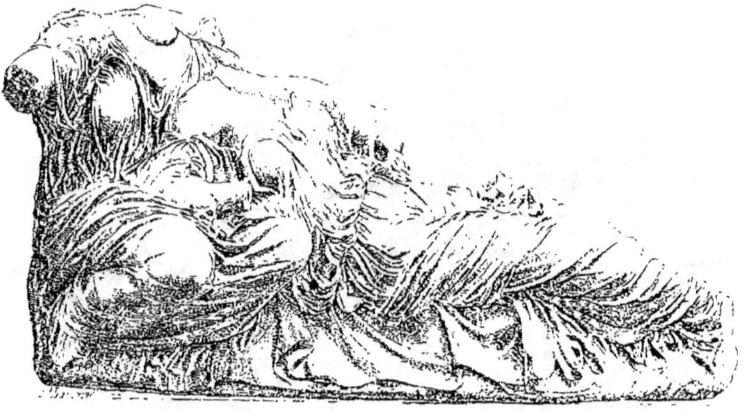

Fig. 98. — Les Charites de Phidias.

héros, comme les dieux d'Homère, resplendit d'une
beauté tout idéale que jamais aucun mortel n'atteignit,
et qui pourtant n'est que la quintessence de la beauté
des mortels. Pour donner l'impression de la supériorité divine, Phidias n'a pas eu besoin de recourir aux
subterfuges grossiers des âges naïfs; Képhisos n'est pas
un monstre, comme des fleuves sur les monnaies de
Sicile, à face humaine, à corps, à cornes de taureau :
mais, sous sa forme virile, si pure dans ses proportions
savantes, si naturelle dans son anatomie impeccable,
si souple et si vivante dans son attitude de repos et sa
sérénité, il se révèle dieu. Et les trois antiques divinités à qui la Grèce a dressé tant d'autels, les trois

Charites, quel sculpteur ancien ou moderne a su jamais, ou saura, comme Phidias, animer un marbre de cette grâce féminine dont elles sont devenues le symbole divinisé? Groupées familièrement, comme il sied à trois sœurs de même âge et de même beauté, et qui s'aiment, l'une même à demi couchée dans un nonchalant abandon sur les genoux d'une autre, rien n'égale le charme savoureux de leur corps dont resplendit par endroits la nudité chaste, dont ici transparaissent et palpitent, sous le riche ondoiement des fines tuniques de laine, les fermes et vivantes rondeurs de vierges immortelles.

En présence d'un art si parfait, l'admiration n'a pas de termes; et pourtant ce n'étaient pas

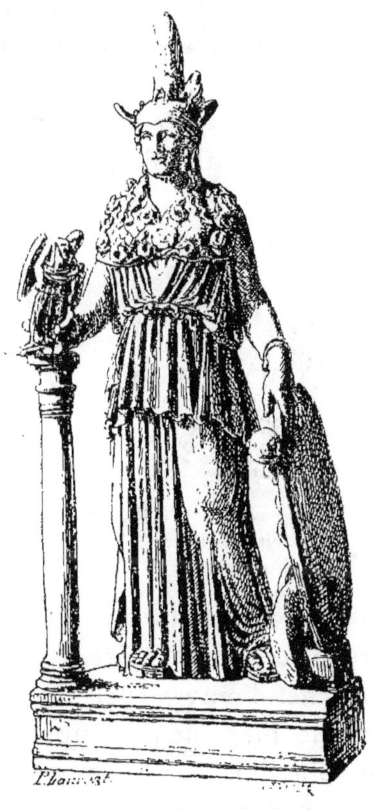

Fig. 79. — Copie de l'Athéna Parthénos de Phidias.

ces chefs-d'œuvre qui étonnaient surtout les anciens. Phidias avait réservé toutes les forces de son génie pour la divinité chère entre toutes aux citoyens d'Athènes, pour celle dont le Parthénon n'était que la demeure terrestre, pour celle qui dans l'ombre du sanc-

tuaire devait étinceler, souveraine, pour Athéna. Sur les
frontons la vierge naissait, elle manifestait sa puissance
au monde, sa protection à sa ville chérie; devant le
temple, en armes, elle défendait l'Acropole, sa forteresse sacrée; au fond de la cella elle devait trôner,
toute-puissante, dans une majesté grave et sereine
d'Olympe. Et pour tant de grandeur et de royauté, pour
une si haute divinité, le marbre et le bronze étaient

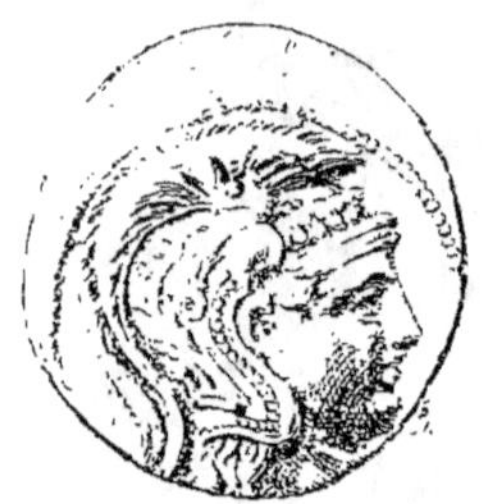

Fig. 100. — Athéna Parthénos.
(Monnaie d'Athènes.)

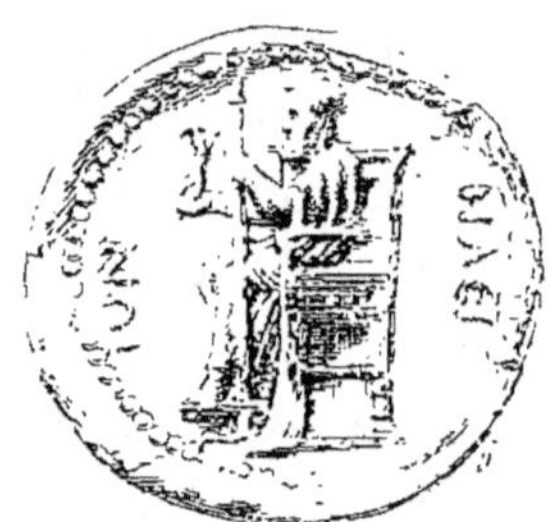

Fig. 101. — Zeus Olympien.
(Monnaie d'Élide.)

trop vils; il fallait à la Parthénos un corps éblouissant,
tout d'or et tout d'ivoire.

Le chef-d'œuvre a péri; quelques copies nous en donnent une idée bien vague et bien lointaine (fig. 99,
100). Passons ici sous silence les restitutions savantes et laborieuses, et les critiques ou les éloges
adressés à la sculpture chryséléphantine, et confiants au
goût des anciens, étonnons-nous du génie de l'homme
qui a su créer quelque chose de plus beau que les métopes, de plus beau que la frise des Panathénées, de
plus beau que le Képhisos ou les Charites, l'Athéna
Parthénos, debout, casquée de griffons, appuyée sur

son bouclier, portant sur la main droite la Victoire aux ailes d'or, quelque chose de plus beau qu'Athéna Parthénos, le Zeus Olympien.

L'Athéna fut consacrée en 438; en 435, sans doute, nous trouvons Phidias installé en Élide avec ses élèves. On sait les légendes qui, dans l'antiquité, couraient sur les derniers ans de sa vie et sur sa mort : le grand artiste, accusé de vol, de dilapidation de l'or public, au-

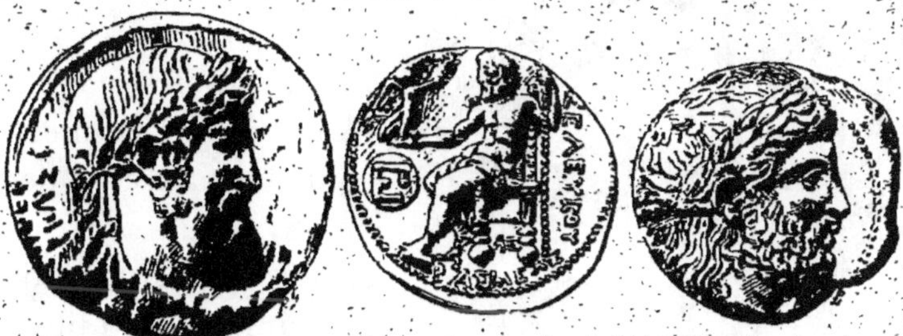

Fig. 102. — Zeus Olympien.   Fig. 103.   Fig. 104.
(Monnaie d'Élide.)   Zeus Olympien.   Zeus Olympien.

rait dû fuir son ingrate patrie, malheur qui fut pour son ami Périclès et pour Athènes le signal des calamités de la guerre du Péloponèse. Le procès n'est pas douteux, mais les légendes de la condamnation de Phidias et de sa mort dans les prisons d'Athènes n'ont même pas pour elles la vraisemblance; bien plutôt devons-nous croire que Phidias se lava sans peine des injurieuses accusations de l'envie, qui, comme la foudre, a-t-on dit, frappe les sommets. Les prêtres de Zeus à Olympie se fussent-ils adressés à un prévaricateur convaincu et condamné pour lui confier les monceaux précieux d'or et d'ivoire destinés à l'image immortelle de leur dieu ? « Zeus, dit Pausanias, est assis sur un trône fait d'or et d'ivoire ; une couronne est posée sur sa tête, imitant les feuilles de l'olivier. Sur sa main droite il porte Niké, faite aussi d'or et d'ivoire, couronnée, elle aussi, et tenant à la main une bandelette. Et la main gauche du dieu tient un sceptre fait de tous les métaux ; l'oiseau posé au bout du sceptre est un aigle. D'or aussi sont les chaussures de Zeus, et d'or son manteau, et sous ce manteau des figures et des fleurs de lis sont incrustées. » Cette froide description indique bien la richesse du chef-d'œuvre. Pausanias, à la suite, passe en revue, complaisamment, la décoration magnifique du trône et du socle ; mais

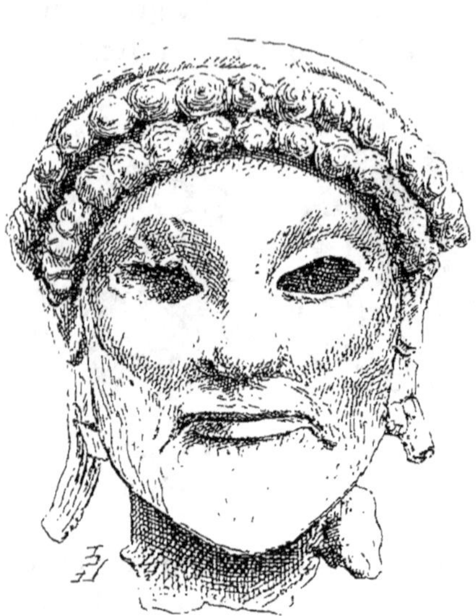

Fig. 105. — Zeus archaïque.
Bronze d'Olympie.

de la beauté même qui faisait de la statue colossale une merveille du monde, pas un mot. Quelques vagues images sur des monnaies d'Élide (fig. 101, 102, 103, 104), quelques statues d'imitation lointaine, permettent seules d'entrevoir quelles étaient l'attitude et la forme générale de Zeus. Mais nous devons croire les anciens que sa majesté souveraine frappait d'un respect infini et d'une indicible admiration. « Le fils de Kronos abaissa ses noirs sourcils; sa chevelure divine s'agita sur sa tête immortelle, et le vaste Olympe trembla. » Le chef-d'œuvre du plus grand sculpteur rappelait à chacun ces vers du plus grand des poètes; la conception de Phidias n'eut d'égale que celle d'Homère. Dion Chrysostome a déclaré que c'était une œuvre auguste et parfaitement belle, qui cause au regard un ineffable ravissement. Épictète considérait comme un malheur de mourir dans l'ignorance de cette merveille dont la beauté, selon le mot de Quintilien, avait ajouté quelque

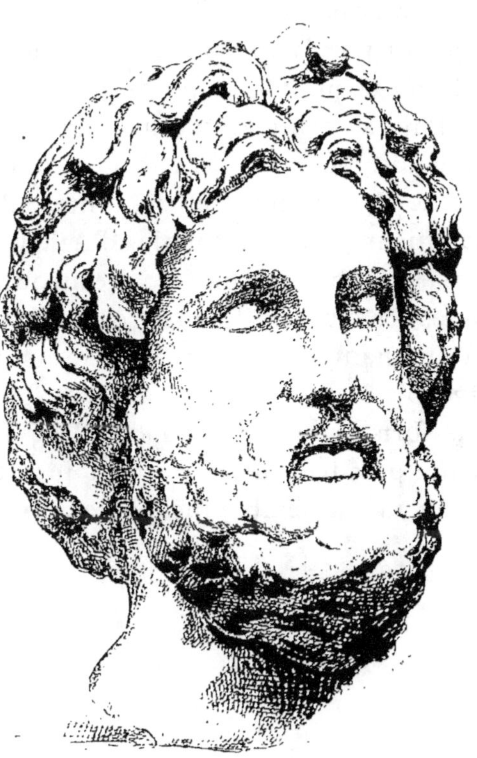

Fig. 106. — Zeus Blacas.

chose à la religion. Le malheur est irréparable : Zeus Olympien a péri, et nous ne savons même pas l'histoire de sa perte. Nous sommes réduits, pour nous imaginer sa beauté, à comparer le type archaïque de Zeus que nous ont conservé un bronze (fig. 105) et une terre cuite d'Olympie, froid et dur, ne donnant, par l'immobilité grave de son visage et l'ordonnance symétrique de ses cheveux et de sa barbe, que l'illusion de la majesté, avec la tête de Zeus trouvée à Milo (Zeus Blacas, fig. 106), où plus qu'en toute autre, nous sommes portés à reconnaître quelque chose de l'idéal sublime exprimé par Phidias.

Phidias avait au moins soixante ans lorsqu'il vint en Élide; pourtant le Zeus n'est pas sa dernière grande statue. Parmi bien d'autres toutes admirables, l'Athéna Lemnienne, à l'Acropole d'Athènes, était, dit Pausanias, la beauté même; beaucoup la préféraient à toutes les œuvres du maître. Devons-nous croire que cet étonnant génie se soit encore surpassé lui-même à l'âge où la main et l'ardeur des plus vaillants et des plus forts commencent à défaillir, atteignant un degré encore plus haut de perfection idéale où notre imagination même semble incapable de s'élever?

VI

Phidias nous a conduits à Olympie; les frontons du
temple qui renfermait le chef-d'œuvre attique sont parvenus jusqu'à nous. Les heureuses fouilles de l'expédition française de Morée, en 1831, reprises et poursui-
vies de 1875 à 1885 par l'Allemagne, ont remis au jour,
horriblement mutilé par malheur, ce trésor inestima-
ble de bas-reliefs et de statues dont les alluvions de
l'Alphée avaient recouvert et protégé les restes.

Les traditions attribuaient les sculptures de l'est à
Paionios de Mendée, celles de l'ouest à Alkamènes;
mais elles étaient probablement en faute. Paionios était
contemporain de Phidias et lui survécut même; Alkamènes, devenu son rival de génie et de gloire, passe
pour avoir été d'abord son disciple. Or on a retrouvé
une statue authentique et signée de Paionios, la Victoire, dressée sur une haute base triangulaire que les
Messéniens et les Naupactiens consacrèrent à Zeus
d'Olympie, comme dîme du butin pris à l'ennemi lors
de l'affaire de Sphactérie. Cette grande déesse aux
formes robustes, dont les draperies, comme mouillées,
plaquent sur le devant du corps projeté en avant

par un vol impétueux, et se gonflent en arrière au gré

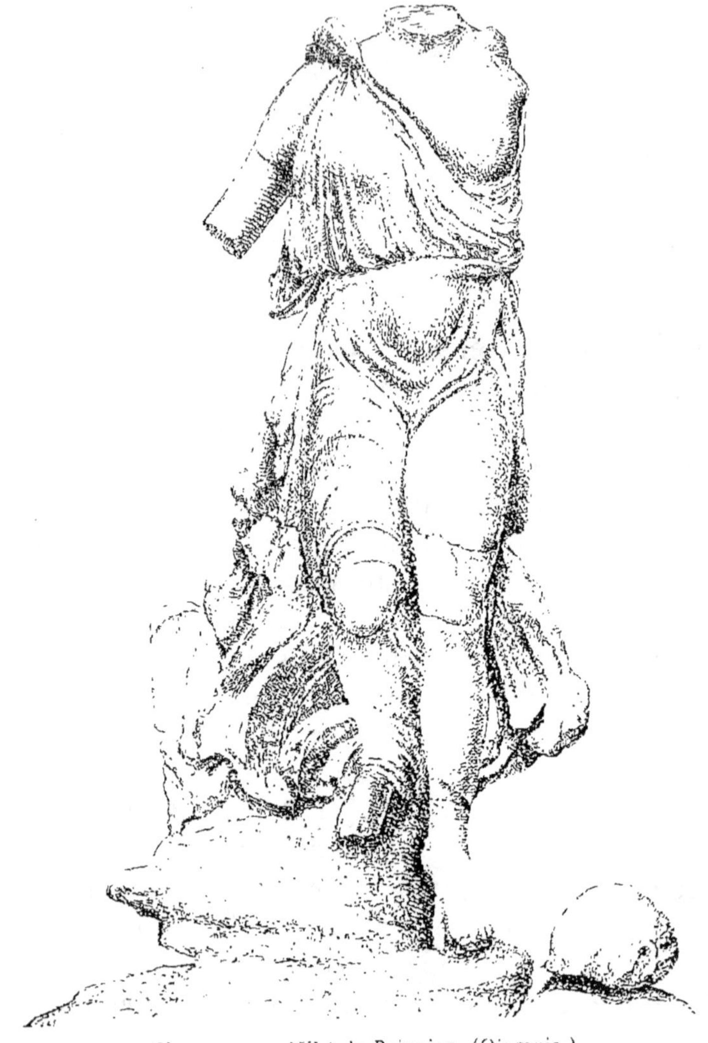

Fig. 107. — Niké de Paeonios. (Olympie.)

du vent, n'était précisément la fougue de l'allure qui sort

des habitudes attiques et sent l'école dorienne, semble l'œuvre d'un habile disciple de Phidias (fig. 107).

L'œuvre maîtresse d'Alkamènes, d'autre part, pour ne parler que de celle-là, l'Aphrodite Ourania ἐν κήποις (dans les jardins), ne nous est connue que par les descriptions. Elle était en marbre, simplement vêtue d'un chiton diaphane. Les anciens se sont répandus en louanges sur le savant modelé des joues, le gracieux ovale du visage, la juste proportion des poignets, la délicatesse de la main et surtout des doigts. Ni la Niké, ni l'Aphrodite ne nous laissent aucun doute ; le fronton oriental qui représente les préparatifs, en présence de Zeus, de la lutte entre Pélops et Oinomaos, ne doit rien à l'influence attique ; il est inadmissible de croire que Paionios, bien que la Niké soit l'œuvre de sa vieillesse, ait pu changer à ce point sa manière. Le fronton occidental, où se détache le combat acharné des Centaures et des Lapithes aux noces de Pirithoos, n'a non plus aucune des qualités que son chef-d'œuvre exigea d'Alkamènes. Comparés aux frontons du Parthénon, ils en sont à la fois différents par le style et distants par l'âge ; ils sont franchement archaïques d'inspiration comme de facture et nous ramènent bien loin en arrière de Phidias. La construction du temple de Zeus, terminée vers 442, durait depuis 572 ; nous croyons que la décoration sculpturale remonte assez haut dans cette longue période de cent trente ans.

Les métopes du temple d'Olympie qui, au nombre de douze, représentaient les exploits d'Héraklès, n'étaient pas comme celles du Parthénon introduites entre les triglyphes au moyen de glissières; elles étaient parties intégrantes du bâtiment et durent être sculptées sur place; par conséquent, elles doivent être datées des pre-

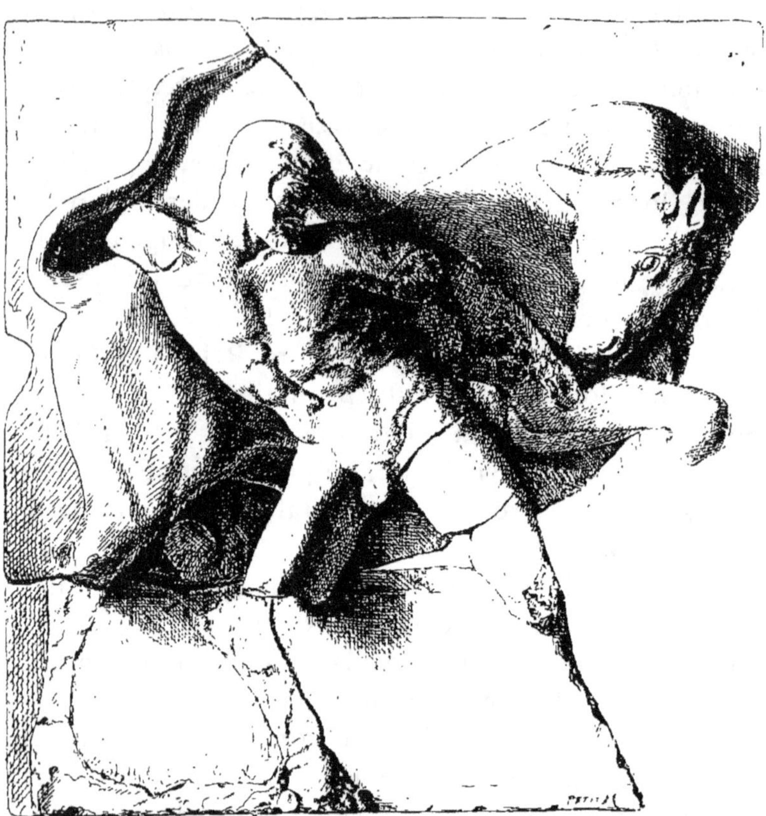

Fig. 108. — Héraklès et le Taureau de Crète. — Métope d'Olympie.

mières années de la construction; mais ces métopes — au Louvre, à Olympie, il reste Héraklès domptant le taureau de Crète, Héraklès soutenant le ciel, tandis qu'une Hespéride le contemple par derrière et qu'Atlas lui offre les oranges, Héraklès offrant à Athéna les oiseaux

du lac Stymphale, d'autres fragments importants encore
— ces métopes sont des morceaux naïfs et tout em-
preints d'une mâle rudesse dorienne. Le mouvement
violent d'Héraklès qui retourne la tête du taureau
(fig. 108) est aussi hardi que juste; l'effort gonfle avec
précision les muscles simplement modelés du demi-
dieu; Héraklès portant le ciel est simple, résistant et
fort comme une colonne dorique; Athéna, assise familièrement sur un rocher devant Héraklès, près du lac
Stymphale, est désignée par l'égide et sobrement vêtue,
plutôt que drapée, d'une longue robe sans plis. Le
corps, dont l'anatomie est sommaire, les têtes modelées
comme les corps par larges plans, sans presque aucun
souci des cheveux ni des barbes à peine indiquées —
nous avons dit combien les Attiques, au contraire, aimaient à peigner, friser, boucler les chevelures — toutes
les figures sont d'une époque naïve, d'une école ou
malhabile encore, ou constante dans une tradition et un
parti pris de simplicité, presque de rudesse et de raideur.

Or ce sont là les mêmes caractères que nous remarquons dans les statues des frontons. La composition
du fronton oriental, par la symétrie inflexible des figures qui se baissent, s'agenouillent, se couchent,
décroissent de hauteur à mesure que les côtés du
triangle se rapprochent, rappelle plutôt Égine que
l'Acropole; les personnages sont juxtaposés plutôt que
groupés, et les attitudes se répètent à droite et à gauche
de Poseidon debout au centre, avec un peu de monotonie. Au contraire, le fronton occidental est d'une disposition presque compliquée: les Centaures, les Lapithes, les Lapithines, sont groupés, enchevêtrés même,

et luttent vraiment corps à corps, deux à deux ou trois à trois, avec un parti pris de violence. Seulement, au milieu, Apollon se dresse de toute sa hauteur, calme, le bras tendu par un geste de commandement impérieux, et dans les angles aigus des extrémités deux divinités, deux nymphes d'Élide sans doute, paisiblement étendues, appuyées sur les coudes, contemplent la scène tumultueuse du combat.

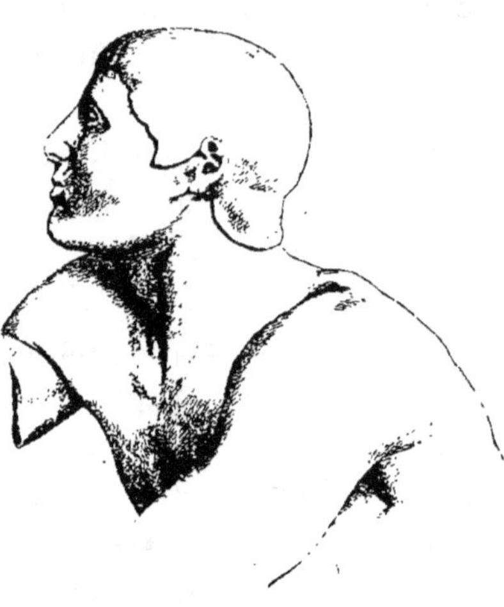

Fig. 109. — Kladéos d'Olympie.

Mais l'exécution technique des statues est la même dans les deux frontons : anatomie simple, modelé sommaire par larges plans peu soucieux de se fondre les uns aux autres ou de s'unir par d'habiles transitions. Nous sommes bien loin de la science infaillible et du soin toujours en éveil de Phidias. Est-ce, comme on pourrait le supposer, que les sculpteurs se sont rendu compte du peu d'importance qu'ont la précision du détail et le fini de l'exécution dans les statues décoratives élevées au faîte d'un monument? Ce n'est pas notre avis; les artistes anciens n'avaient pas de ces calculs, l'œuvre de Phidias le montre bien. Ils sculptaient chaque figure pour elle-même, cherchant la perfection idéale des formes, comme si elle devait, dans un musée, bien à portée des regards, être soumise à de minutieuses critiques; ainsi les peintres de la Renaissance couvraient de fresques, avec le même soin, avec le même amour du fini, les chapelles sombres et les coupoles ou les nefs les plus lumineuses. Est-ce encore que le temps a manqué pour parfaire; la simplicité n'est-elle ici que la

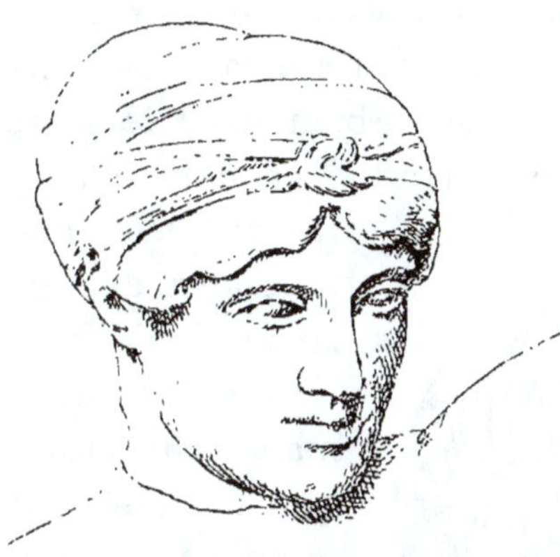

Fig. 110. — Tête de Lapithine (Olympie.)

marque d'une exécution hâtive et, comme on l'a dit, quelque peu fiévreuse? Il se peut, et l'état de certaines figures, qui sont à peine dégrossies par derrière, donne de la force à cette hypothèse. Mais nous croyons surtout que ces traits distinctifs, nous ne disons pas ces défauts, ne sont que de l'archaïsme (fig. 109, 110).

La statue d'Apollon (fig. 111), pour citer un exemple, est d'une exécution achevée, ni hâtive, ni volontairement simplifiée; mais bien des choses rappellent des statues primitives du même dieu que nous avons étudiées: l'attitude du corps, tout

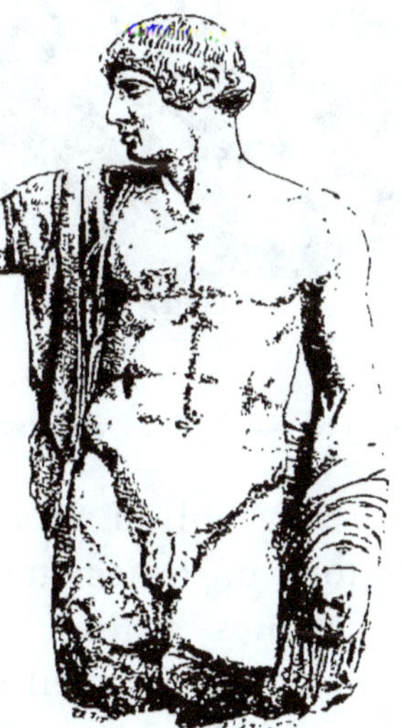

Fig. 111.
Apollon d'Olympie.

droit et ferme sur les jambes rapprochées, sans aucune de ces lignes sinueuses des hanches ou du torse qui donnent la souplesse et l'élégance. Le visage est empreint d'une majesté grave qui va bien avec le geste impérieux de la main droite étendue et dénote chez le sculpteur une puissance expressive qui n'a plus rien de primitif ; mais la chevelure, qui de l'occiput ondule en mèches régulières vers le front où elle se roule en boucles symétriques, qui se relève en chignon sur la nuque, et que serre une bandelette, rappelle à s'y méprendre l'Apollon Ptoos ou mieux encore l'Apollon Strangford du Musée Britannique.

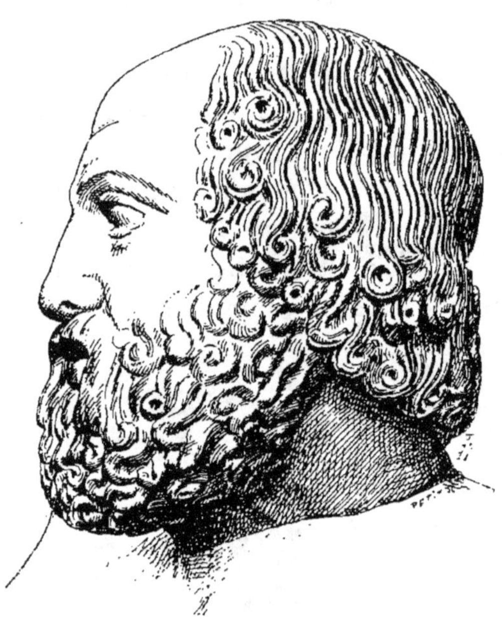

Fig. 112. — Tête de vieil esclave. (Olympie.)

Ajoutons un trait nettement caractéristique, le réalisme de certaines attitudes et surtout de certains visages. Par exemple, le vieillard assis par terre derrière les chevaux d'Oinomaos (fig. 112) (fronton Est) s'appuie de la main gauche sur le sol et repose sa tête penchée sur sa main droite, dans une posture plus que familière, presque triviale, mais prise, comme on dit, sur le vif,

et aussi franchement reproduite qu'observée; quant à
la tête, c'est un portrait, et sans doute un portrait d'esclave, vieux, chauve, ridé,
la barbe inculte comme ce
qui reste de cheveux pen-
dants sur la nuque, l'expression du visage obtuse et
reflétant comme une humi-
lité servile. De même tel
jeune Lapithe du fronton
ouest, front bas, yeux étroits
et mornes, nez gros, lèvres
épaisses, cheveux drus et
durs, cou puissant et court
carrément planté sur un torse
massif, donne une impres-
sion de bête forte (fig. 113).
Il semble un de ces portefaix
tout en muscles, abrutis par

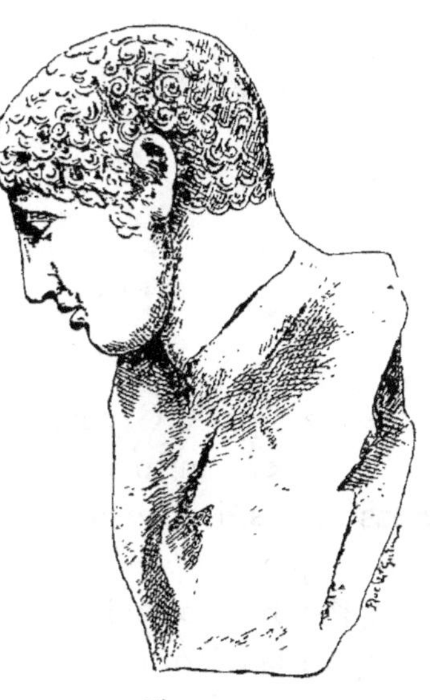

Fig. 113.

Tête de Lapithe. (Olympie.)

un labeur d'animal de somme, qui encombrent les
quais et les bazars de l'Orient. Comme nous sommes
loin de Phidias, épris d'idéal, interprète ému, non copiste servile de la nature, et, pour revenir à notre
point de départ, combien nous sommes loin de
Paionios et de sa Niké volante, loin aussi d'Alkamènes
et de l'Aphrodite des jardins, chef-d'œuvre de grâce et
d'élégance!

VII

L'ÉCOLE DE PHIDIAS

Ce n'est pas à Olympie, mais à Athènes même qu'il faut chercher l'influence de Phidias et les œuvres maîtresses de ses disciples, de ceux qui formèrent vraiment ce qu'on peut appeler la nouvelle école attique.

Le Parthénon était à peine terminé que reprenait à l'Acropole la décoration interrompue du temple d'Erechthée.

Le portique des Cariatides (fig. 114) mérite l'admiration dont il ne cesse d'émouvoir ceux à qui il est donné de fouler le roc sacré de l'Acropole. Pour juger le génie qui sut donner à ces hautes figures figées dans une immobilité de colonnes, avec la force et l'ampleur qu'exigeait leur rôle de support, la souplesse, l'élégance de la jeunesse et de la virginité, il faut voir quelles tristes formes de femmes, grêles et chétives sous la surcharge des ornements et des étoffes, écrasées par le faix de la moins massive architrave, remplissent nos musées sous le nom usurpé de Cariatides. A l'Érechthéion, et là seulement, le sculpteur a compris à quelles conditions des corps féminins, sans rien perdre de leur beauté ni de leur charme propre, peuvent se

marier aux sévérités des lignes architecturales. Le cous-
sinet des chapiteaux ioniques, décoré d'oves, va bien au-

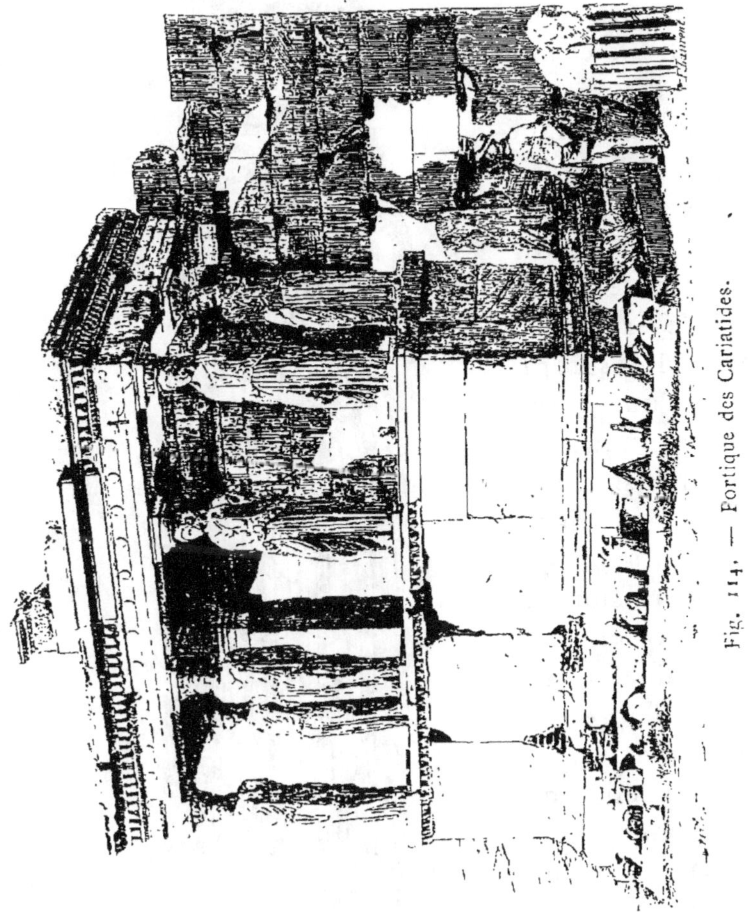

Fig. 114. — Portique des Cariatides.

dessus des chevelures épaisses, saillantes sur le front.
et par derrière épaissement nattées ; la double tunique.
tissu tout à la fois souple et ferme, tantôt s'applique et

se modèle aux ron-
deurs du torse, tan-
tôt se drape, indé-
pendante, et tombe
à plis droits et mol-
lement creusés rap-
pelant les canne-
lures ; les bras pen-
dent sans raideur,
élargissant et forti-
fiant le buste, tandis
qu'un léger hanche-
ment, la simple
flexion d'une jambe,
sufit, en détruisant
le parallélisme trop
absolu des lignes
verticales, à joindre
une impression de
légèreté à celle qui
doit dominer et do-
mine, l'impression
de force (fig. 115).

Cet art délicat des
proportions, de la
convenance parfaite
du moyen à la fin, ce
goût de la sobriété,
de l'accord des dé-
tails à l'ensemble,
voilà bien ce que la

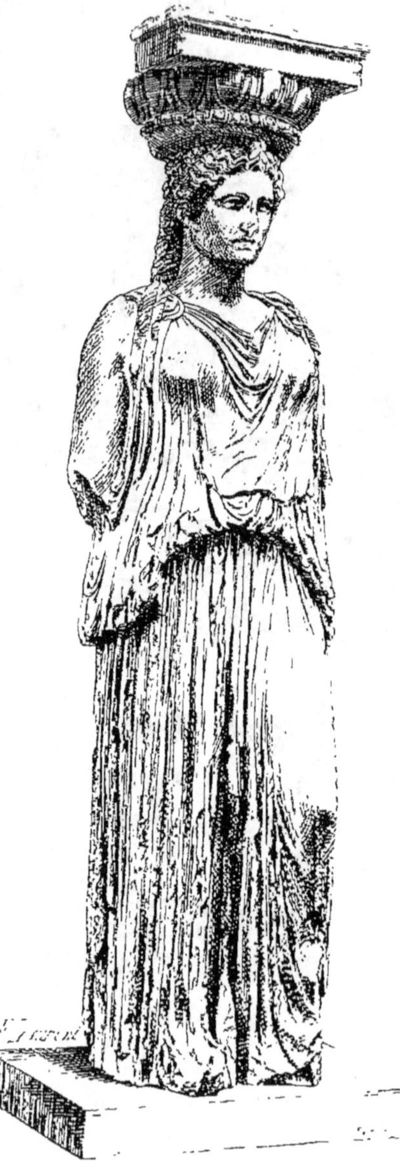

Fig. 115. — Cariatide de l'Erechthéion.

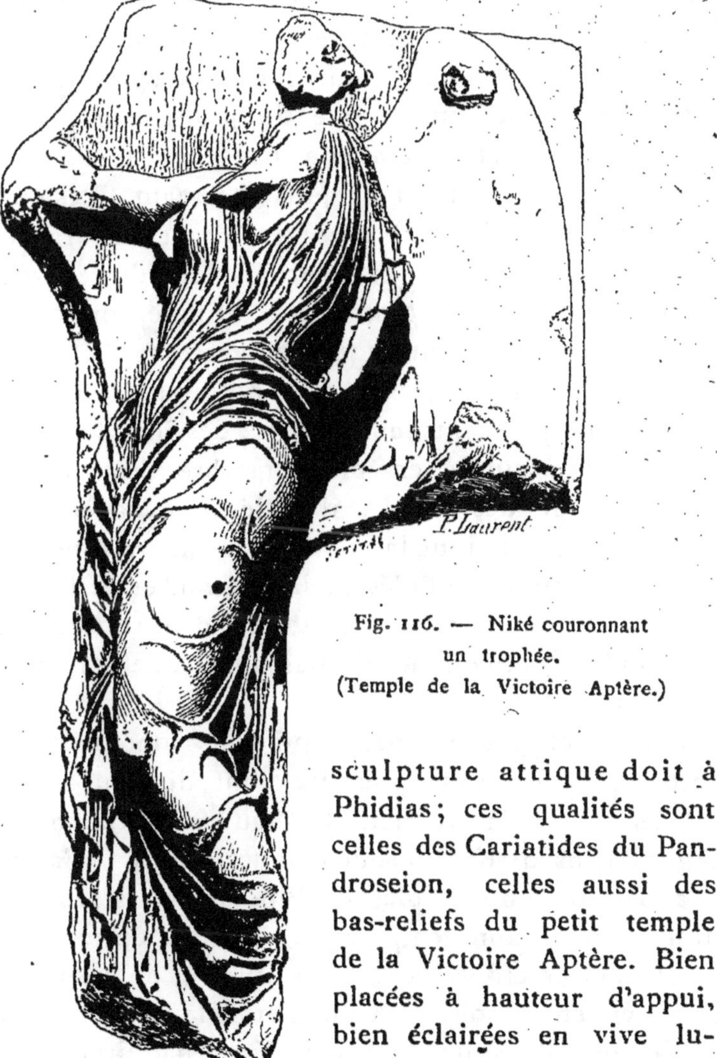

Fig. 116. — Niké couronnant
un trophée.
(Temple de la Victoire Aptère.)

sculpture attique doit à
Phidias; ces qualités sont
celles des Cariatides du Pan-
droseion, celles aussi des
bas-reliefs du petit temple
de la Victoire Aptère. Bien
placées à hauteur d'appui,
bien éclairées en vive lumière frisante, la Victoire
qui se baisse pour attacher sa sandale (fig. 117), la Vic-

toire qui tend les bras pour couronner un trophée
(fig. 116), décapitées l'une et l'autre, horriblement
mutilées, et même dénaturées par l'infidèle traduc-
tion du moulage, sont, pour les yeux épris de perfection plastique, une source de jouissances inépui-
sables. La sculpture d'aucun pays n'a jamais rien
créé de plus délicat ni de plus charmant. Les corps
s'animent et palpitent sous les draperies transparentes comme une gaze, et les proportions de ces corps,
comme leurs formes, comme leur attitude, sont combi-
nées avec un sentiment exquis de grâce et d'élégance.
Phidias a fait plus grand, plus noble, plus divin; il
a conçu de puissants ensembles, dessiné des groupes savants, sculpté en plein marbre des hommes
beaux comme des dieux; il a découpé dans l'or et
l'ivoire des dieux dont la vue élevait encore plus haut
dans l'âme humaine l'idée de la religion et de la divinité : l'auteur inconnu des Victoires, dans une sphère
plus modeste, a, comme Phidias, touché de son ciseau
la perfection.

Pour quelques fragments qui nous sont parvenus,
combien, non moins précieux, ont disparu du sol
athénien ! Il ne reste rien de l'œuvre d'Alkamènes,
d'Agorakritos, de Krésilas, de Kolotès et de tant d'autres
collaborateurs ou disciples de Phidias. Mais leur tradition est restée longtemps vivace et forte, on leur doit
l'incomparable efflorescence de statues et de bas-reliefs
qui couvrirent le sol de l'Attique et de la Grèce entière,
et, pendant une suite de générations, naquirent sans
effort entre les mains des artistes comme des simples
artisans.

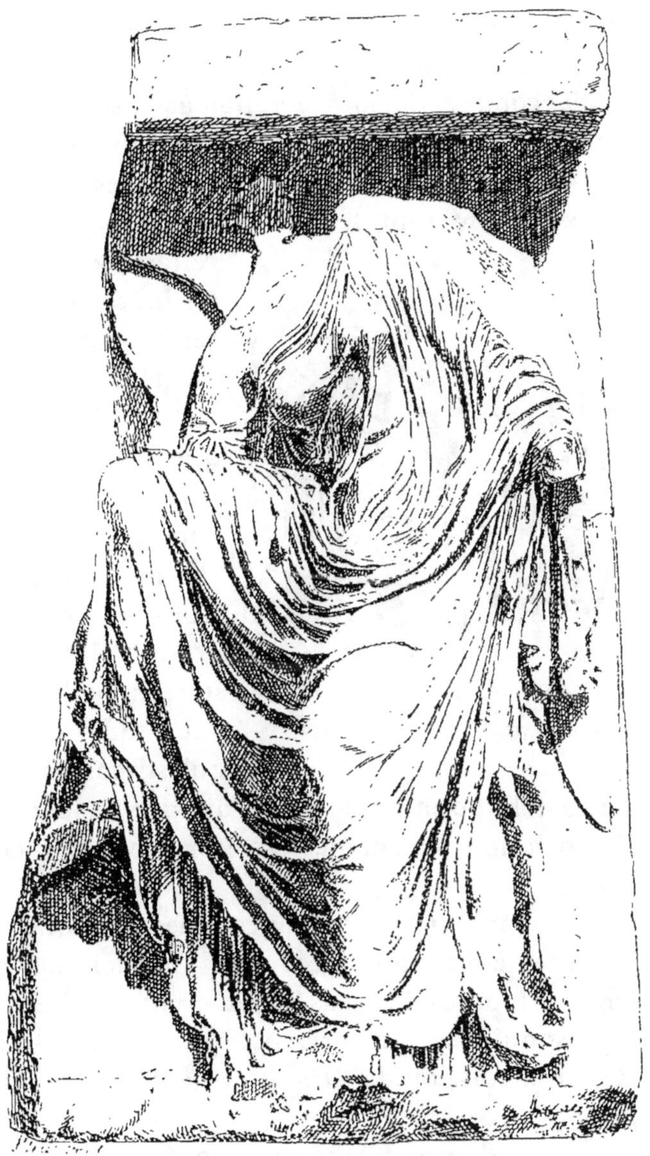

Fig. 117. — Niké attachant sa sandale.
(Temple de la Victoire Aptère.)

Depuis eux, la sculpture prend dans la vie des Grecs et surtout des Athéniens, nous parlons de la vie privée comme de la vie religieuse, sociale, politique, une place débordante. L'art est toujours cultivé pour lui-même, et comme par le passé les sculpteurs poursuivent avant tout leur mission en quelque sorte religieuse, représenter les dieux et décorer les temples ; mais à côté de cet art officiel en naît un autre que nous n'osons trop, vu ses mérites, appeler industriel et commercial, et il se trouve que cet art produit des œuvres souvent belles, presque toujours plus qu'estimables, distinguées par la pureté du style et l'aisance de la facture, par l'inspiration constante et l'imitation des chefs-d'œuvre.

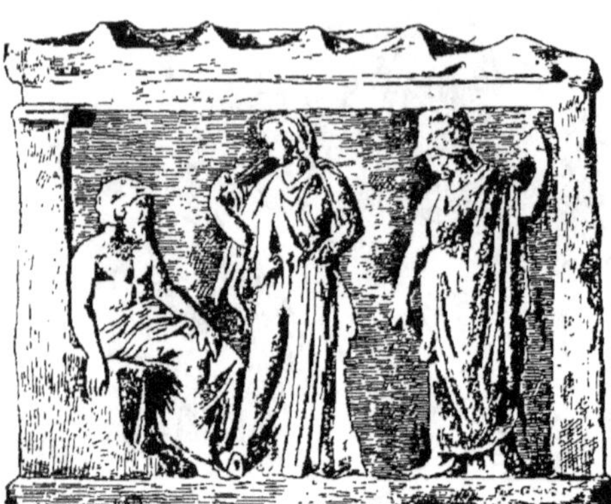

Fig. 118.
Alliance entre Athènes et Corcyre.

Athènes conclut une alliance avec quelque cité rivale. Le texte du traité, gravé sur une stèle de marbre, sera surmonté d'un bas-relief montrant les deux villes personnifiées en présence de Zeus Orkios, dieu des serments, ou de *Démos,* le peuple personnifié (fig. 118).

La reconnaissance d'Athènes accorde-t-elle à quelque illustre étranger les droits de proxénie? au-dessus du décret paraît Athéna couronnant son nouveau protégé (fig. 119). Tous les dieux apparaissent, tous les

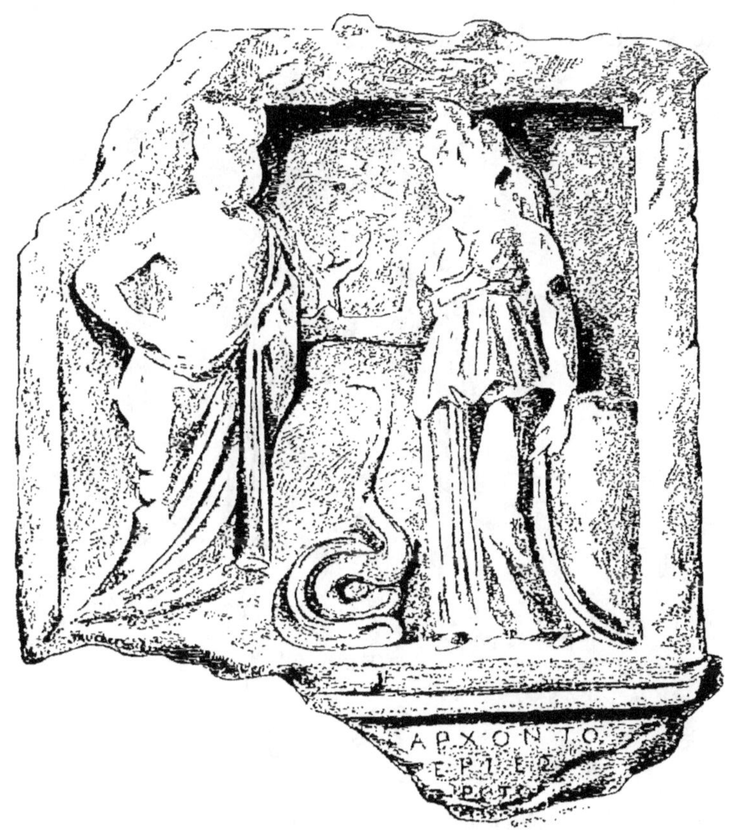

Fig. 119. — En tête d'un décret de Proxénie.

grands corps de l'État sont personnifiés l'un après l'autre (la figure 120 représente Athéna, et l'un de ses trésoriers), et chaque fouille nouvelle enrichit de nouveaux monuments la riche collection des bas-reliefs politiques, collection que complètent les statues et les bustes iconiques décernés en récompense aux grands ou aux utiles serviteurs de la patrie.

Et, d'autre part, un dévot veut-il gagner les bonnes grâces d'un dieu, ou le remercier d'un bienfait? il va

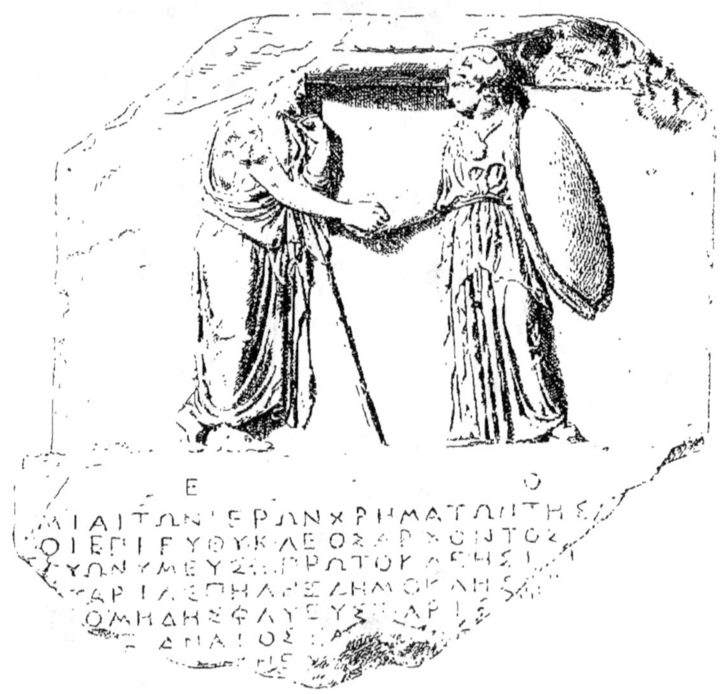

Fig. 120. — En tête d'un compte des trésoriers d'Athéna Parthénos.

dans le sanctuaire suspendre un bas-relief en ex-voto, comme on en préparait en grand nombre chez les marbriers d'Athènes, bas-relief où lui, sa femme, ses enfants, jusqu'à ses animaux familiers, se grouperont en présence de la divinité tutélaire (fig. 121).

Enfin, sur les tombeaux, les bas-reliefs coûteux, dus

aux ciseaux les plus en vogue, ont remplacé les stèles
plus humbles où de simples palmettes surmontaient
le nom gravé du défunt. Le cycle des sujets représentés
n'est pas très vaste. Nous nous rappelons les bas-reliefs archaïques, où paraissait simplement le mort
héroïsé, comme les stèles du Discobole, d'Aristion ou

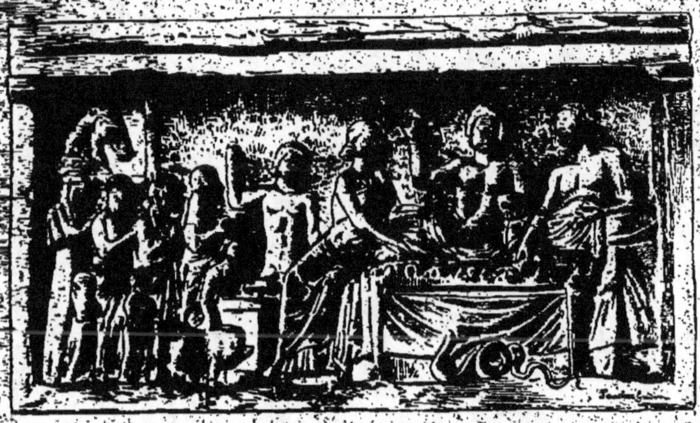

Fig. 121. — Offrande à Asklépios et Hygie.

d'Alxénor de Naxos. Un peu plus tard le sujet se
complique; plusieurs personnages se groupent, comme
dans la fameuse stèle rapportée de Pharsale au Louvre
par M. Heuzey (fig. 122), où l'on voit deux jeunes
femmes s'offrir mutuellement des présents. Leurs yeux
vus de face dans un visage de profil, leurs traits fortement accentués, l'arrangement de leurs cheveux, quelques détails d'anatomie et de costume qui trahissent
une main encore novice, une époque encore naïve, ne
nuisent pas à l'impression de tristesse douce et de séré-

nité mélancolique qui se dégage de ce tableau simple et
touchant. A l'époque qui nous occupe, les sujets de
prédilection semblent être le banquet funèbre où le
mort devenu dieu a pris place au milieu de toute sa

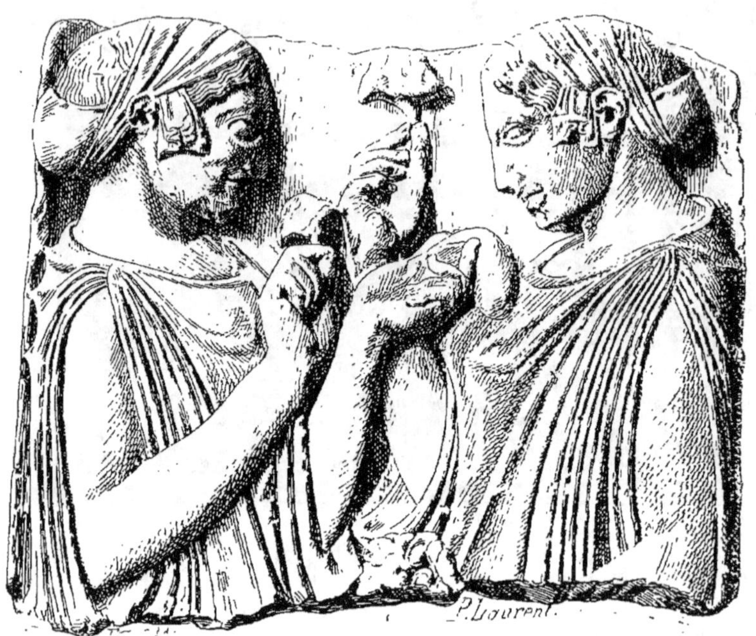

Fig. 122. — Stèle funéraire de Pharsale.

famille (fig. 123), la conversation familière entre le mort
et quelqu'un des siens, ou bien une scène intime et
familière rappelant la vie et les occupations journa-
lières du défunt au milieu de ses parents et de ses
serviteurs.

Au ve, au ive siècle, plus tard encore, ces monuments se multiplient, et, par malheur, se répètent à

satiété. Mais, ce qui nous importe ici, rarement les sculpteurs se départent de leur habileté technique, mise au service d'un goût pur, d'une vue juste et sûre des formes plastiques. Même toute une catégorie de ces stèles mérite d'arrêter quelque temps la critique; il s'y

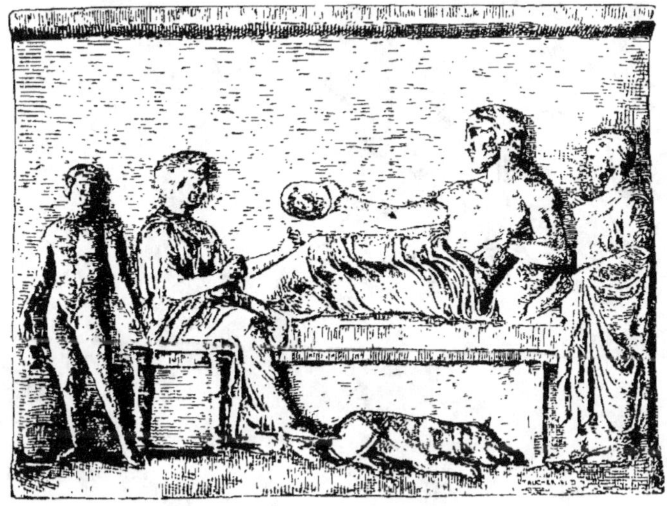

Fig. 123. — La mort de Socrate.

trouve des œuvres de premier ordre. Nous voulons parler des bas-reliefs trouvés en grand nombre au cimetière du Céramique, à Athènes, et au Pirée, et qui par leurs dimensions et leur beauté dépassent le commun des monuments funéraires.

Quelques-uns ont été vulgarisés par la gravure et la photographie, comme la stèle de Déxiléos, l'un des cinq guerriers morts dans la guerre de Corinthe (394).

Déxiléos, la chlamyde flottante, est monté sur un

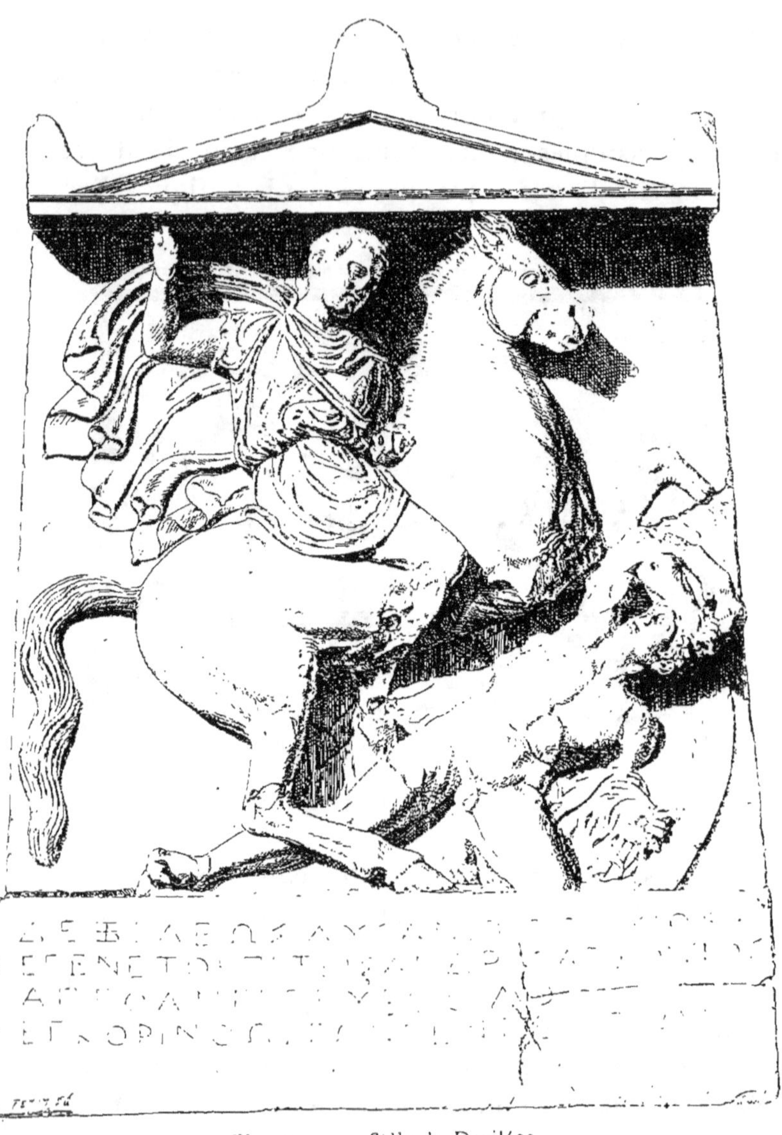

Fig. 124. — Stèle de Dexiléos.

cheval qui se cabre et foule aux pieds un ennemi abattu.

L'animal, corps ramassé, croupe ronde, jambes fines, tête nerveuse, ne déparerait pas la frise des Panathénées; le guerrier, cavalier consommé, élégant et ferme sur sa monture, fait honneur à la jeunesse dorée d'Athènes; le combattant vaincu a su tomber avec grâce, et d'un geste courageux semble vouloir lutter contre la défaite, comme dit Aristophane; il est bien de la race des aïeux qui, tombés sur une épaule, secouaient la poussière, se redressaient et niaient leur chute (fig. 124).

On a cité maintes fois la pierre tombale d'Aménokleia, fille d'Androménès, celles de Polyxène (fig. 125), celle surtout d'Hégéso, fille de Proxénos (fig. 126), où l'on voit la morte chastement enveloppée de voiles et de draperies, l'air grave et

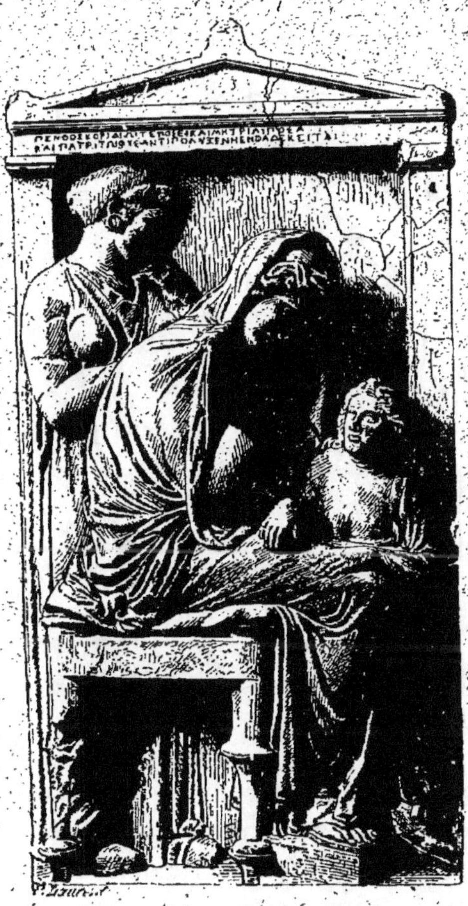

Fig. 125. — Stèle de Polyxène.

doux, illuminée d'un rayon d'outre-tombe, reflet de béatitude élyséenne, converser familièrement avec une servante favorite.

Le grand bas-relief dont nous donnons pour la première fois le dessin (fig. 127) se distingue par l'ampleur de la conception et du style. Trouvé au cimetière du Céramique, il est déposé au Musée National d'Athènes. Devant Prokleidès, fils de Pamphilos, vieillard à longue barbe, à longs cheveux, le torse nu, assis sur une chaise dans une attitude familière, son fils Proklès est debout, lui tendant la main.

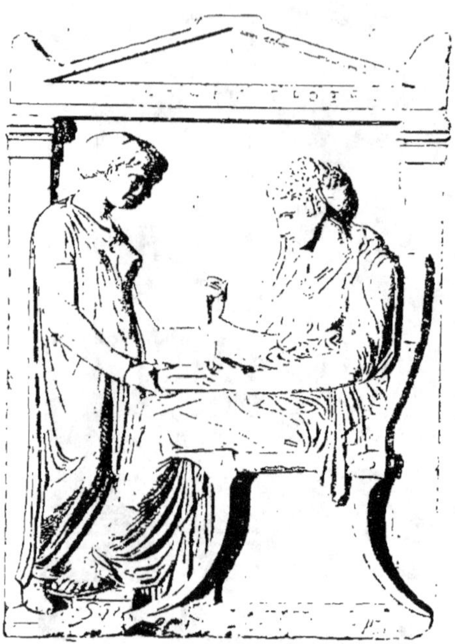

Fig. 126. — Stéle d'Hégéso.

C'est un soldat revêtu de sa cuirasse, et tenant le fourreau de son épée ; son corps est robuste et bien musclé, sa tête énergique et belle dans la sobriété de ses lignes, dans la simplicité de ses cheveux et de sa barbe ; il abaisse un regard tranquille vers son père, tandis que derrière eux Archippé, fille de Mégaklès, femme et mère des deux héros, d'une maturité un peu lourde, mais très digne, de matrone, écartant d'une main son voile, ramenant de l'autre ses manteaux contre sa taille, complète ce reposant tableau d'une famille unie dans la mort comme elle le fut sans doute dans la vie. Il est difficile, par malheur, d'exprimer la profondeur du sentiment religieux qui anime ce groupe, donnant aux trois visages une sérénité majestueuse, ce que les Grecs appelaient le σεμνόν. Sans doute on peut relever dans cette œuvre bien des défaillances du ciseau, quelques fautes contre l'anatomie, comme à la main de Proklès, et des mollesses, comme dans la poitrine de Prokleidès et le bras

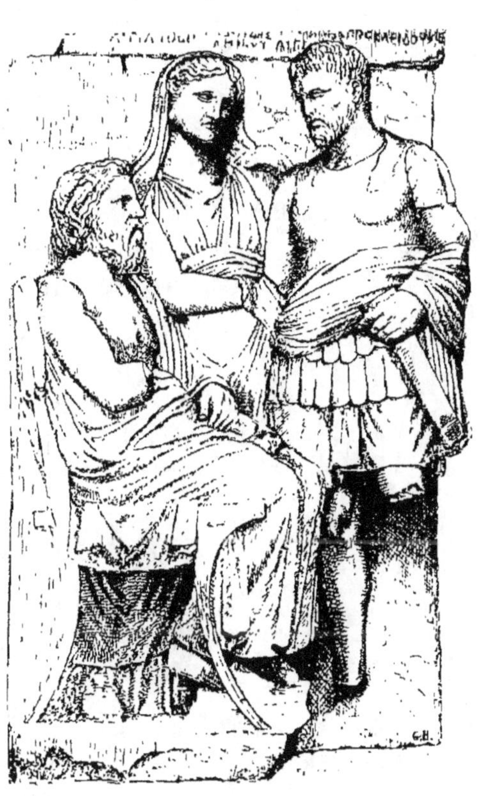

Fig. 127.

Stèle de Proklès, Prokleidès et Archippé.

d'Archippé; mais que sont ces faiblesses, rachetées et bien au delà par l'inspiration et l'impression profonde d'idéal?

L'influence de Phidias s'est étendue dans bien des sens; on l'a retrouvée un peu partout. Pour citer au hasard de nos souvenirs, nous croyons la reconnaître très franche dans la stèle d'Éleusis, composition d'une simplicité religieuse, dessin d'une élégance sobre et pure, où l'on voit Déméter et Koré faire don à Triptolémos d'un grain de blé (fig. 128), et dans une fort belle métope d'un temple de Sélinonte (fig. 129, Musée de Palerme). Elle représente le mariage mystique (ἱερὸς γάμος) de Zeus et d'Héra. Le Roi des dieux, le torse nu, comme dans la frise des Panathénées, est assis sur un rocher, et de sa main droite tendue il saisit le poignet

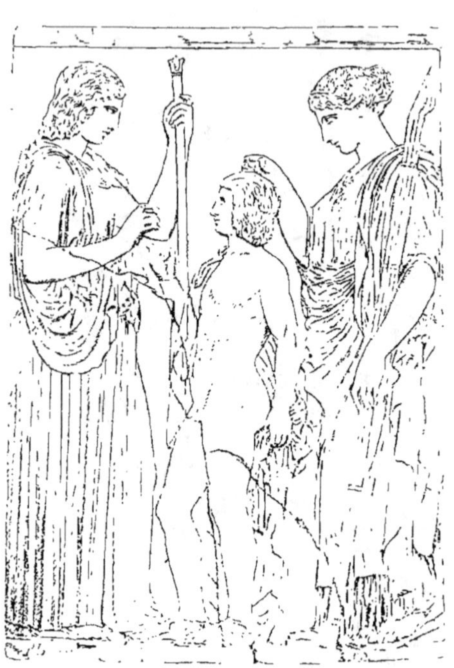

Fig. 128. — Déméter, Koré et Triptolémos.
(Stèle d'Eleusis.)

gauche d'Héra pour l'attirer à lui. La déesse est debout, enveloppée des grands voiles des fiancées. La composition de la scène est simple et chaste, le modelé du nu, la draperie des voiles sont d'un grand style, et si la tête de Zeus, surtout la coiffure et la barbe, comme les plis de la robe d'Héra, gardent quelques réminiscences archaïques, il semble

à les comparer avec la souplesse et la liberté de tout
le reste, que ces réminiscences sont absolument vo-
lontaires.

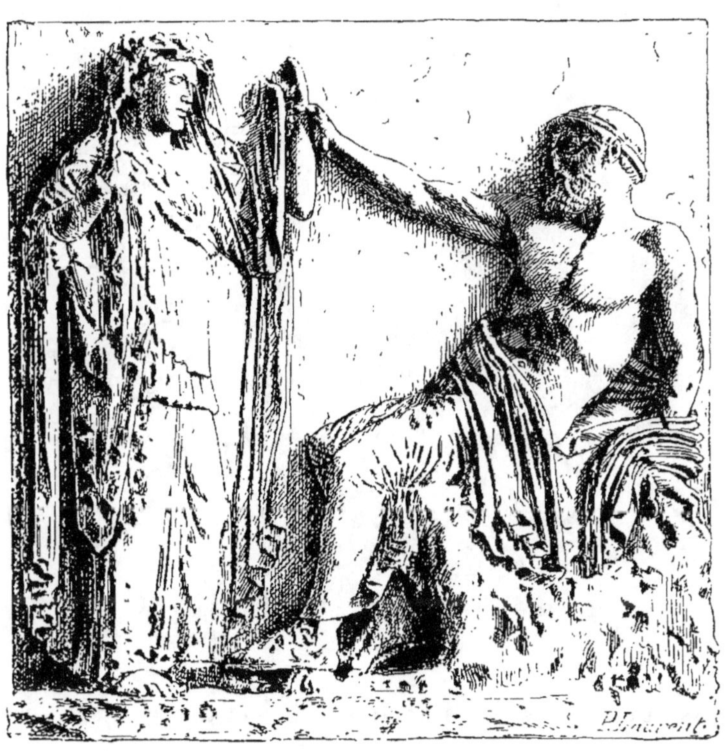

Fig. 129. — Mariage mystique de Zeus et d'Héra.
(Métope de Sélinonte.)

Nous avouons, au contraire, ne sentir la même
influence que très lointaine dans un grand nombre de
sculptures monumentales, et tout d'abord dans la frise
du temple d'Apollon Épikourios à Bassæ, près de
Phigalie. C'est Iktinos, l'architecte immortel du Par-

thénon, qui fut chargé d'élever sur une montagne perdue
d'Arcadie ce sanctuaire dont les dépouilles illustrent un
des salons du Musée Britannique. Il est probable que la
frise dut être exécutée aussi par des artistes en renom,
mais nous ne relevons dans cette longue suite de bas-

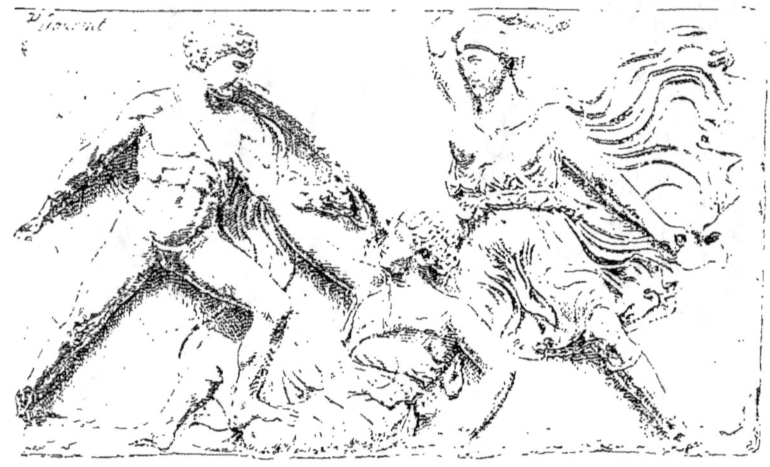

Fig. 130. — Fragment de la frise de Phigalie.

reliefs aucune des qualités de Phidias et de ses disciples
attiques.

Le sujet, qui est double : combat de Centaures et de
Lapithes — ce motif devient banal — et bataille de
guerriers et d'Amazones, se développe sur une bande
étroite de soixante-seize centimètres, longue de trente
et un mètres. S'il y a là quelque chose à louer, — il est
vrai que le voisinage des marbres du Parthénon rend
difficile, — c'est la fougue des ennemis aux prises,
l'acharnement de la bataille, et quelques effets hardis de

draperies volantes (fig. 130). Mais les personnages sont
courts et trapus, sans cette fleur d'élégance et ces justes
proportions où nous a maintenant habitués l'École attique, et, il faut bien le dire, un mauvais goût qui nous
surprend a dominé le dessin de certaines attitudes, la
composition de la plupart des groupes. Que dire, par

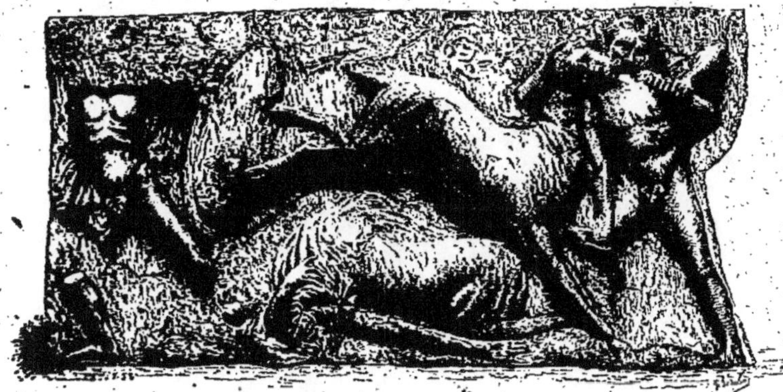

Fig. 131. — Fragment de la frise de Phigalie.

exemple, de cet enchevêtrement bizarre : un Lapithe a
été saisi par derrière par un Centaure qui le mord à la
nuque ; le malheureux peut néanmoins plonger un
poignard dans le poitrail du monstre; mais celui-ci,
sous l'aiguillon de la douleur sans doute, lance une
ruade qui va frapper le bouclier d'un second Lapithe,
lequel recule avec effroi? Et comme il reste de la place
dans le champ de la frise au-dessous du Centaure ruant,
le sculpteur a étendu à terre un second Centaure blessé,
tombé la face contre le sol, dans une posture si compliquée de la tête et des membres que l'on a peine à s'y

reconnaître (fig. 131). Il y a là, si l'on veut, de l'imagination, mais mal réglée ou plutôt déréglée, et qui, par malheur, n'a pas à son service pour sauver ses hardiesses maladroites un bien habile ciseau ; la frise de Phigalie n'est, en somme, que la manifestation médiocre d'un art provincial.

VIII

POLYCLÈTE

Polyclète, le plus illustre contemporain de Phidias, né à Sicyone, mais Argien en réalité, était égalé par les anciens au maître attique ; quelques-uns même l'avaient déclaré supérieur. Leurs œuvres pourtant ne sont pas comparables, et c'est témérité que de vouloir assigner des rangs à des génies si divers.

Polyclète passa presque toute sa vie à Argos. Nous savons quel centre artistique fut avant lui cette petite ville ; nous avons nommé Agéladas, près de qui vint étudier Phidias dans sa jeunesse ; il fut aussi le maître de Polyclète. Polyclète avait bien des raisons pour rester dans sa province qui, même en face d'Athènes, gardait ses traditions et sa gloire ; ce séjour détermina la voie qu'il suivit. Phidias, ami de Périclès, au moment où Athènes débordant de richesses allait se couvrir de monuments superbes, était porté par les circonstances mêmes à déployer son génie dans de grands ensembles décoratifs ; de là sortit la conception des métopes du Parthénon, de la frise et des frontons. Polyclète, au contraire, dut en quelque sorte replier ses ailes et restreindre son essor à des œuvres moins vastes et moins superbes ; mais sa gloire n'y a rien perdu ; elle est justement d'avoir atteint la perfection dans un genre qui, sans avoir le sublime de Phidias, ne manque pourtant ni de noblesse ni de grandeur.

Polyclète sculpta quelques statues de divinités, un Zeus à Argos, une Aphrodite à Amyclée, un Hermès à Lysimacheia (Chersonèse taurique), peut-être un groupe de la trinité délienne, Léto, Artémis, Apollon, sur le mont Lyconé. L'Héra Chryséléphantine, qu'il fit pour un temple d'Argos, était surtout célèbre. « La déesse, dit Pausanias, très grande, est assise sur un trône ; elle est d'or et d'ivoire ; elle porte un diadème où sont sculptées les Charites et les Heures ; d'une main elle tient une grenade, de l'autre un sceptre ; on dit qu'au sommet du sceptre est posé un coucou, parce que, selon la fable, Zeus, amoureux de la vierge Héra, se changea en coucou pour la poursuivre. » Strabon prétend que pour l'habileté technique cette statue l'emportait sur toutes les autres, mais le cédait à celles de Phidias pour la perfection et la grandeur. Quelques bustes, surtout l'Héra Farnèse au Musée de Naples, sont peut-être inspirés de ce chef-d'œuvre.

Nous avons du moins des copies à peu près authentiques des trois statues qui donnaient la note exacte du génie de Polyclète, le Doryphore, le Diadumène, l'Amazone blessée.

Quintilien a dit que sous le ciseau du maître argien le corps humain prenait trop de beauté, les dieux pas assez de majesté. Il semble en effet évident que les dieux de Polyclète perdaient à être comparés aux dieux de Phidias ; mais, pour les hommes, ce n'est pas sans raison que le Doryphore, par exemple, a mérité de servir

à toute une longue série d'artistes comme modèle de
perfection idéale. C'est cette statue que les anciens
appelaient le *canon*, c'est-à-dire le modèle; et l'on a été
jusqu'à prétendre que Polyclète l'avait sculptée avec
l'idée bien arrêtée d'en faire vraiment un modèle d'atelier. Il y aurait appliqué avec une rigueur toute géométrique les proportions que dans un traité spécial sur
la matière, aussi habile théoricien que praticien, il avait
établies comme les plus justes et les plus propres à
donner au corps humain la beauté parfaite. Par malheur, les anciens ne nous ont laissé rien que de très
peu précis sur le Canon de Polyclète. Voici à quoi
Lucien réduit ces règles : « Que le corps ne soit pas trop
élevé, ni allongé outre mesure, ni trop bas non plus,
comme celui d'un nain, mais exactement proportionné;
ni très charnu, sous peine d'invraisemblance, ni maigre à l'excès, car il semblerait un squelette de mort. »
Gallien est un peu moins vague : « La beauté, selon
Chrysippe, consiste dans l'harmonie non des lignes,
mais des membres, dans la juste proportion des doigts
entre eux, de tous les doigts pris ensemble et du méta-
carpe et du carpe, de ces derniers et de l'avant-bras,
de l'avant-bras et du bras, comme il est écrit dans le
Canon de Polyclète. » D'où il semble résulter que le
doigt était la mesure d'après laquelle le maître argien
établissait l'échelle des proportions. Pour élucider cette
question, il faudrait pouvoir mesurer sur le Doryphore
lui-même les diverses parties du corps et des membres,
et chercher à établir des relations entre ces mesures.
Mais il ne nous est parvenu que des copies peu sûres
du Canon.

On ne peut pas regarder comme une véritable réplique le petit, et du reste fort élégant Doryphore d'une stèle funéraire conservée au Musée d'Argos. Ce jeune homme marchant à côté de son cheval, nu, la main droite tombante, la gauche portant la lance, est bien dans l'attitude que les anciens attribuent à la statue de Polyclète; il en est inspiré visiblement, mais ne peut nous donner de renseignements sur la règle même des proportions.

Une tête de bronze, à Naples, signée Apollonios, fils d'Ar-

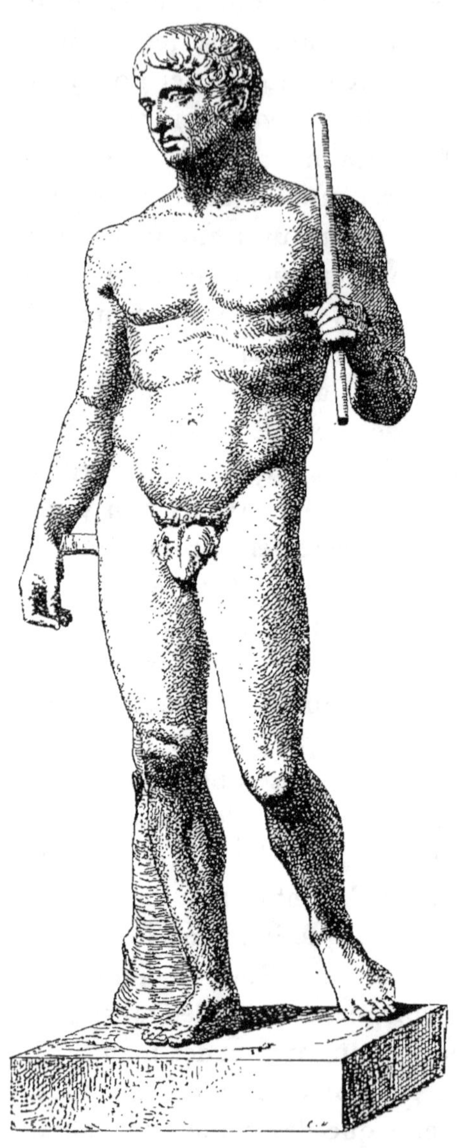

Fig. 132. — Le « Canon » de Polyclète.

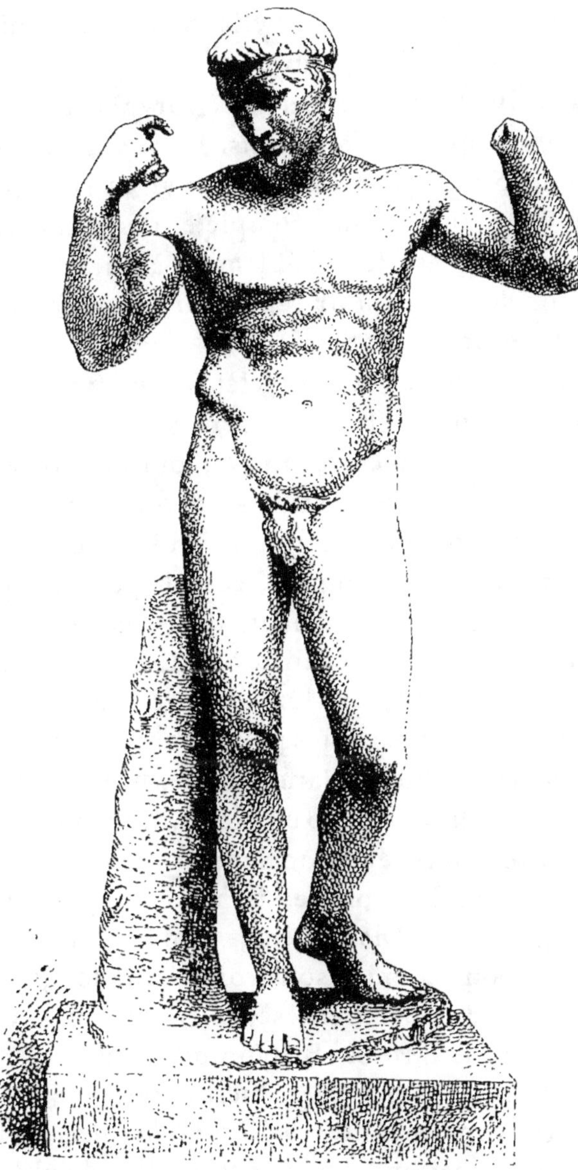

Fig. 133. — Diadumène de Polyclète.

chias, Athénien, est assez belle pour reproduire vraiment la tête du Doryphore; mais avec le remarquable torse du Musée de Berlin (Doryphore Pourtalès), ce ne sont là que des fragments. Et quant à la statue du Musée de Naples (fig. 132), qui, malgré son infériorité technique, étant la plus complète, est la copie la plus précieuse, elle est due visiblement à un artiste qui n'a pas assez de talent pour reproduire sans faute l'originalité typique du modèle.

Le Doryphore de Polyclète était *viriliter puer*, c'est-à-dire un éphèbe aux formes viriles. Ces mots conviennent mal au corps un peu lourd et trop en chair, à la tête forte et carrée de l'athlète que reproduit notre figure. C'est un homme fait, non plus un jeune homme, et même en tant qu'homme, car on peut se défier des impressions ou des jugements de Pline, si les parties de son corps sont très bien proportionnées entre elles, il faut avouer sans parti pris que ces proportions ne sont pas les mieux choisies pour produire en nous l'impression de la plus parfaite beauté, ni pour que nous puissions, d'après cet exemplaire, nous ranger à l'admiration passionnée des anciens.

Comme du Doryphore, il nous est parvenu quelques copies du Diadumène, athlète qui levait les deux bras pour ceindre son front d'une longue bandelette. Le Diadumène Farnèse, le Diadumène de Vaison que possède le Musée Britannique (fig. 133), sont les meilleures, mais non les meilleures possible; nous n'y retrouvons pas le *molliter juvenem*, l'homme jeune aux formes encore un peu molles d'éphèbe, que Pline oppose au Doryphore, éphèbe viril. Mais nous

constatons — il faut bien le dire, — au détriment de
Polyclète, que, comme le Doryphore, le Diadumène
manque un peu d'élégance. Nous retrouvons dans les
deux copies une tendance, signalée d'ailleurs dès l'antiquité, vers des formes carrées, c'est le mot des anciens,
trapues, comme nous dirions de préférence, dont on ne
peut séparer une certaine lourdeur. Il faut bien que ce
caractère ait été vraiment celui des œuvres maîtresses de
Polyclète, puisqu'il se retrouve en des copies nées évi-
demment de mains différentes ; toutefois, pour nous
expliquer l'immense renommée de l'artiste, remarquons
que les œuvres de Phidias étaient et sont encore ini-
mitables par l'excès même de leur perfection, la hauteur de leur inspiration et le rayonnement splendide de
leur forme. Mais un Doryphore, un Diadumène peuvent bien vraiment servir de modèles à plusieurs générations d'artistes : ce sont des athlètes, et par conséquent à leur corps, à leur visage, suffira la beauté
humaine, idéalisée sans doute, mais matérielle pourtant,
et plus facile à imprimer au marbre que la beauté toute
spirituelle des dieux de Phidias, faite d'éternelle jeunesse et de céleste majesté. Et ces athlètes se tiennent dans l'attitude la plus naturelle et la plus simple,
debout, une jambe infléchie, posés comme des modèles
sur une table d'atelier avant que l'artiste ait réglé leur
mouvement ou leur posture, et fait saillir les muscles
qu'il veut mettre en relief. Ces modèles, d'ailleurs, n'agis-
sant pas, n'étant pas émus, leur visage n'exprime aucun
des sentiments par où se reflète l'âme agissante ou émue.

La gloire de Polyclète n'est donc pas petite, d'avoir,
de l'aveu de la postérité, fixé pour un temps le type de

la beauté humaine, comme Phidias celui de la majesté divine, et d'avoir, par son heureux exemple, encouragé les sculpteurs que décourageait le génie de Phidias. Et même, si, comme de fortes présomptions le font croire, c'est à lui qu'est dû l'original de l'Amazone du Musée de Berlin (fig. 134), nous nous demandons si les copies du Doryphore et du Diadumène ne nous ont pas porté à un jugement trop sévère. On connaît cette charmante anecdote : appelés à concourir, les plus célèbres sculpteurs de la Grèce firent chacun une Amazone pour le temple de Diane à Ephèse; et comme on leur demandait quelle était la plus belle, chacun se donnait la première place et donnait la seconde à Polyclète; troisième, Phidias; quatrième, Krésilas; cinquième, Kydon, sixième, Phradmon. D'où l'on devait conclure

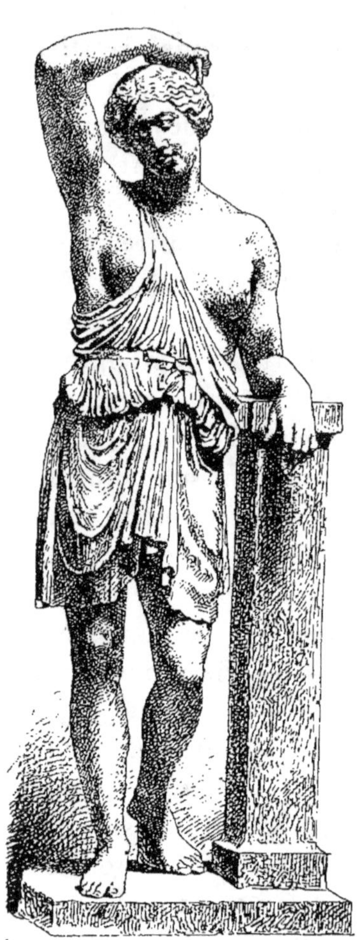

Fig. 134.

Amazone de Polyclète.

que Polyclète était le vrai vainqueur. C'était bien à sculpter une Amazone, force virile dans un corps de femme, chair ferme et muscles durs sous de souples rondeurs, que devait triompher Polyclète. La guerrière, blessée au sein droit, s'appuie contre une stèle; elle lève le bras droit au-dessus de sa tête, sans geste brusque de souffrance, sans pose théâtrale; seulement, le visage peint une douleur courageusement supportée. Polyclète a-t-il établi ce corps de femme, comme le corps de ses athlètes, suivant un canon mathématiquement réglé? Les anciens n'en parlent pas; mais il est sûr du moins qu'il s'est souvenu de sa science, car les proportions de l'Amazone sont d'une rare harmonie : la force ne nuit pas à l'élégance, comme dans le Doryphore de Naples, ni les formes pleines, carrées, à la sveltesse. Le visage du Doryphore est quelconque, gâté même par l'ampleur lourde des mâchoires, et sans expression. Celui de l'Amazone, malgré le surbaissement de son ovale et le grossissement voulu des traits, est d'une réelle beauté, que précise et rend plus intéressante l'expression discrètement douloureuse. Enfin la très heureuse et toute nouvelle disposition du chiton court, retenu sur l'épaule par une bandelette en sautoir, à la taille par une étroite lanière, puis tombant à petits plis depuis les hanches jusqu'à mi-cuisses, avec une souplesse et une élégance extrêmes dues à l'abandon des symétries et des parallélismes archaïques, le chiton, disons-nous, laisse à découvert les deux seins et le dos, et donne aux nudités superbes de l'Amazone la chasteté fière qui leur convient.

———

IX

SCOPAS ET PRAXITÈLE

M. Guillaume, un grand sculpteur doublé d'un critique érudit et fin, artiste à la fois et théoricien de l'art, comme Polyclète, a dit que le Canon fut un résumé d'École et non le point de départ d'une École nouvelle.

Le présent chapitre ne sera que la confirmation de ce jugement. Mais il faut bien s'entendre sur ce mot d'École. Ce n'est plus le moment où nous pouvons distinguer dans l'art grec le double courant ionien et dorien; le mélange des races, l'échange, la confusion des sentiments et des pensées ont fait des Hellènes, pour la civilisation, un seul peuple fractionné en petits États dont l'indépendance relative était plus apparente qu'effective; il y a dès lors un art grec, une sculpture grecque que les maîtres, quelle que soit leur ville d'origine, transportent d'une rive à l'autre de la mer Égée et peut-être même vers l'Occident, jusque dans la grande Grèce, plus loin encore, jusque dans les villes Italiotes.

La pléiade des sculpteurs dont les astres les plus brillants furent Scopas et Praxitèle, puis Lysippe, mérite assez mal le nom d'école néo-attique, à elle donné par quelques historiens, si l'on ne veut voir dans ce nom qu'une indication d'origine ; Scopas était sans doute de

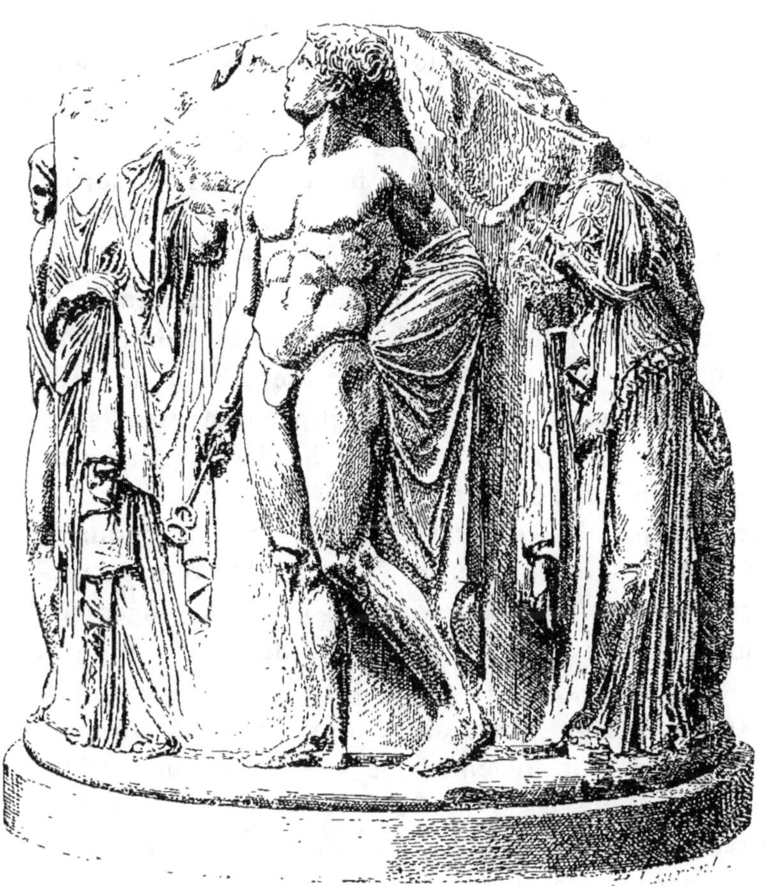

Fig. 135. — Colonne sculptée d'Éphèse.

Paros, Praxitèle était probablement d'Athènes ; quant à Lysippe, il naquit à Sicyone. Mais tous ces artistes, comme leurs contemporains et leurs disciples, ont une

tendance commune, et cette tendance est plutôt dans
la tradition attique. Car, s'éloignant chaque jour davantage des précisions et des lourdeurs un peu réalistes
et doriennes de Polyclète, ils s'attachent de plus en
plus à l'idéal de grâce ionique que Phidias avait atteint,
jusqu'à ce qu'un dernier effort, dépassant le but, les
porte à l'abus de l'élégance, à la manière.

Scopas, qui, selon Pline, fut en pleine possession
de son talent vers la XC^e olympiade, eut une carrière
longue et féconde. Son œuvre, très variée, — nouveau
caractère essentiellement attique, — comprenait de
grands ensembles décoratifs, comme les frontons du
temple d'Athéna à Tégée, l'un représentant la chasse du
sanglier de Kalydon (plus de vingt personnages), l'autre
le combat d'Achille et de Télèphe dans la plaine du
Kaïkos. On sait qu'il sculpta pour le temple d'Éphèse
une des bases des colonnes fameuses connues sous le
le nom de *columnæ cœlatæ*. Celle que M. Wood a rapportée au Musée Britannique (fig. 135), par l'ingénieux
groupement des figures, le modelé délicat des nudités
viriles, la richesse et la grâce des draperies féminines,
n'est pas indigne du maître, sans qu'on ose affirmer
que l'œuvre soit justement la sienne. On lui attribue
aussi une partie des bas-reliefs du Mausolée d'Halicarnasse, des groupes en très grand nombre : Asklépios et
Hygie dans le temple d'Athéna à Tégée, deux Érinnyes
à Athènes ; Éros, Himéros et Pothos à Mégare, surtout
les Niobides mourant autour de leur mère, dont les célèbres statues du Musée des Uffizzi, à Florence, sont
peut-être des copies ; des statues de divinités : Aphrodite
Pandémos à Élis, Hékate à Argos, Héraklès à Sicyone,

Apollon à Rhamnus en Attique, une Bacchante surtout, renommée pour l'audace du mouvement, Apollon
Smynthée à Chrysé, en Troade. Les anciens ne disent
pas qu'il ait sculpté des athlètes; son ciseau fut surtout religieux.

Bien des voix antiques sonnent encore pour nous
la gloire de Scopas, mais sans trop marquer à quelles
qualités elle était due. Nous pouvons, par bonheur,
apprécier par nos propres yeux l'originalité de son
génie.

On sait que le roi carien Mausole dut à la piété
conjugale d'Artémisia un superbe tombeau, digne d'être
rangé parmi les sept merveilles du monde, que Scopas
décora de frises et de statues avec le concours de trois
de ses émules, Bryaxis, Timothée, Léocharès. Le Mausolée avait quatre cent quatre-vingts pieds de tour;
trente-six colonnes l'entouraient. Surmonté d'une pyramide à degrés que couronnait un quadrige de marbre,
œuvre de Pythès, il s'élevait à cent quarante pieds de
hauteur. Scopas, dit Pline, décora la face orientale.

Jusqu'au XIIe siècle, le monument résista intact au
temps et aux barbares; un tremblement de terre le
détruisit alors, et les matériaux, même et surtout les
bas-reliefs, servirent aux chevaliers de Saint-Jean à
construire le château fort de Boudroun, la moderne
Halicarnasse. Le vicomte Stratford de Redcliffe en 1846,
M. Newton, en 1857, ont fait entrer au Musée Britannique de nombreux fragments de la frise et des restes
des statues colossales. Mais où reconnaître la main de
Scopas ou celle de ses collaborateurs? On peut sans
trop de hardiesse rapporter au plus célèbre des quatre

artistes les morceaux qui nous semblent d'un art surtout original et parfait, comme les fragments du combat d'Amazones dont nous donnons ici l'image. Ce sont
deux tableaux d'une composition hardie, d'une facture
fougueuse. Nous sommes loin des Centaures, des La-

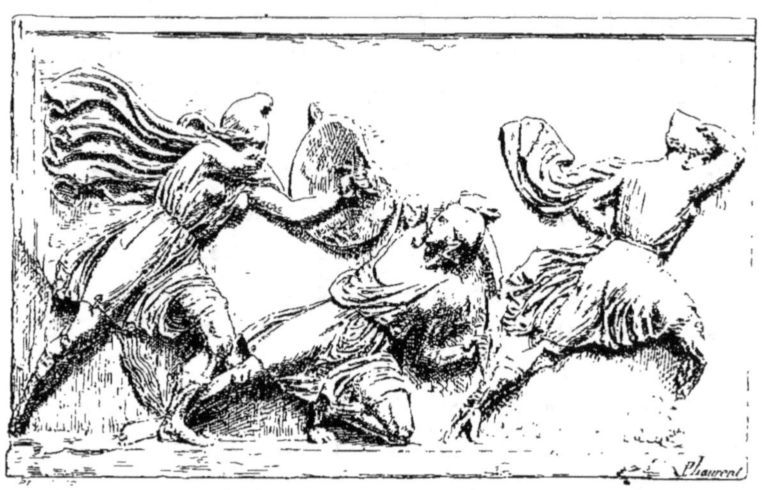

Fig. 136. — Bas-relief du Mausolée d'Halicarnasse.

pithes, des Amazones du temple de Phigalie, par
exemple, corps trapus, larges et courts, sans souplesse
ni grâce, et des scènes lourdement compliquées. Ici, les
épisodes sont simples et saisissants, comme il convient
dans une lutte ardente où le seul souci des adversaires
est de tuer sans se faire tuer; les uns lancent les coups
à tour de bras, les autres les évitent par de brusques
reculs; chacun déploie toute sa vigueur et toute son
agilité, d'où des attitudes violentes. Les draperies
qu'agitent les secousses et les élans des corps s'envolent

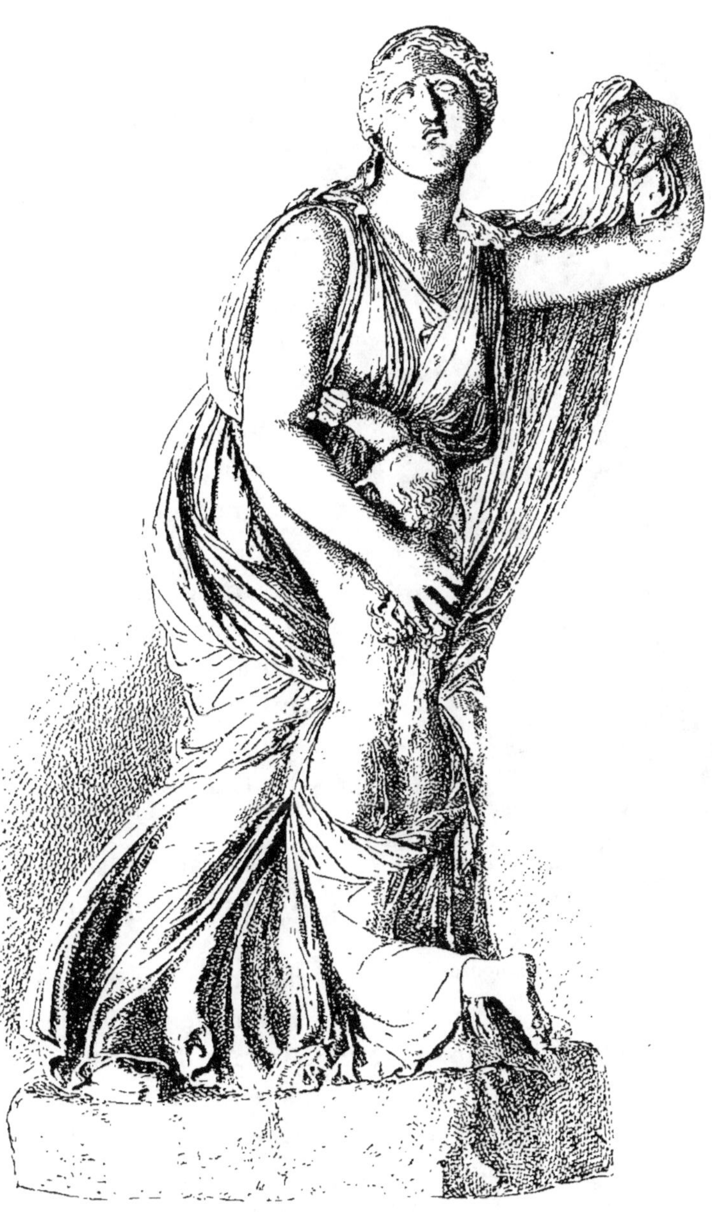

Fig. 137. — Niobé et sa jeune fille.

gonflées en arrière, ou, par devant, se plaquent aux jambes, aux bras, aux torses ; et les corps, ceux des guerriers comme ceux des guerrières, affectent des formes minces, élancées, d'une élégance peu d'accord avec cette bataille de barbares, sauvage, acharnée (fig. 136). Audace des mouvements, affinement des formes, et cela non sans excès, tels seraient donc, d'après les plus beaux reliefs du Mausolée, les premiers caractères du génie de Scopas.

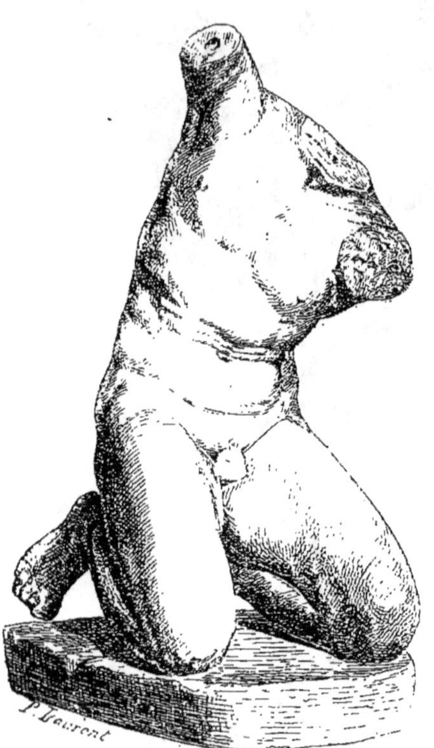

Fig. 138. — Ilioneus.

Les statues de Niobé et des Niobides, au Musée de Florence, copies probables d'un groupe de Scopas, précisent et fortifient ce jugement. La figure principale, Niobé fuyant d'un pas rapide et soutenant à peine sa plus jeune fille qui, à genoux, demi-nue, échevelée, s'attache à ses vêtements (fig. 137), le pédagogue et son élève, les Niobides blessés ou mourants, le Niobide mort étendu sur le sol, sont grands et bien faits, comme les héros et

les héroïnes de la frise du Mausolée ; comme eux, ils
s'agitent violemment, mais gardent dans l'excès même
du mouvement des élégances fines ; ils sont bien de la
même école, sinon de la même main ; mais ils ont
un intérêt du plus, et très vif : ils sont pathétiques.
Avec Scopas a commencé vraiment la sculpture expressive.

La statue de Munich (fig. 138), connue sous le nom
d'Ilioneus, où l'on s'accorde à reconnaître un Niobide,
donne peut-être l'idée la plus haute de cet art raffiné.
Ce corps d'adolescent est d'une souplesse et d'une élégance exquises, qui ont été rarement surpassées, et le
pathétique du geste plein d'effroi fait vivement regretter
la perte de la tête. On sent dans ce chef-d'œuvre tout
l'esprit, sinon la main du maître.

Le sourire archaïque n'est qu'une naïveté ; il est
figé ; il n'exprime, il ne reflète pas un état d'âme. Les
dieux de Phidias étant dieux, partant impassibles, n'ont
qu'une majesté, une sérénité vague, immortellement
fixe sur leur face sublime ; les athlètes de Polyclète sont
des modèles, c'est-à-dire des corps sains et jeunes, sans
souffrance ni joie intime que celle d'être forts en muscles
et parfaits en proportions ; leur chair est tout, ils n'ont
point d'âme, et leur visage reste banal.

Mais au iv° siècle, avec Scopas, le cœur commence
à battre sous l'enveloppe du marbre ; Niobé souffre, ses
enfants, ses serviteurs sont en proie à la terreur, à la
blessure, à l'agonie ; l'épouvante, le mal physique se
peignent, comme on dit, sur leur figure, transparaissent
dans l'expression de leurs yeux, les rides de leur front,
la contraction de leur bouche. Pourtant, ne forçons

pas la note ; il n'y a pas encore abus. C'est une conception nouvelle, une intelligence plus raffinée des droits et du pouvoir de la sculpture, et qui fait singulièrement honneur à Scopas. Elle n'allait à rien moins qu'élargir le cercle de sujets où tournait jusqu'alors, non sans un peu de monotonie, la statuaire grecque, les dieux de l'Olympe, les héros fabuleux, les vainqueurs olympiques. L'homme, l'homme véritable, passionné, c'est-à-dire vivant, peut dorénavant entrer en scène. Par malheur, avec l'homme apparaît aussi l'idée, le sentiment revêtu d'un corps, c'est-à-dire la personnification. Nous aimons à croire que les trois passions que Scopas avait groupées sous forme humaine, l'Amour, Éros, et ses deux compagnons Himéros et Pothos, le Désir et la Passion ardente avaient toute la grâce, toute la vie jeune et chaude des fictions à demi idéales, à demi naturelles de la poésie grecque. Scopas a bien dû, lui, sculpter trois petits dieux corporels et aussi réels pour lui que Zeus ou qu'Aphrodite ; mais la porte était ouverte par où se glisseraient un jour parmi le cortège des Olympiens les figures glacées des divinités allégoriques.

Mais c'est prévoir le mal de trop loin.

Praxitèle fut le glorieux contemporain de Scopas. Il était Athénien, du dème d'Éresidæ, et bien qu'on hésite sur la date de sa naissance, il est probable qu'il était encore très jeune lorsque Scopas, vers 375, vint se fixer à Athènes. Il était peut-être fils de Képhisodotos, l'auteur d'un groupe renommé dont il existe une belle réplique à Munich, Eirené (la Paix), portant l'enfant

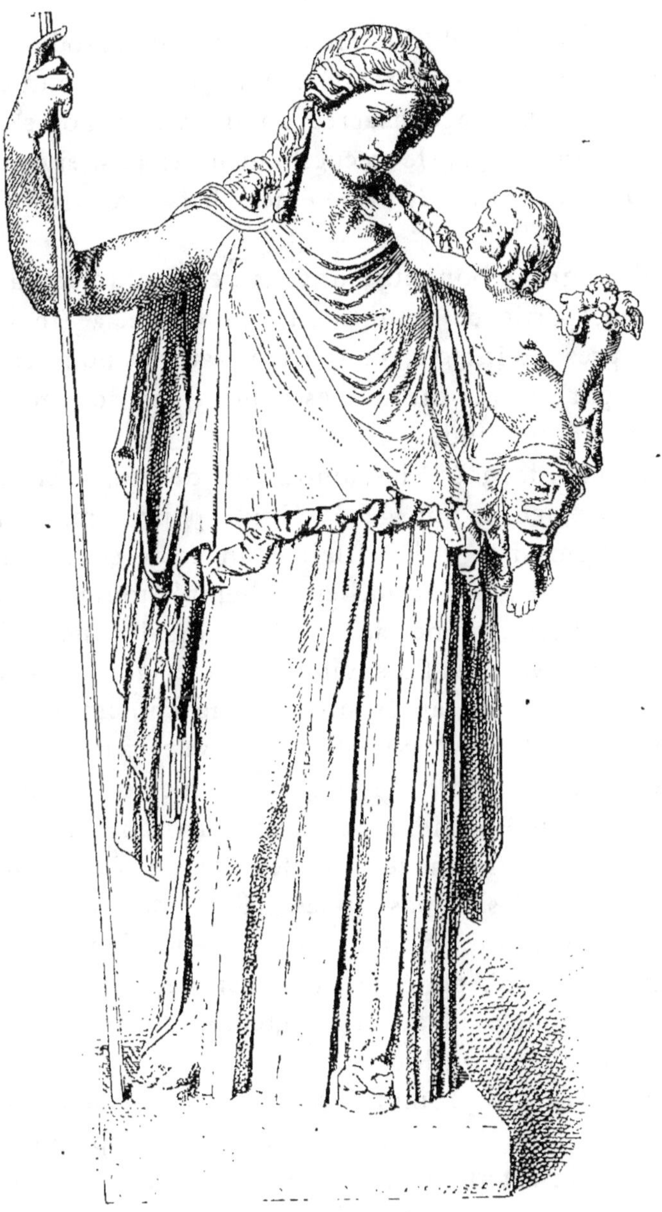

Fig. 139. — Eirené et Ploutos.

Ploutos (la Richesse). C'est ce groupe que reproduit la figure 139. La vie de Praxitèle nous est peu connue; elle fut tout entière consacrée au travail, et l'on s'explique seulement par le recueillement et le silence du maître l'abondance et la variété des chefs-d'œuvre qu'il a créés.

Par un grand bonheur, une statue absolument authentique, partie de cette main immortelle, a été retrouvée presque intacte, et plusieurs autres nous sont connues par de très estimables copies; ces documents suffiront à notre étude.

Les gens de goût, les amoureux des purs chefs-d'œuvre faisaient le voyage de Cnide pour admirer la statue d'Aphrodite qui brillait d'un éclat éternel de jeunesse et de beauté au milieu du temple toujours ouvert. « Cythérée, reine de Paphos, disait une épigramme, à travers les flots vint à Cnide, voulant voir sa propre image, et après une longue contemplation elle dit : Où donc Praxitèle m'a-t-il vue toute nue? » Ce n'est pas Aphrodite même que vit nue le sculpteur charmant, mais Phryné, la superbe courtisane, sa maîtresse, Phryné qui dans les grandes fêtes des Éleusinies et des Poseidonies, déposant ses habits, déroulant ses cheveux, s'avança dans la mer en présence de tous les Grecs, aux yeux d'Apelle, le grand peintre, ravi d'avoir trouvé le modèle idéal et longtemps en vain rêvé d'Aphrodite Anadyomène.

Cnide, sur ses promontoires de rochers dorés que baignent de lumière et de clair azur le ciel splendide et la mer scintillante, brille des plus radieuses beautés de la nature orientale; dans le temple fameux s'entas-

saient les statues de grands maitres, le Dionysos de
Bryaxis à côté de l'Athéna de Scopas. Mais comme si
elle eût été seule, l'Aphrodite de Praxitèle effaçait tous
les autres chefs-d'œuvre : « La déesse est debout au
milieu du sanctuaire, sculptée dans un bloc éblouissant de Paros, souriant d'un sourire un peu fier et dé-
daigneux ; et sa beauté tout entière est nue, sans aucun
voile ; sa main seulement fait un geste discret de
pudeur. Le temple a deux
portes opposées pour qui
veut aussi contempler la
déesse de dos, et pas un
détail n'échappe à l'admiration..... Quelle élégance
dans les épaules, quelle
largeur des flancs ! comme
les cuisses sont dessinées et
galbées, sans trop laisser
deviner l'ossature, sans
trop de chair non plus, ni
d'ampleur ! des deux fos-

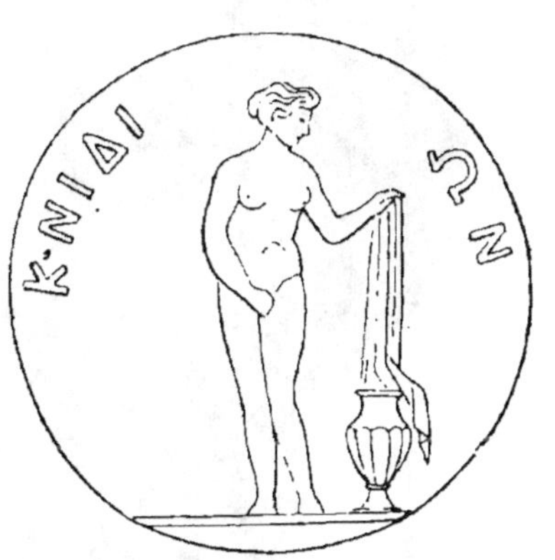

Fig. 140. — Aphrodite de Praxitèle.
(Monnaie de Cnide.)

settes imprimées sur les hanches, qui dirait combien
est doux le sourire ! de la jambe et du mollet prolongés
en ligne droite jusqu'au pied combien est juste le mouvement ! » Plus passionné encore est l'enthousiasme de
Lucien pour le pur dessin des cheveux et du front, et
des sourcils ; pour les yeux comme mouillés, et pourtant à la fois pleins d'éclat et de grâce. Voilà bien des
charmes qui expliquent une légende célèbre, l'amour
étrange et fou de ce jeune Grec, nouveau Pygmalion,
dont les embrassements ne purent que souiller sans

l'animer la déesse de marbre. Les descriptions, comme les légendes, comme les épigrammes, nous montrent l'Aphrodite Cnidienne trop parfaite pour que nous la

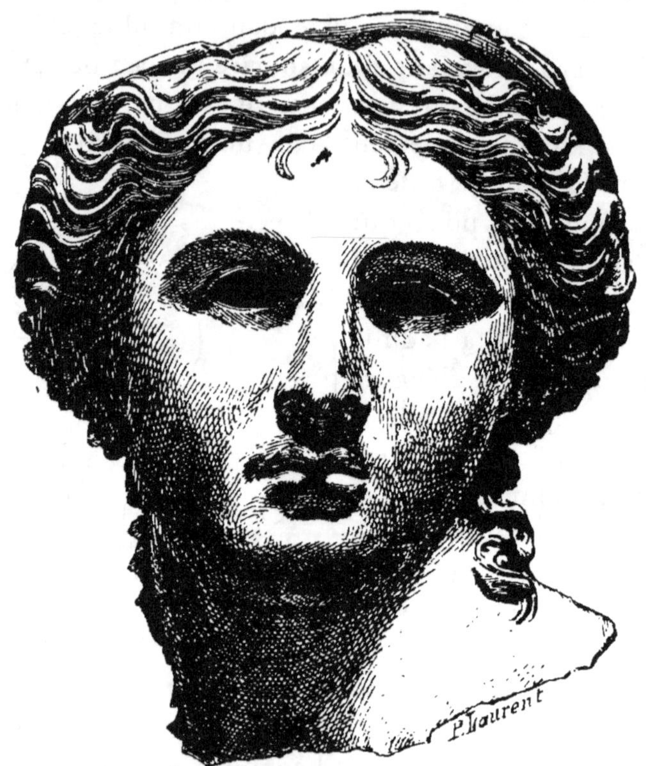

Fig. 141. — Tête d'Aphrodite.
(Musée Britannique.)

reconnaissions franchement dans les statues innombrables de nos musées qui la rappellent, sans nous la rendre, par l'attitude, par le geste, surtout par la recherche parfois outrée et mièvre de l'élégance et de la grâce à la fois voluptueuse et chaste. L'Aphrodite de

Munich est peut-être la copie la plus fidèle, parmi
toutes les autres, qui nous soit parvenue; on en peut
juger d'après une monnaie de Cnide (fig. 140); mais
combien elle est loin de l'original!

Nous citons ici volontiers une tête d'Aphrodite en
bronze trouvée en Arménie (fig. 141) (Musée Britannique), qu'avec M. O. Rayet nous croyons inspirée par
le chef-d'œuvre de Praxitèle. Autant qu'un bronze peut
donner l'idée d'un marbre, dans aucune copie nous ne
retrouvons aussi bien marquées les beautés signalées
par Lucien. « La pureté du front, la majestueuse arca-
ture des sourcils sont un des principaux charmes de ce
bronze, et dans la cavité de ces grands yeux ouverts on
peut aisément supposer le regard calme et franc, dirigé
bien en face, intimidant et séduisant à la fois, dont
parle le critique de Samosate. Sur ces lèvres, voluptueuses dans leur fine découpure, erre bien le sourire
discret qu'il vante. La chevelure aux tresses un peu lâ-
ches, les boucles qui flânent coquettement le long du
cou, la plénitude sensuelle des joues, la suavité grave
de l'épiderme, conviennent bien à l'Aphrodite-Hétaïre
dont Praxitèle avait voulu fixer le type (O. Rayet). »

Par goût, par un sentiment bien rare de ce que
valait et pouvait faire son ciseau, Praxitèle se plut à
représenter ce que le Panthéon hellénique avait de
plus jeune et de plus charmant. A l'Aphrodite de Cnide,
à celles de Cos, de Thespies, d'Alexandrie de Carie,
à d'autres encore, il donna tout un cortège d'Éros,
comme elles élégants et gracieux, et respirant les voluptueux désirs, amours non pas joufflus et bouffis, comme
les invente si souvent la banalité des arts décoratifs,

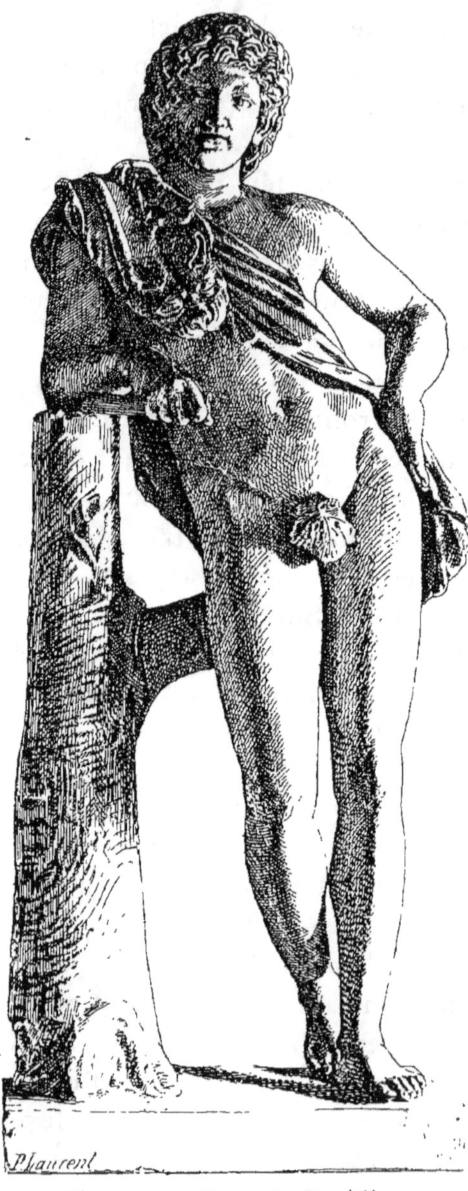

Fig. 142. — Faune de Praxitèle.

mais déjà sortis de l'enfance, adolescents, presque éphèbes, déjà sûrs de leur puissance et sachant diriger leurs flèches, dieux redoutables et charmants, dont un poète dit dans une épigramme : « Mes philtres d'amour ne sont plus des flèches, mais des regards voluptueux. »

Puis ce sont les divinités lascives des bois et des fontaines, les Nymphes nues au bord des sources fraîches, et les Faunes et les Satyres qui épient à travers les feuillages les nudités blanches et molles des corps alanguis par le bain.

Mais Praxitèle ne connaît plus ces monstres affreux
et lubriques, moitié boucs et moitié rustres, que le
drame satyrique repré-
sentait au théâtre dans
toute leur hideur. De
leur horrible nature il
ne restait au Faune de
la rue des Trépieds, à
Athènes, que des oreilles
pointues et la peau de
bête ; encore les oreilles
se cachaient-elles dans
les cheveux, et la nébri-
de, négligemment jetée
en écharpe, était-elle
devenue d'un grossier
accoutrement une gra-
cieuse parure. C'est un
torse très mutilé du
Louvre qui donne l'im-
pression la plus heu-
reuse du chef-d'œuvre
que Praxitèle, avec
l'Éros de Thespies, ché-
rissait avant toutes ses
autres statues. Seul, le
Képhisos de Phidias
nous est apparu d'une
jeunesse aussi pure,

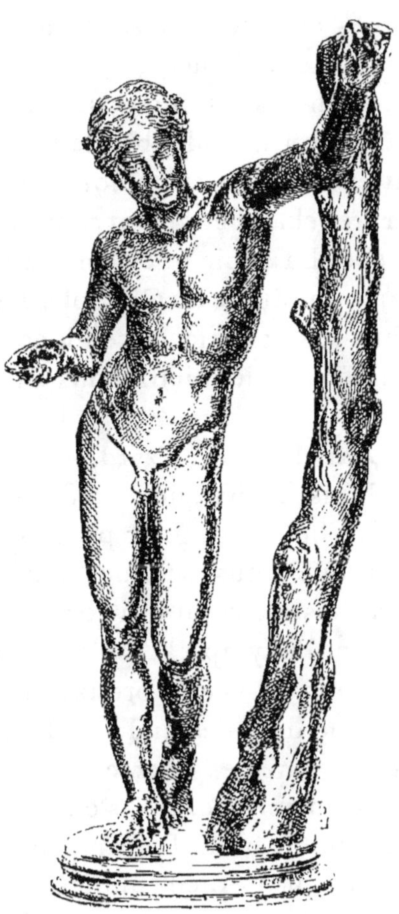

Fig. 143.
Apollon Sauroctone de Praxitèle.

aussi saine, aussi radieuse, d'une élégance aussi
parfaite ; mais le Képhisos a la jeunesse forte et ner-

veuse, empreinte de majesté olympienne; le Faune, épanoui dans sa joie de vivre, s'accote au tronc d'un arbre, étalant avec une grâce indolente les formes pleines et rondes de sa jeune chair en fleur. Le ressaut adouci de la hanche, qui fait serpenter les lignes enveloppantes de son corps, lui donne avec une exquise légèreté un air indicible de nonchalant abandon. L'œil suit et caresse avec amour les molles ondulations du marbre, chaud et vivant comme la peau brunie d'un bel éphèbe. La copie que reproduit la figure 142, et qui se trouve au Musée du Capitole, n'a sur le torse du Louvre qu'un seul avantage, celui de nous montrer la statue complète et de mieux nous en faire comprendre l'attitude.

L'Apollon au lézard, aussi, comme il diffère des Apollons archaïques, raides et guindés dans l'effort qu'ils s'imposent pour paraître majestueux et redoutables; que nous sommes loin des vieux maîtres, de Kanachos, de celui qui conçut l'impérieux Apollon du fronton d'Olympie! Apollon Sauroctone (la figure 143 reproduit un petit bronze de la Villa Albani), c'est un jeune dieu descendu de l'Olympe, un aimable adolescent, ami des jeux et des ris, sans souci des destinées du monde, qui s'oublie à menacer de sa flèche une humble bestiole grimpant au tronc d'un arbre. La conception du dieu-lumière a donc fléchi, comme sans doute la foi dans sa haute puissance; mais telle est la force des chefs-d'œuvre qu'Apollon est resté jusqu'à nos jours, dans l'imagination des hommes, sous les traits du jeune dieu svelte et délicat, de souplesse et d'allure tant soit peu féminines, à visage comme à coiffure de vierge, tel en un mot que l'avait vu Praxitèle.

Enfin, nous l'avons dit, nous pouvons admirer, d'après un original incontesté, le génie de Praxitèle. Le 8 mai 1877, dans les ruines du temple d'Héra, à Olympie, au pied même du socle qui le portait, on a retrouvé le groupe d'Hermès jouant avec Dionysos enfant, groupe que Pausanias vit autrefois, et signala comme précieux, groupe fameux aujourd'hui, trésor incomparable que les musées les plus opulents envieront toujours au nouveau Musée d'Olympie (fig. 144, 145). Le fin marbre de Paros s'est brisé dans sa chute; le bras droit d'Hermès a disparu, les deux jambes, depuis les genoux, n'ont pu être retrouvées; l'enfant a perdu le bras gauche, et sa tête, qui avait roulé loin du corps, a souffert quelques mutilations.

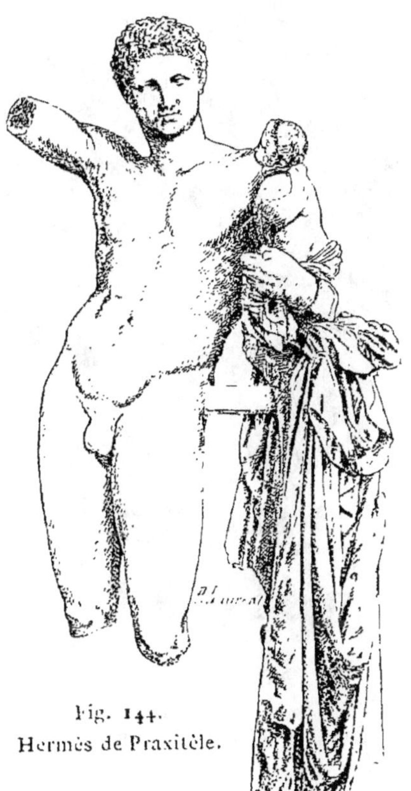

Fig. 144.
Hermès de Praxitèle.

Mais tout ce qui reste est d'une conservation parfaite, dont les exemples sont bien rares, sans une éraflure ni un éclat, luisant et poli comme au sortir de l'atelier.

Non plus que le Faune ni l'Apollon Sauroc-tone, Hermès n'a plus rien du dieu primitif, ni le bonnet pointu, ni le caducée, ni les talonnières. C'est un homme, mais d'une jeunesse et d'une beauté idéales; il n'est plus le messager ni le conducteur des dieux, et s'il est chargé de remettre aux Nymphes le jeune Dionysos, il n'est pas pressé d'accomplir sa mission. Arrêté contre un arbre, où il s'appuie nonchalamment du coude, il a mollement assis le nourrisson divin sur son bras gauche enroulé d'une draperie, et s'amuse à l'agacer par la promesse et la vue d'un objet, quelque grappe de raisin sans doute, qu'il tient élevé dans sa main droite. Dionysos, d'un bras s'accroche à l'épaule d'Hermès, de l'autre, se hausse vers l'objet de sa convoitise; tout son petit

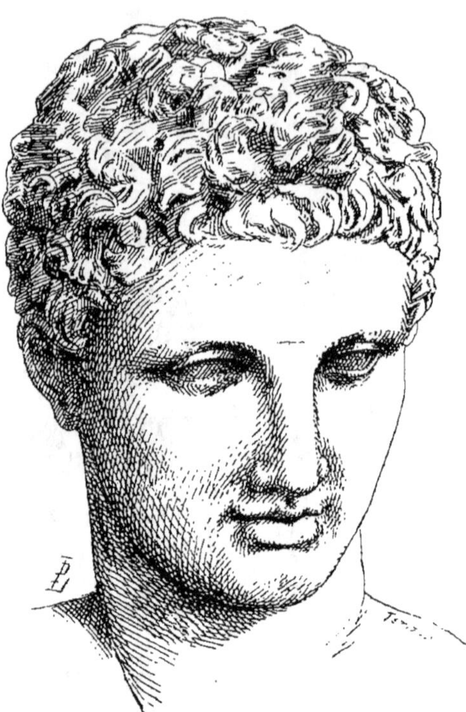

Fig. 145. — Tête de l'Hermès de Praxitèle.

corps se tend dans l'effort et l'émotion de son désir gourmand. Tout a été dit déjà sur ce monument admirable ; tous les termes ont été épuisés à louer la suprême beauté de l'Hermès de Praxitèle, et c'est un lieu commun d'admirer le simple et naturel groupement des deux figures, la grâce des attitudes, la souplesse des mouvements. Comme le Faune, comme l'Apollon, mais avec plus d'élégance encore, l'ondulation des hanches rompt le parallélisme naturellement dur et monotone des lignes du torse et des cuisses, et ce ressaut de muscles, qui change l'aplomb ordinaire du corps en repos, donne une impression indéfinissable de mouvement et de vie. Mais ce qu'il nous faut surtout noter, car ces caractères marquent pour Praxitèle l'originalité vraie de son génie, c'est le sentiment personnel de la beauté, la conception personnelle d'un type idéal. Rien de réaliste dans l'Hermès ; — nous ne parlons pas de l'enfant qui, sans doute parce qu'il est mutilé, nous semble de mérite inférieur. — La tête, la plus jeune, la plus vivante, la plus belle, en un mot, que nous connaissions, reste en dehors de toutes les traditions. Vue de face, vue de profil, elle ne rappelle en rien ce type de convention qu'on nomme le type grec, fin, distingué, pur de ligne et certainement admirable, mais qui se répète trop souvent, comme un cliché impersonnel et froid. Le front, court et bombé, dont les saillies font songer aux têtes d'athlètes dues à Myron ; le nez, tout entier d'un modelé rond et gras, large à sa naissance, un peu busqué vers son milieu, aminci près des narines petites, mais bien ouvertes ; les yeux, très éloignés l'un de l'autre, grands et fendus en amande, peu saillants dans l'orbite profonde, la bouche petite, aux lèvres minces, qu'entr'ouvre et plisse aux angles un discret sourire, le menton, maigre, creusé d'une fossette, la disposition des cheveux par masses de mèches courtes et souples pourtant, où l'air circule, la coupe franchement carrée du visage, tous ces traits forment un type bien neuf et d'une inspiration bien personnelle, où la nature apparaît embellie et rajeunie par la libre inspiration de l'artiste. Et de même pour le corps ; il n'est plus construit suivant le canon de Polyclète, règle trop étroite pour enfermer le génie de Praxitèle : les épaules sont très amples pour l'épaisseur de la taille ; les hanches et les cuisses sont peu développées en largeur ; les muscles sont modelés avec une précision savante, mais sans sécheresse, et les formes sont plutôt arrondies, n'amollissant pas, mais donnant de la jeunesse et de la délicatesse à la force. Le soin des détails est extrême : nous ne connaissons pas de morceau plus étudié que le pied droit, heureusement retrouvé.

L'Hermès est trop incomplet — puisque les jambes sont perdues — pour que l'œil soit pleinement satisfait. Il manque à notre impression ce dernier regard d'ensemble qui enveloppe une statue tout entière au moment où l'on s'en sépare, et les tiges de fer qui supportent le marbre, le lourd socle quadrangulaire où s'appuient les moulages, comme le vide blanc de notre gravure, causent aux yeux à la fois et à l'esprit une véritable souffrance. Mais ce sentiment même, rarement éprouvé, ce regret qui va jusqu'à la douleur, est une

reuve de la haute perfection de l'œuvre. Le Képhisos
e Phidias, l'Hermès de Praxitèle, sont les deux som-
ets qui dominent toute la sculpture grecque. Rien de
lus beau ne sortira plus des ateliers helléniques. Dans
es deux statues — nous parlons seulement de celles
ui nous sont parvenues et que nous pouvons juger
'après elles-mêmes — les deux plus grands sculpteurs
e l'antiquité ont réussi à exprimer leur idéal, le plus
oble qui ait jamais été conçu. Après l'Hermès com-
ence pour la sculpture grecque un temps d'arrêt; or
e pas avancer, quand il s'agit d'art, c'est presque
eculer.

Pourtant, qui oserait parler de décadence, alors que
ous n'avons pas même signalé encore quelques-unes
es œuvres les plus parfaites que la Grèce nous ait
éguées? Autour de Scopas et de Praxitèle, se groupait
n essaim de sculpteurs, émules et disciples, dont
'éclat seul du génie des deux maîtres a pu faire pâlir
a gloire. Léocharès et Bryaxis, d'Athènes, Timothéos,
ythès, Képhisodotos le jeune, Timarchos, Stennis
l'Olynthe Libanion d'Athènes, Polyeuktos, et tant
'autres dont les inscriptions ou les textes nous appren-
ent les noms et les œuvres célèbres; d'autres encore
ont les noms sont perdus, mais dont les œuvres con-
ervées sont mises au rang des plus belles.

Est-ce à l'un d'eux qu'il faut attribuer la Déméter
que M. Newton, en 1858, a rapportée de Cnide au Musée
Britannique (fig. 146)? Elle date certainement de cette
époque, où se sont fixés les types jusque-là flottants des
divinités helléniques. Ce que Praxitèle a fait pour Aphrodite, pour Apollon, pour Hermès, pour le Faune, le

maître inconnu qui sculpta la statue de Cnide l'a fait
pour Déméter. A l'origine de l'art, la Déesse-Mère im-
portée d'Orient se plaît aux attitudes hiératiques; ici
(nous parlons surtout des masques estampés en terre
cuite), elle presse de ses mains sa poitrine, pour en faire
jaillir le lait nourricier, comme l'Astarté phénicienne;
là, elle est simplement assise sur un trône, les mains sur
les genoux, attendant les hommages; là encore, comme
sur la stèle d'Éleusis (fig. 128) avec sa fille Koré, elle
donne à Triptolème un grain de blé; sur les vases sont
peints les divers épisodes de ses malheurs mythiques,
l'enlèvement de Koré, la recherche errante de la mère
à travers le monde; mais les traits de la déesse varient
à chaque monument. Aucun d'eux n'a su encore donner
un corps à la conception purement hellénique de la
déesse, conception poétique autant que religieuse, qui
a fait d'elle avant tout une sorte de *Mater dolorosa*
païenne. Déméter de Cnide, c'est le symbole de la maternité souffrante; le sculpteur a voulu et su évoquer « la
maternité pleine d'amour, dans laquelle se résume toute
sa vie, tempérer sur son visage l'ennui de la solitude
présente par l'espoir de la réunion future, et en même
temps évoquer dans l'âme du spectateur lui-même, pour
illuminer sa tristesse de misérable mortel, la pensée
rayonnante de la vie bienheureuse qui commencera
pour lui demain; telles étaient les nécessités que la religion déjà tout imprégnée de philosophie de la fin du
ive siècle imposait à l'artiste chargé de faire une image
de Déméter qui dût être l'objet d'un culte... Les formes,
larges et étoffées, l'attitude un peu alourdie, indiquent
tout d'abord la maternité. La tête, sculptée dans un

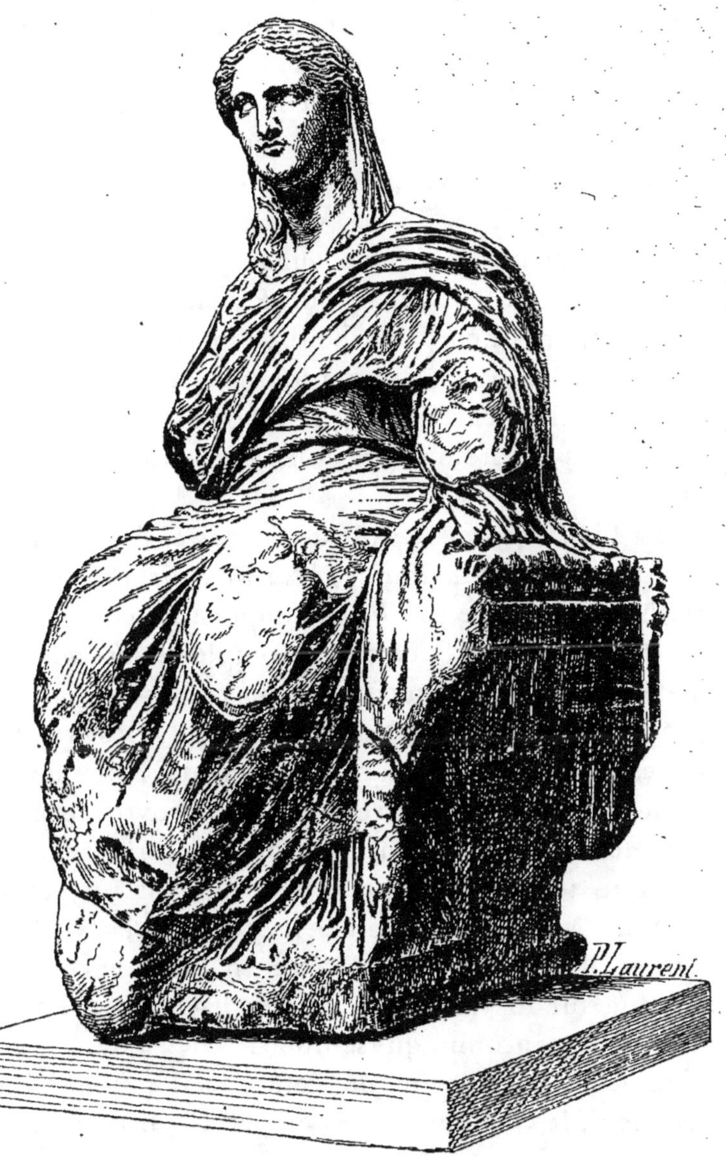

Fig. 146. — Déméter de Cnide.

marbre de Paros, dont la transparence presque égale à celle de l'albâtre donne l'illusion de la vie, est celle d'une femme qui a dépassé la jeunesse, et sur laquelle la vieillesse ne s'est pas encore appesantie (O. Rayet). » La douleur y est si vivement empreinte, sans exagération théâtrale, le voile des veuves encadre si gravement ce visage où réside une angoisse muette, les draperies amples et richement plissées enveloppent avec tant de majesté ce corps épanoui de mère, que l'on est tenté de croire, avec des critiques, que, transportée dans une église chrétienne, Déméter recevrait des dévots trompés les hommages et les adorations dues aux Madones.

C'est bien encore à l'école de Scopas et de Praxitèle qu'il faut rattacher la grande Niké (Victoire) navale de Samothrace, trouvée par M. Champoiseau en 1863 et rapportée au Louvre. Récemment complétée par l'adjonction de nouveaux fragments, par la reconstruction de la proue de navire qui lui sert de base, les ailes grandes ouvertes, la Niké s'enlève hardiment; son ample tunique plissée s'enfle au vent, et nous croyons encore voir la déesse souffler dans sa trompette triomphante tandis que tout son corps s'emporte dans un grand élan. Nous avons loué, comme il convient, la Niké de Paionios, audacieusement projetée en avant et comme suspendue sur le vide; mais quelle distance de Paionios à l'artiste inconnu qui sculpta le chef-d'œuvre de Samothrace! La vivacité de l'attitude, l'ampleur du mouvement, le claquement des draperies qui flottent et frissonnent au vent, la grandeur, la majesté, la vie, voilà les qualités qui frappent les moins habiles à la

vue de ce marbre splendide. Que dire du ciseau audacieux qui a su creuser et décou-
per le marbre en plis légers et souples comme des plis de laine, tan-
tôt s'animant à l'air qui les agite, tantôt plaquant avec amour aux formes robustes et saines de Niké qui transparaissent? Il y a dans ces draperies, il faut l'avouer, une grandeur et une liberté d'inven-
tion, une har-
diesse et une ha-
bileté technique que n'a pas au même point l'Iris du Parthénon, et ces qualités assurent pour jamais un rang glorieux à la Victoire de Samothrace dans les galéries, non du Louvre seulement, mais de tous les musées d'Europe (fig. 147).

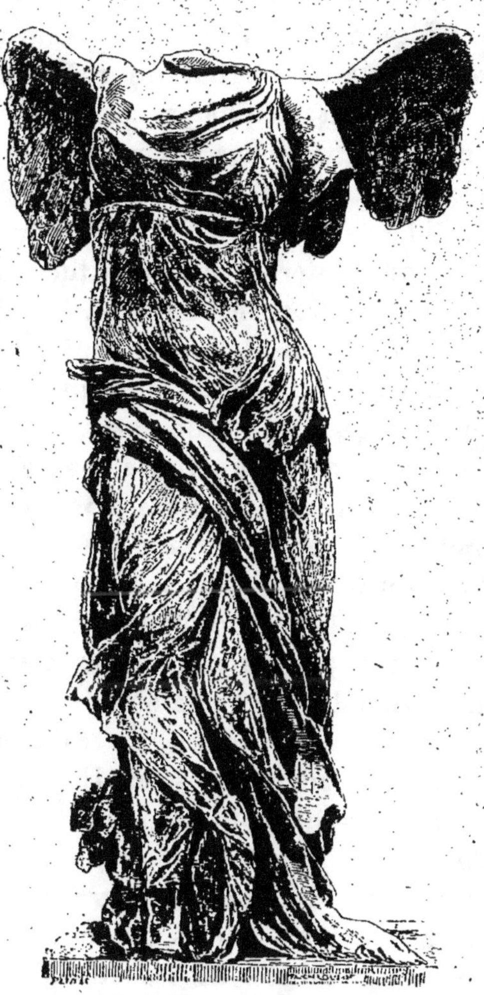

Fig. 147. — Victoire de Samothrace.

Ce sont elles aussi qui distinguent, mais à un degré moindre, et qui datent les intéressantes statues de Néréides qui, de l'Agora de Xanthos, en Lycie, sont passées au Musée Britannique. Un large soubassement, décoré de frises en bas-relief, supportait une colonnade ionique, et, dans les intervalles des colonnes se dressaient des femmes, au nombre de quinze, — des Néréides, sans doute, d'où le nom donné au monument tout entier — dans l'attitude de la course ou de la fuite, les draperies au vent. Les frises sont d'un art médiocre, probablement indigène ; elles représentent une bataille en pleine campagne, le siége, l'assaut, la capitulation d'une ville forte, l'apport d'un tribut et d'autres scènes de guerre, et rappellent les exploits du monarque lycien Périclès, dont le monument était le tombeau. Avec un certain goût du groupement, de la composition variée des vastes scènes, avec du mouvement, parfois de l'originalité, nous trouvons là bien de la rudesse, des fautes d'anatomie et de dessin ; avec un effort louable vers l'originalité et un sentiment assez personnel de la décoration, un réalisme presque toujours maladroit, souvent grossier. Il faut, selon nous, beaucoup de bonne volonté pour voir, comme on l'a fait d'ordinaire, dans cet ensemble décoratif, à un degré quelconque, l'influence des grands sculpteurs attiques ; les chevaux eux-mêmes, qu'on a voulu rapprocher des chevaux de la frise des Panathénées, n'ont de commun avec eux que leur petite taille. Mais pour les statues, d'une conception bien plus franche, d'une exécution presque achevée, elles sont bien une œuvre purement hellénique, attique même, devrions-nous dire, et tien-

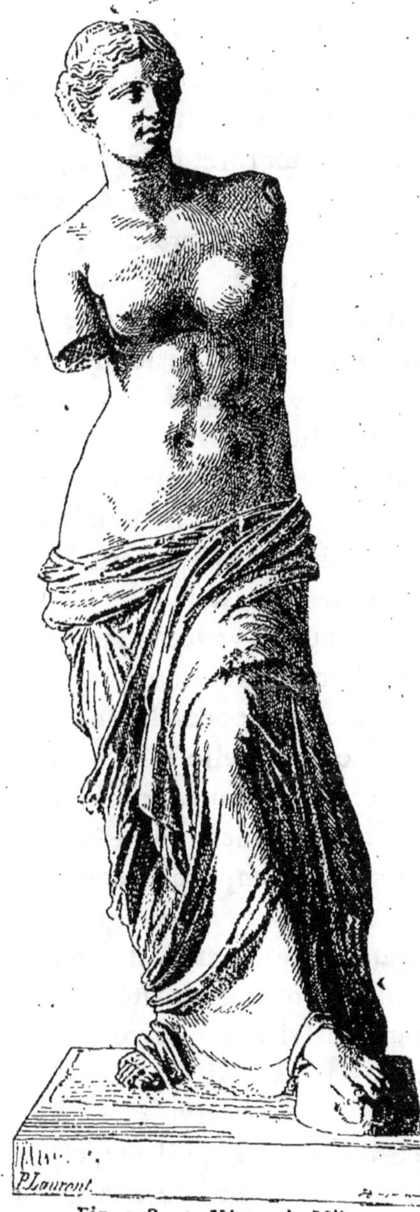

Fig. 148. — Vénus de Milo.

nent vraiment le mi-
lieu entre la Niké
d'Olympie (Niké de
Paionios) et celle de
Samothrace qu'elles
rappellent, la pre-
mière, par leurs for-
mes un peu lourdes;
la seconde, par la
disposition et la fac-
ture des étoffes en-
volées.

Un sentiment es-
thétique, plus fort
que tous les raison-
nements des archéo-
logues, nous pousse
à rattacher aussi à
l'époque privilégiée
de Scopas et de Pra-
xitèle la Vénus de
Milo, ce chef-d'œu-
vre anonyme qu'en
1820 le marquis de
Rivière, ambas-
sadeur du roi Louis
XVIII à Constanti-
nople, acheta pour
le Musée du Louvre
(fig. 148, 149). L'île
de Milo (Mélos) est

une terre favorisée; la plupart des œuvres qu'on y dé-
terre sont d'une haute valeur artistique. On a souvent
déjà signalé la tête du Zeus Blacas, au Musée Britannique; un superbe Poseidon de marbre, colossal, au
Musée national d'Athènes, est encore inédit, et, tout
couché qu'il est, brisé en morceaux épars dans une
lugubre salle provisoire où les statues sont alignées
le long des murs comme des cadavres, sa majesté, sa
fière allure, ravissent d'admiration les visiteurs. Et
pourtant, il eût suffi à la gloire de la petite île d'avoir
donné son nom à l'Aphrodite du Louvre.

Peu nous importe de savoir à quelle action étaient
occupés les bras disparus de la déesse; si elle tenait un
bouclier, si elle tendait les mains vers un petit Éros
debout devant elle, si d'un geste caressant elle s'atta-
chait à Arès, son amant; telle nous la voyons, au fond
de la galerie du Louvre, détachant sa nudité divine sur
le nacarat sombre du velours, enveloppée d'une sage
et discrète lumière, les bras coupés, telle elle restera
toujours dans la mémoire de ceux qui l'ont contemplée,
sans que l'esprit ébloui par le rayonnement d'une beauté
si pure regrette les mutilations du temps ou rêve une
restauration superflue.

La Vénus de Milo émeut en nous trop de jouissances artistiques pour éveiller notre curiosité d'anti-
quaire, et nous nous demandons si nous devons plus
envier ou plaindre ceux qui, sans se laisser absorber
dans une admiration toujours aussi vive à la vue
comme à la pensée du chef-d'œuvre tel qu'il est, cherchent à savoir ce qu'il était. Pour nous, c'est Aphrodite, déesse de l'amour, le plus grave, le plus saint des

sentiments, lorsqu'il n'est pas une vulgaire émotion des sens; c'est Aphrodite, non telle qu'Héphaïstos, devant les Olympiens saisis d'un rire inextinguible, l'enveloppait dans ses filets, pâmée aux bras d'Arès, coquette et las·cive, mais Aphrodite telle que l'a vue le grand Lucrèce: « Volupté des hommes et des dieux, mère de toutes choses, qui, sous les astres glissants, peuple la mer porteuse des navires, peuple la terre porteuse des moissons; qui favorise la conception de tous

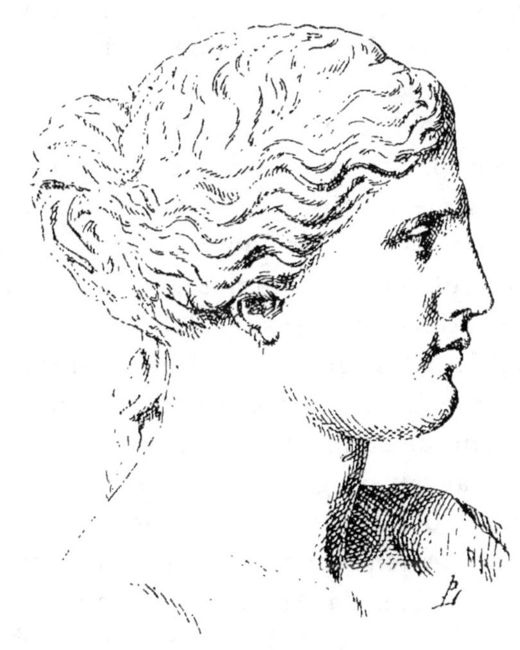

Fig. 149. — Tête de la Vénus de Milo.

les êtres et leur naissance à la lumière du jour, déesse que fuient les vents et les nuages du ciel; devant ses pas, la terre féconde fait surgir les fleurs suaves; à sa venue, le ciel s'apaise, et une éclatante lumière se répand dans les airs; au premier souffle du printemps, les oiseaux sentent battre leur cœur plein de sa force; les bêtes sauvages bondissent dans leurs gras pâturages, et pénétrée de sa douceur délicieuse, toute la nature vivante est en proie au désir ; et par les mers, par les montagnes, par les fleuves rapides, par les retraites feuillues des oiseaux, par les campagnes reverdies, tous les cœurs s'emplissent du doux amour, et les êtres se multiplient. » Voilà bien la déesse dont la nudité s'étale sans fausse pudeur, franche et chaste, Aphrodite, qui gouverne les désirs des êtres, mais impassible, comme il sied à une Olympienne, ne les émeut pas pour elle-même. Sa tête sévère, son indéfinissable sourire qui respire l'amour grave et serein, et non pas la passion ou légère ou tourmentée, son sein robuste de nourrice, ses flancs larges de mère qui s'épanouissent dans l'éclat sobre de leur maturité, éveillent des pensées austères et saines plutôt que voluptueuses. La molle draperie tombante, qu'arrêtent à demi le contour ondoyant des hanches et le genou levé un peu, aurait pu glisser plus bas ou tomber et s'enrouler autour des pieds d'Aphrodite : nue tout entière aussi bien que demi-nue, la déesse serait restée la Génitrix, la Nourrice, la Mère, la femme idéale que ne peut effleurer le bout de l'aile des désirs impurs. Qui mérite le plus de louange, l'imagination qui conçut un type si simple, si grand, si noble, ou la main qui tailla dans un bloc de Paros le marbre le plus fin, le plus transparent, le plus ambré qui soit, les formes matérielles de la plus pure et de la plus belle image de femme qu'un artiste ait jamais rêvée ?

X

LYSIPPE

Lysippe, de Sicyone, eut une vie très longue, qui
rémplit les trois quarts du IVe siècle et une carrière
féconde et glorieuse, puisque Pline prétend qu'on lui
devait plus de quinze cents statues, dont chacune eût
à elle seule fait la célébrité d'un artiste. Ce contemporain de Scopas et de Praxitèle, ce compatriote de l'Argien Polyclète fut à son époque un indépendant et
passa chef d'école. Il se vantait de ne devoir rien à l'influence de personne et d'être le disciple de la nature.
Les hommes, non tels qu'ils sont, mais tels qu'ils lui
paraissent être, voilà ses modèles et il les voit avec ces
caractères : têtes petites, corps élancés et nerveux. On
voit que Lysippe répudie le canon qui donnait aux
hommes des formes plutôt ramassées, des corps larges
et trapus, des têtes fortes. Pline a dit que Lysippe, s'attachant d'ailleurs plus qu'aucun autre à garder la symétrie, c'est-à-dire l'équilibre des proportions, modifia
les proportions préférées jusqu'à lui, et changea la sta-
ture carrée chère aux anciens.

Ces théories, ce système que Lysippe appliqua sans
défaillance, lui font une place à part et donnent une
valeur exceptionnelle à la statue du Vatican connue

sous le nom d'Apoxyo-
ménos (fig. 150), copie
certaine d'un de ses
bronzes les plus célè-
bres, les plus admirés
des anciens.

L'Apoxyoménos
est un athlète qui passe
sur son bras droit le
strygile, petit instru-
ment qui servait à re-
cueillir l'huile et le
sable dont les athlètes
s'oignaient le corps
dans les palestres. Le
nouveau canon s'y ré-
vèle jusqu'à l'évi-
dence : l'homme est
grand, mince et svelte,
nerveux et pourtant
robuste; son air de
grande agilité doublée
de force tient à la lon-
gueur des jambes et
des bras, à la sveltesse
du torse mince à la
taille, étroit aux épau-
les et musclé cepen-
dant. La tête, dont les
cheveux sont librement
ment modelés par mè-

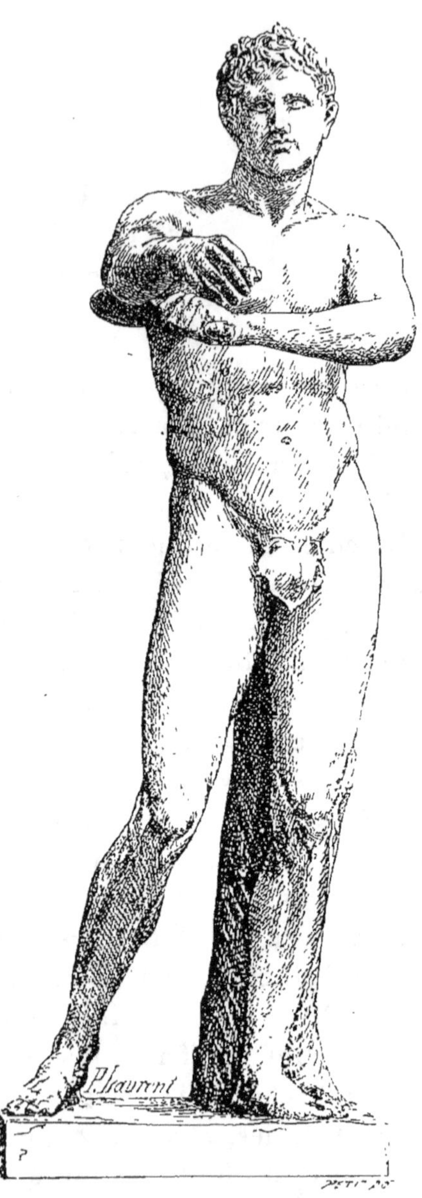

Fig. 150. Apoxyoménos de Lysippe.

ches indépendantes , est petite (c'est un trait du style de
Lysippe que des critiques anciens ont noté); les traits du
visage ont de la finesse. Si nous pouvions contempler
la statue originale, ce chef-d'œuvre que Marcus Agrippa
exposa devant ses thermes, que Tibère, saisi d'enthousiasme, confisqua pour son propre palais, mais dut
rendre bientôt aux réclamations du peuple; si nous
voyions le bronze lui-même, l'a-
thlète nous semblerait réaliser avec
plus de précision encore le type
nouveau conçu par Lysippe, car
c'est le propre des statues de bronze
que les illusions de la lumière
allongent encore les formes et ron-
gent les contours.

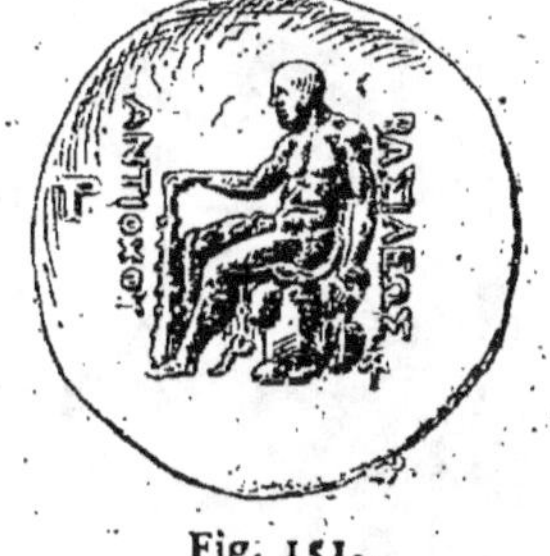

Fig. 151.
Héraklès assis de Lysippe.

   Les œuvres de Lysippe sont de
plus d'une sorte; il a parcouru le
cycle des dieux jeunes, beaux et forts, Zeus, Poseidon, Dionysos, Éros, surtout Héraklès : Héraklès
assis et pleurant ses maux à Tarente (fig. 151), Héraklès Épitrapezios, assis et buvant, Héraklès au
repos, debout, appuyé sur sa massue. Les épigrammes
ont souvent décrit ces statues fameuses. On a voulu reconnaître une copie de l'Héraklès assis dans le torse célèbre du Belvédère, œuvre d'Apollonios, fils de Nestor,
d'Athènes (fig. 152); de l'Héraklès au repos dans l'Héraklès Farnèse (Musée de Naples), œuvre de Glykon,
d'Athènes (fig. 153). Il est possible que ces deux sculpteurs se soient inspirés du bronze de Lysippe pour l'attitude qu'ils ont l'un et l'autre donnée au dieu; mais
nous ne retrouvons là aucun des caractères particuliers

à Lysippe, ce sont des œuvres bien postérieures que nous rattacherons bientôt à une école toute différente.

Pour bien juger le talent de Lysippe, tenons-nous-en à l'Apoxyoménos ; nous n'avons pas même un de ces portraits authentiques d'Alexandre le Grand que multiplia Lysippe, sculpteur officiel du conquérant. Lysippe, à l'exclusion de tout autre, avait le droit de reproduire en bronze la face auguste du monarque, comme Pyrgotélès de la ciseler en marbre, Apelle de la peindre. Nous devons en croire sur parole les écrivains qui nous rapportent avec quelle ingéniosité rare d'observation Lysippe avait saisi la physionomie propre du roi, l'inclinaison de sa tête sur l'épaule gauche, ses yeux levés au ciel et comme mouillés malgré un éclat de bravoure et un regard de lion.

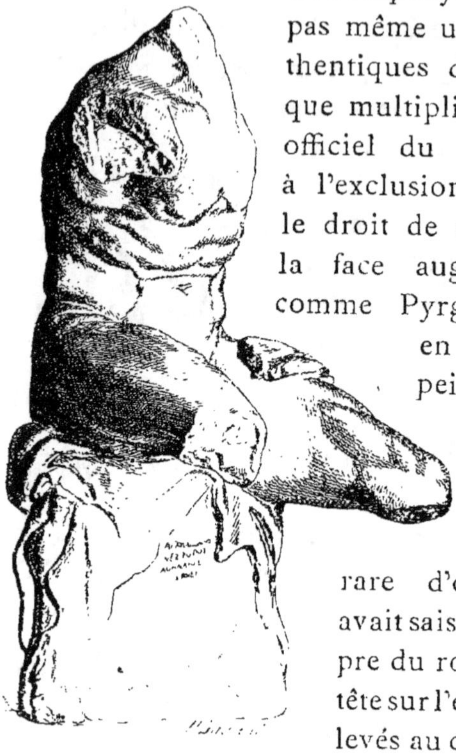

Fig. 152.

Torse du Belvédère.

Quant à la statue allégorique de Kairos, l'Occasion, si fameuse dans toute l'antiquité, nous ne pouvons que la décrire d'après une épigramme : « D'où est ton sculpteur ? — De Sicyone. — Quel est son nom ? — Lysippe. — Et toi, qui es-tu ? — L'occasion qui vient à bout de toutes

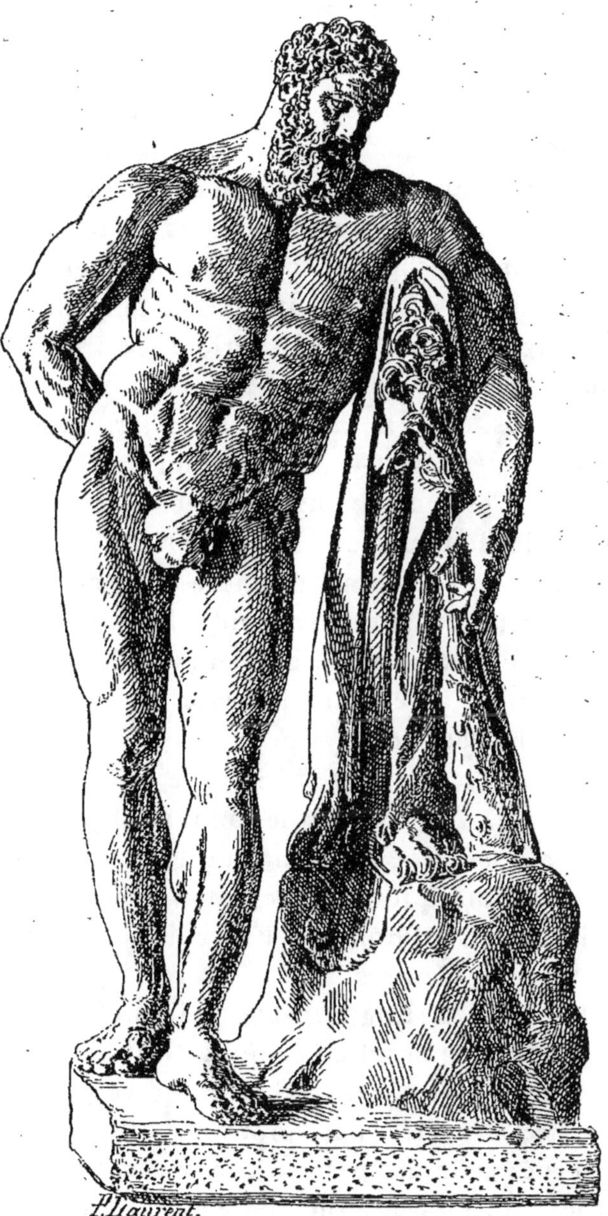

Fig. 153. — Héraklès Farnèse.

choses. — Pourquoi donc te tiens-tu sur le bout du pied ? — Je cours sans cesse. — Pourquoi as-tu doubles doigts de pieds ? — Je vole dans les airs. — Pourquoi ce couteau aigu à ta main droite ? — Pour montrer aux humains que je suis plus acéré que toute pointe. — Et tes cheveux, pourquoi tombent-ils sur tes yeux ? — C'est aux cheveux qu'il faut me saisir dans la lutte, par Zeus ! — Et par derrière, pourquoi donc es-tu chauve ? — Celui qu'une fois j'aurai distancé de mes pieds ailés, celui-là, malgré son désir, ne m'attrapera pas par derrière. — Et pourquoi l'artiste t'a-t-il sculpté ? — C'est pour vous, étranger ; il m'a dressé dans ce vestibule pour vous servir de leçon ! »

Nous ne pouvons nous défendre de trouver l'allégorie bien prétentieuse et bien froide ; louons-en, si l'on veut, l'ingéniosité ; peut-être d'ailleurs aurions-nous eu beaucoup moins à regretter la perte de l'épigramme que celle de la statue de Lysippe.

De nombreux disciples, à Sicyone même et dans toute la Grèce, appliquèrent le canon de Lysippe. Ses trois fils Daïppos, Boëdas et surtout Tisikratès, qui eut lui-même des disciples célèbres, donnèrent l'exemple de cette imitation à Phoinis, à Eutychidès, à Charès de Lindos et à bien d'autres.

Eutykratès se distingue parce qu'il préféra se conformer au génie paternel en ce qu'il avait de plus austère ; il voulut plaire dans le genre grave plutôt que dans le genre aimable. Il est probable, car aucune œuvre conservée ne nous permet d'en juger directement, qu'il adopta un type intermédiaire entre celui qu'avait créé Polyclète et celui que créa Lysippe.

Quant à Charès de Lindos, c'est lui qui conçut et sculpta le colosse de Rhodes. Cette énorme statue de bronze, haute de soixante-dix coudées, représentait le soleil. Renversée par un tremblement de terre, elle étonnait encore, au temps de Pline, par sa masse. Peu d'hommes, dit-il, peuvent embrasser son pouce; ses autres doigts sont plus hauts que la plupart des statues; ses membres disjoints s'ouvrent comme de vastes cavernes, pleines de grands blocs de pierre destinés à l'origine à le fixer debout. On mit douze ans à le construire et l'on y dépensa treize cents talents, la somme qu'on retira du matériel abandonné par Démétrius quand il se fut fatigué d'assiéger Rhodes. Il est probable que cette merveille du monde n'eut de merveilleux que sa masse; la grandeur énorme s'obtient d'habitude au détriment de la perfection et de la beauté artistiques; c'est un reproche qu'on doit faire à Lysippe d'avoir poussé ses disciples vers l'extraordinaire, car l'extraordinaire est presque toujours le faux.

Nous en verrons, au chapitre suivant, de nombreux et mémorables exemples.

XI

Les conquêtes d'Alexandre, la dislocation de son
vaste empire en puissants royaumes rivaux donnèrent
à la civilisation hellénique, déjà fort répandue hors de
la Grèce, une impulsion et un éclat tout nouveaux. Ce
n'est pas seulement dans la Grèce d'Europe ni dans les
îles les plus proches qu'il faut chercher les grands ar-
tistes; les successeurs des maîtres du ve et du ive siècle
ont suivi les successeurs d'Alexandre; plus d'école ren-
fermée à l'enceinte d'Athènes, d'Argos ou de Sicyone,
plus d'école même pour ainsi dire, ou du moins plus
d'école prépondérante. Dans toutes les capitales des
nouveaux royaumes, dans toutes les villes riches, chaque
artiste, selon que le souverain, les circonstances ou son
génie le favorise ou le pousse, suit la voie qu'il a choisie
sans s'attacher à la doctrine ou à l'exemple d'un maître,
sans subir des influences dont il ne se rend pas bien
compte. De là désormais grande confusion et grand
embarras pour classer et dater les œuvres de sculpture
qui, depuis la fin du ive siècle, sont nées en nombre
infini dans toutes les parties du nouveau monde hellénique et peuplent en foule nos musées.

C'est donc avec prudence que nous devons entreprendre la revue des monuments sculptés qu'on rapporte à l'époque si heureusement nommée de l'hellénisme, époque qui commence avec les successeurs d'Alexandre, comprend en outre la lutte des royaumes grecs d'Asie avec Rome et se prolonge à travers l'empire romain jusqu'à l'irrémédiable décadence, période longue, variée, tourmentée, où le génie politique et militaire des Grecs, d'abord engourdi, bientôt endormi, n'a plus que des réveils rares et peu actifs, mais où le génie commercial s'agite et vit dans toute sa force première, où le génie artistique plus fécond, sinon plus puissant que jamais, prend un essor nouveau et se répand sur le monde entier; conquise par les armes de Rome, la Grèce conquiert ses vainqueurs par les lettres et les arts. Il n'y a pas d'ailleurs à parler de renaissance; depuis le grand siècle classique de Périclès jusqu'au triomphe du christianisme qui a tué les arts païens et a recommencé l'histoire de la plastique comme l'histoire politique, sur de nouvelles bases, et pour lui-même, il n'y a pas eu d'interruption dans la production artistique des Grecs. Un seul fait le prouve d'abondance : la Vénus de Milo, dont nous avons décrit les beautés, que nous avons étudiée comme une des plus pures et des plus parfaites statues de l'époque classique, est souvent, sur la foi d'un document douteux, classée parmi les œuvres de l'époque gréco-romaine, et cela par des archéologues qui font autorité. Nous ne pouvons sur ce point consentir à suivre des critiques même fort graves; du moins avouons-nous que pour bien des œuvres l'erreur est facile. On peut les rajeunir ou les vieillir de deux ou trois siècles sans être coupable de légèreté si l'on n'invoque pour les dates que des raisons esthétiques, tant reste encore longtemps féconde et variée l'inspiration des sculpteurs, hardi et habile leur ciseau.

S'il faut à tout prix mettre de l'ordre dans les richesses confusément amoncelées, nous distinguerons avec la plupart des historiens l'École de Pergame, l'École de Rhodes, l'École de Tralles, mais non sans insister sur ce que la distinction a d'artificiel et de peu fondé. Pergame, Rhodes, Tralles, furent à divers moments, avant la conquête romaine, des centres importants, où l'art brilla d'un vif éclat ; mais ce ne furent pas les seules villes, et de là ne partit pas comme un mot d'ordre écouté dans le reste du monde hellénique ; en ce sens le terme d'École serait faux ; il indique seulement ici des groupements, et tout au plus des tendances artistiques.

Pergame, humble cité au nord de Smyrne, ne prit de l'importance qu'au iiie siècle avant notre ère. Capitale d'un des royaumes nés vers 283 du démembrement de l'empire des Séleucides, elle fut occupée par la dynastie des Attalides qui, par bonheur, compta des souverains comme Attale Ier. C'est lui qui prit le premier le titre de roi ; il régna quarante-quatre ans, s'illustrant surtout par une grande victoire sur les Gaulois d'Asie. La défaite de ces hordes envahissantes qui se précipitaient de l'Occident vers l'Orient comme plus tard les Huns de l'Orient sur l'Occident, pillant et massacrant tout sur leur passage, leur refoulement et leur cantonnement dans quelques districts au nord de la Phrygie méritèrent à Attale les honneurs de l'apothéose.

Il consacra son triomphe par l'érection sur l'Acropole de Pergame d'un superbe monument, un autel consacré à Zeus et à Athéna, dont les fouilles heureuses de l'Allemagne ont retrouvé d'importants débris. On peut admirer à Berlin de grands bas-reliefs qui décoraient les soubassements et l'escalier de l'autel, et qui représentent Zeus et Athéna combattant des géants (fig. 154 et 155). La frise entière, haute de 2^m,30, avait sans doute un développement de 144 mètres.

Nous sommes loin de la sobriété simple des sculptures décoratives de l'Attique, comme de la simplicité anatomique des dieux ou des athlètes de Polyclète ou même de Lysippe : la violence, la fougue épique des barbares qu'Attale arrêta dans leurs ravages, semblent être passées dans l'imagination et le ciseau des artistes de Pergame. Il y a plus que du mouvement dans la bataille que livrent à Zeus les monstres fils de la terre, moitié hommes, moitié serpents; c'est bien un combat de dieux et de géants qui dépasse la force des hommes, et ces dieux, ces géants se heurtent, se dressent, s'affaissent, s'enroulent dans des attitudes savamment audacieuses qui déconcertent quelquefois le goût; les formes de leurs corps puissants, les muscles gonflés de force, quelquefois boursouflés, hors nature, excèdent l'humanité. Mais les fautes de goût, les excès de vie débordante, les débauches de chairs saillantes n'ôtent à l'œuvre colossale rien de sa grandeur ni de sa puissance. Les sculpteurs ont visé à l'effet; n'ont-ils pas touché le but, si, nous rapportant aux restaurations qu'on a tentées de l'autel tout entier, à celle de Rich-Bohn par exemple, nous remettons ces bas-reliefs en leur place, à la base des lourds et vastes portiques qui servaient d'enceinte à l'autel colossal de Zeus, et dominaient les gradins grandioses d'un escalier monumental ? Vues d'en bas et de loin, les violences se fondent; la recherche des mouvements rares et l'effort s'atténuent; l'exagération des muscles semble presque nécessaire à la netteté des formes, à la vigueur des reliefs; vus de près et bien de face, certains personnages se détachent avec une force exceptionnelle de vie, quelquefois même nous frappent par la franchise et l'intensité du sentiment qu'ils expriment : ainsi Zeus, qui d'une main abaissée vers un géant tombé lance la foudre, de l'autre brandit l'égide, portant la terreur à sa droite comme à sa gauche, et de ses deux bras étendus de part et d'autre de sa large et musculeuse poitrine embrassant toute la vaste scène du combat, Zeus est superbe d'élan et de force majestueuse. Ce n'est pas l'Olympien calme de Phidias, grave et serein sur son trône d'or, c'est le dieu des armes, le dompteur des géants révoltés et impuissants.

Ajoutons que ces mêmes sculpteurs dont l'art est bien plutôt de convention, on peut presque dire ces idéalistes, qui voient la nature, en particulier la chair humaine, à travers un verre grossissant, font effort aussi, bien souvent, vers l'expression réaliste des passions : ainsi le jeune géant que Zeus a foudroyé. « Avec le bras gauche, dit Mrs Lucy Mitchell, il tâte son épaule blessée; sa tête tombe en arrière et bientôt son jeune

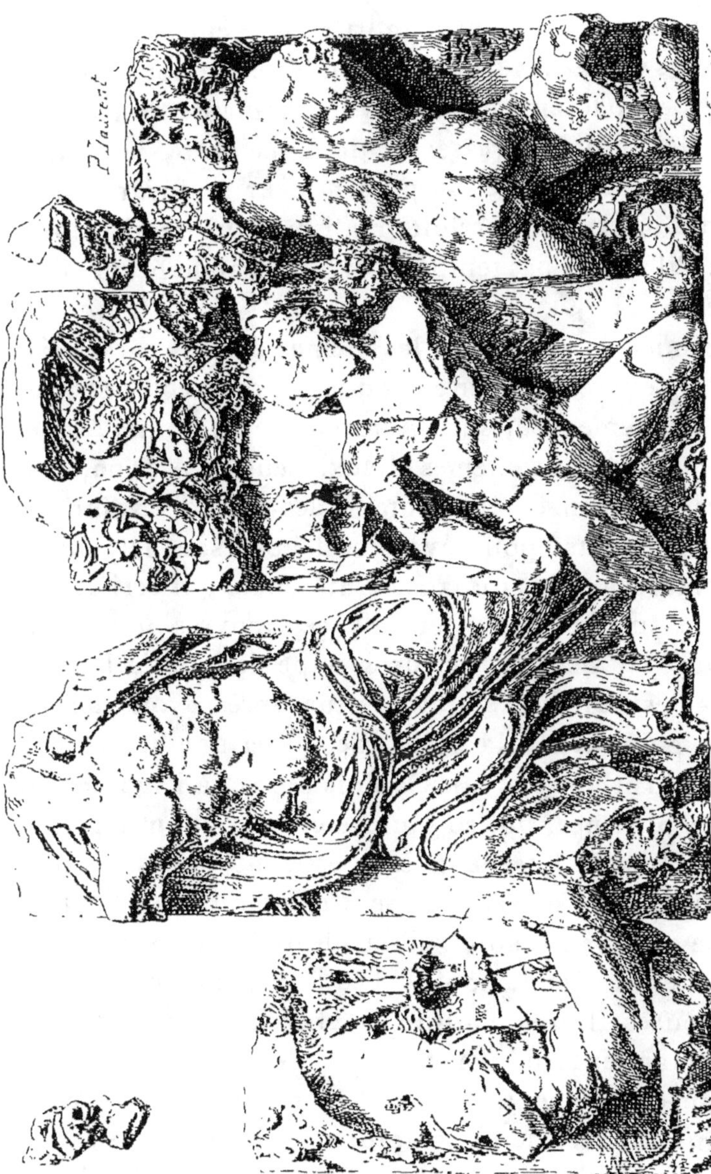

Fig. 154. — Zeus combattant les Géants. (Grand autel de Pergame.)

corps va s'éteindre dans la mort. Dans cette attitude les médecins voient les symptômes très nets de convulsions causées probablement par la vue terrifiante de l'égide. Ainsi les muscles resserrés du bras droit, les aines contractées, et tout le corps semblent se tordre dans l'agonie. C'est un terrible réalisme qui serait répugnant s'il n'était pas tempéré par une grande beauté des formes. »

Les mêmes qualités et les mêmes défauts caractérisent les œuvres de cette époque, de cette école si l'on veut. Au même lieu, sur l'Acropole de Pergame, Attale avait consacré aux mêmes dieux, Zeus et Athéna, des statues de bronze représentant des Gaulois vaincus. Les artistes cités pour avoir collaboré sont Isigonos, Phyromachos, Stratonikos, Antigonos, qui écrivit un ouvrage sur son art. Deux de ces œuvres nous sont connues par des copies, un groupe de la villa Ludovisi — c'est un Gaulois qui se tue après avoir tué sa femme pour éviter la servitude, — et une statue du Musée du Capitole, un Gaulois blessé, à l'agonie, la tête déjà inclinée, qui se soulève et se soutient à peine du bras droit. Les deux œuvres sont belles, d'une exécution plus sobre, d'un sentiment plus délicat que la frise du grand autel, d'un idéalisme plus naturel mêlé d'un réalisme moins brutal, mais vivantes et vigoureuses, libres d'allure et cherchant l'originalité dans le rare et le nouveau.

Peut-être le copiste a-t-il ici atténué quelque peu les signes de race de la sculpture pergaméenne, si l'on compare ces deux œuvres aux statues disséminées dans les musées d'Europe, reproductions à peu près cer-

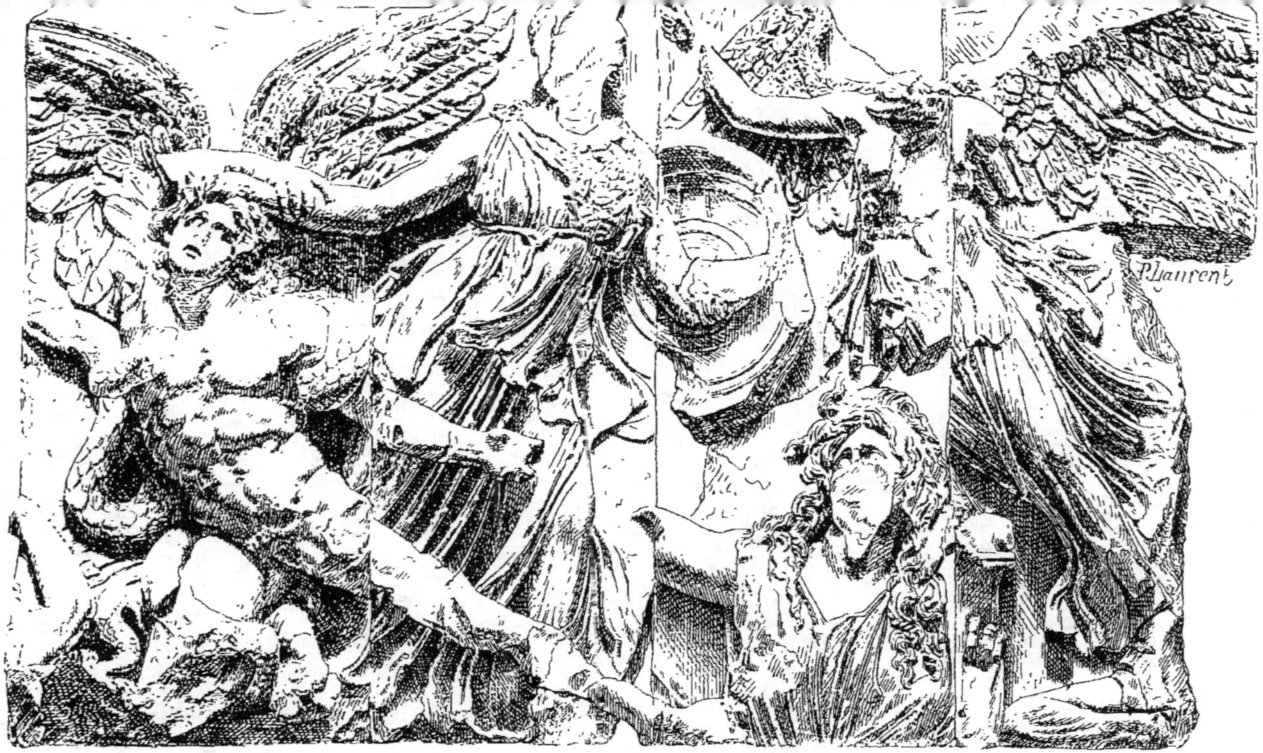

Fig. 155. — Athéna combattant les Géants. (Grand autel de Pergame.)

taines d'un ex-voto qu'Attale envoya aux dieux d'Athènes, son alliée fidèle, et qui fut consacré sur l'Acropole même. A Naples, à Rome, à Venise, à Aix en Provence, on trouve une série de Galates, de Grecs, d'Amazones combattants ou blessés où se reconnaissent jusqu'à l'évidence l'inspiration et la technique des sculpteurs de la frise et des statues précédentes. Les

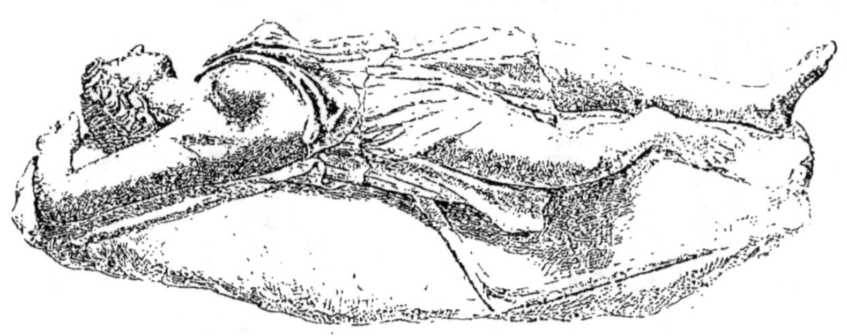

Fig. 156. — Amazone blessée.

statues sont plus petites que nature, ce qui est fâcheux, car les mouvements et les attitudes violentes, dans des figures de proportions réduites, deviennent grimaces et contorsions; le manque de naturel, la convention sont bien plus sensibles dans les fragments de l'ex-voto d'Athènes que dans la frise, par exemple; il n'y a de franche et de libre d'allure, parmi toutes les figures conservées, que l'Amazone morte (fig. 156), étalée de tout son long sur le dos, gisant telle qu'elle est tombée, sans que le statuaire, comme on l'aurait pu craindre, ait pris le soin de disposer le corps de la guerrière dans quelque attitude théâtrale; l'amazone, dis-je, et le

Galate agenouillé du Musée du Vatican, figure énergique et bestiale de barbare âpre au combat, pelotonné
sur lui-même, prêt à
bondir comme un fauve,
nerveux et fort sous ses
braies et son sayon col-
lants à la mode de son
pays (fig. 157).

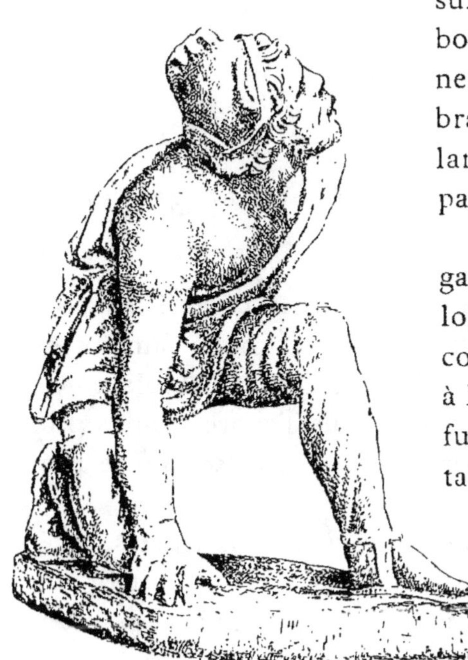

Fig. 157. — Galate combattant.

L'influence de Per-
game se fit sentir au
loin. On cite quelques
copies antiques, faites
à l'époque même où elle
fut sculptée, de cer-
taines parties de la frise
du grand autel,
et l'on rapproche
à bon droit de
cette frise pour
leur style hardi et
théâtral quelques
œuvres particu

lièrement célèbres, par exemple, la frise du temple
de Priène. La conquête du royaume par les Romains
fit que cette influence passa bientôt en Italie et s'exerça
surtout à Rome sur les œuvres dites gréco-romaines.
Nous l'y retrouverons.

XII

Comme la frise du grand autel caractérise pour nous la sculpture à Pergame, le groupe fameux du Laocoon, retrouvé en 1506 à Rome, sur l'emplacement du palais de Titus, est pour nous l'expression la plus complète et la plus significative de la sculpture rhodienne (fig. 158).

Pline l'Ancien attribue l'œuvre à trois artistes, Agésandros, Polydoros, Athénodoros. C'est, dit-il, un morceau supérieur à tout ce qu'ont produit la peinture et la sculpture, et il le cite comme un des rares exemples de chef-d'œuvre fait en collaboration. L'opinion de Pline a longtemps prévalu dans les temps modernes ; Winckelmann l'a acceptée sans réserve, et son école est unanime dans un éloge hyperbolique ; Lessing, on le sait, voulant déterminer les limites du domaine réservé à chacun des arts plastiques, a choisi le Laocoon comme point de départ de son étude ; c'est que jamais, en effet, n'a été dépassée par un sculpteur hellénique la force et l'intensité expressive du Laocoon ; jamais le marbre n'a traduit avec plus de précision ni de vérité la sensation de la douleur physique.

Ce vieillard encore vert et robuste, ces deux enfants, l'un déjà vigoureux, l'autre plus frêle, qu'un

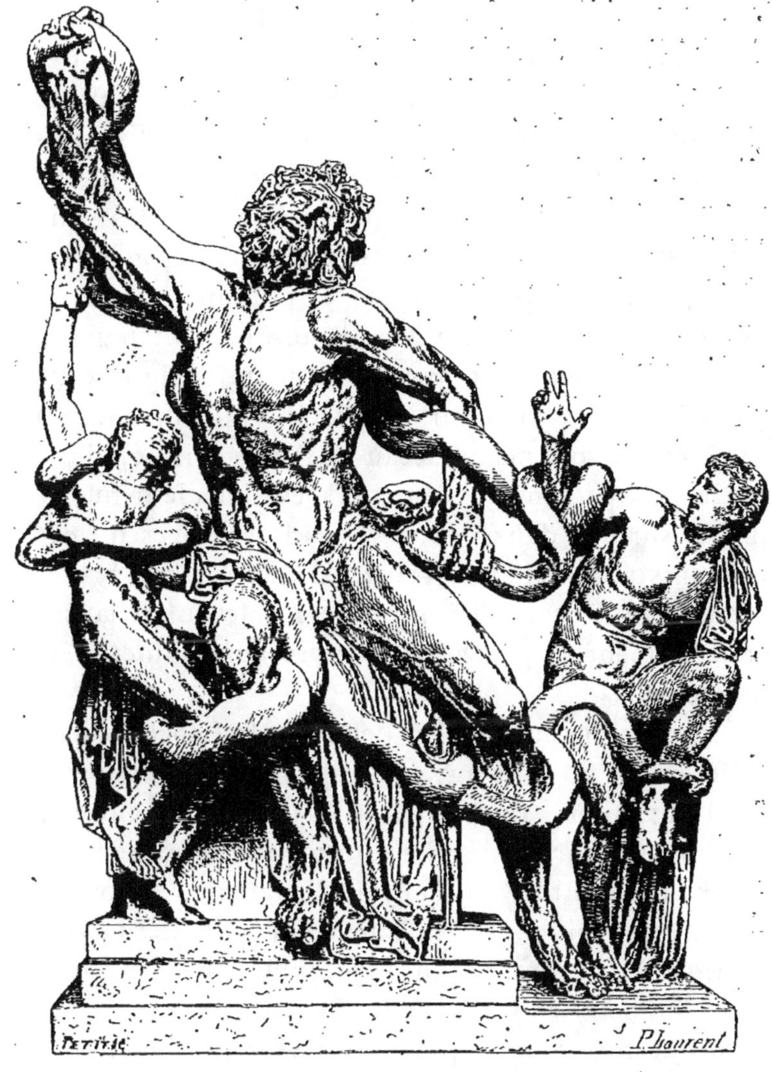

Fig. 158. — Laocoon.

serpent monstrueux enlace et mord sans souci de leur

défense inutile, souffrent, et étalent leur souffrance
les corps raidis, où les veines se gonflent, où les muscles saillissent dans un effort désespéré, où les ventres
se contractent et s'affaissent, tandis que les poitrines
oppressées des étreintes du serpent se bombent et se remplissent d'air, les corps, dis-je, tourmentés et convulsifs,
se tordent de douleur ; et les têtes renversées, les yeux
défaillants, les bouches ouvertes qui râlent et geignent
plutôt qu'elles ne crient, autant et plus même que les
corps crispés, produisent sur l'âme du spectateur un
maximum d'effet tragique. Pourtant, malgré cette
expansion de la douleur corporelle qui imprime à
toute l'œuvre comme un sceau de matérialisme, il y a
dans le groupement des personnages, dans leur nudité
franche, surtout dans l'expression des visages où des
sentiments se reflètent à travers les sensations brutes
du mal, une hauteur d'inspiration idéale qui rehausse
singulièrement la portée de l'œuvre dont l'intérêt est
ainsi doublé.

Nous parlons surtout des deux fils de Laocoon, particulièrement du plus âgé, qui tourne vers son père un
regard suppliant. La bouche parlante, l'œil enfoncé
sous l'orbite chargée de plis douloureux implorent un
secours impossible, et l'effroi, l'angoisse, la prière
désespérée se joignent avec une vérité singulière d'observation à la contraction involontaire des muscles
sous l'effet de la souffrance physique.

En somme, malgré quelque excès dans l'anatomie
pathologique, quelque emphase peut-être dans les
attitudes et les souffrances, l'effet produit est si vif, si
franc et si complet, qu'on oublie les fautes évidentes

pourtant commises par les trois sculpteurs, par exemple la disproportion des trois corps, la disproportion aussi des têtes trop petites avec les corps des enfants. Comparés avec leur père, et vu leur taille, les deux éphèbes devraient n'avoir que des formes enfantines; ils sont seulement des hommes plus petits, et leurs têtes semblent empruntées à des statues de dimensions plus réduites qu'ils ne sont eux-mêmes. Notons aussi une faute qui vient, celle-là, d'une maladroite restauration : les bras droits de Laocoon et de son plus jeune fils ne se dressaient pas en l'air, comme il apparaît sur notre gravure; pliés aux coudes, ils étaient ramenés devant la tête; la force éclatait davantage dans le corps ainsi ramassé, et le groupe, bien plus régulier, pyramide dont la tête de Laocoon était le sommet, prenait plus d'unité et de vigueur. Tel qu'il est, les caractères en sont encore bien précis et bien intéressants. L'anatomie le rattache à l'École de Lysippe, la composition, l'intensité expressive à l'École de Scopas; les défauts, exagération, déclamation, à l'École de Pergame; et pour la date, il nous est maintenant facile de choisir entre celles qu'ont désignées les archéologues. Lessing parlait de l'époque de Titus et prétendait que le groupe fut sculpté pour le prince lui-même; c'est impossible; une peinture de Pompéi, de la première moitié du 1er siècle de notre ère, est visiblement inspirée du groupe en marbre; d'ailleurs, des artistes contemporains de Titus se seraient certainement attachés à suivre le récit de Virgile, au IIe chant de l'*Énéide*, et il n'en est rien. C'est bien plutôt le milieu du IIe siècle avant Jésus-Christ qu'il faut accepter, car c'est à cette date que se rapporte la frise de l'autel de Pergame et les ressemblances, nous le répétons, sont frappantes entre les deux œuvres ; sans plus parler du style, le jeune géant qui se débat contre un serpent dans le groupe d'Athéna (fig. 155) est, on l'a déjà remarqué, très semblable à Laocoon : même tête renversée, même bras replié derrière la tête, même attitude du corps rejeté vers la droite, même jambe allongée. Avec M. Wolters nous préférons cette date à celle du IIIe siècle, proposée par ceux qui voient des rapports nombreux entre l'œuvre capitale de l'École rhodienne et l'œuvre capitale de l'École de Tralles, le Taureau Farnèse (fig. 159).

Ce monument, le plus grand qui nous soit resté de la sculpture grecque en ronde bosse, fut découvert, en 1546 ou 1547, sous le pape Paul III, dans les thermes de Caracalla, à Rome. Il est depuis 1786 au Musée de Naples. Retrouvé dans un état lamentable de mutilation, il a été habilement restauré par Giovan-Battista della Porta d'après les indications mêmes que donnaient les fragments, et l'on peut juger parfaitement sinon la technique des détails, du moins la conception et la composition d'ensemble.

Le sujet est le supplice de Dirké, fille dénaturée d'Antiope, que ses frères Amphion et Zéthos attachent aux cornes d'un taureau furieux. L'animal se cabre, une corde déjà enroulée autour de ses cornes, et les deux frères, Amphion à droite (sa lyre le désigne), Zéthos à gauche, le saisissant par le mufle, par les cornes, tirant violemment sur la corde, font effort pour le contenir. Devant eux, à leurs pieds, Dirké

demi-nue, saisie d'effroi, car le taureau effleure de ses
sabots les bras et la tête de la malheureuse, se retourne
et supplie ses bourreaux. La scène se passe sur un

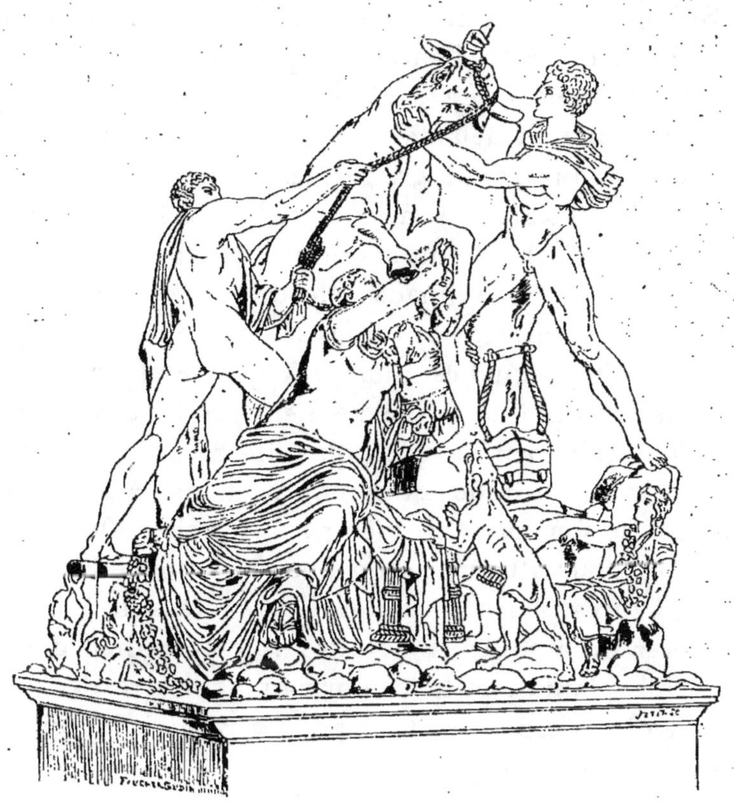

Fig. 159. — Taureau Farnèse.

rocher planté d'arbres; Amphion et Zéthos sont debout, perchés sur des pointes de roc; une femme, sans
doute Antiope, et une divinité des montagnes, plus
petite que les autres personnages, assistent au supplice,
ainsi qu'un chien. Deci, delà, sur les anfractuosités
du rocher, sont sculptés des animaux, des feuillages

et des emblèmes du culte de Dionysos, corbeille, thyrse, etc., parce que le supplice eut lieu dans le Kithairon pendant une fête dionysiaque.

Si l'on en croit Pline, le groupe taillé dans un seul bloc de marbre était l'œuvre d'Apollonios et de Tauriskos, de Tralles. La seule inspection de la figure montre les grands défauts de l'œuvre; on a critiqué la composition bizarre du groupe, les hommes suspendus en équilibre instable sur des pointes du rocher, adossés à des troncs d'arbres poussés on ne sait trop comment dans la pierre, les animaux allégoriques sculptés sur le roc avec des dimensions minuscules, comme le dieu assis à droite, lequel est plus petit que le chien; on a dit plaisamment que Dirkĕ ne tient pas à l'ensemble, et qu'il serait bien simple pour elle de s'enfuir; que d'ailleurs son attitude est contournée, que la position malaisée de son corps est bien peu naturelle. On peut répondre pour atténuer, non pour détruire le blâme, que le Taureau Farnèse était fort probablement destiné à décorer un jardin. Il devait surgir au milieu d'un massif de plantes, et la conformation bizarre du rocher, avec ses aspérités et ses pointes, voulait indiquer le sommet d'une montagne.

Remarquons d'ailleurs que le groupe est symétrique : Zéthos correspond à Amphion, Antiope à Dirké; le taureau forme le centre et sa tête est comme le sommet d'une pyramide; de plus, le groupe est disposé de telle sorte que, de quelque côté qu'on s'approche de lui, il semble se présenter de face, ce qui prouve bien qu'il était destiné à servir de motif central dans une promenade.

Les qualités, d'ailleurs, sont évidentes comme les défauts; la verve, l'imagination, le mouvement, le sens très net d'un grand ensemble décoratif. Les sculpteurs visaient à l'effet, et l'ont touché.

Mais ce qui fait surtout l'intérêt du groupe, c'est l'impression nettement ressentie à première vue qu'Apollonios et Tauriskos sont sortis du domaine réservé à la sculpture. Le Laocoon, par sa recherche de l'expression, touchait les limites extrêmes de cet art; le Taureau Farnèse les dépasse par la complication de la scène représentée. Les sculpteurs ont conçu leur œuvre comme aurait fait un peintre, et c'est une faute grave. Ils n'ont pas compris que le ciseau, forcément, donne à tous les personnages, à tous les accessoires d'un même groupe la même intensité de relief et de vie, qu'il ne peut graduer, comme le pinceau, l'importance des divers plans et des divers détails; que, de plus, tous les accessoires, comme les animaux et les attributs dionysiaques, qu'un peintre aurait pu nous faire accepter en leur donnant leur juste valeur par quelque artifice de couleur ou de composition, sont inutiles ici, disproportionnés et trop voyants. Le Taureau Farnèse, c'est la copie en marbre d'un tableau. La tentative est nouvelle et hardie, mais le succès plus que douteux. L'œuvre pourtant, tout imparfaite, a le grand mérite d'exciter la critique; de soulever de graves questions d'esthétique; nous en voulons signaler au moins une encore.

Lorsque Virgile raconte la mort de Laocoon, il montre d'abord le serpent qui s'approche, puis le serpent qui enlace le prêtre; il y a là comme deux actes

d'un drame, le premier préparant l'autre; les sculpteurs du Laocoon ont choisi le second, comme plus
terrible et plus émouvant. Apollonios et Tauriskos,
au contraire, dans le drame du supplice de Dirké, ont
choisi le premier acte, l'acte des apprêts. Il leur a
semblé que le supplice lui-même était quelque chose
de brutal, de matériel, qui n'aurait plus laissé place à
l'expression de sentiments psychiques. Au contraire,
l'assurance calme des deux frères préparant sans
trembler la mort de leur sœur, pour venger leur mère,.
l'effroi physique de la victime devant le tauréau bon-
dissant; l'épouvante morale des souffrances entrevues,
voilà une scène qui chez le spectateur doit produire
l'anxiété, l'oppression involontaire dans l'attente d'un
événement sanglant, voilà de quoi exciter l'imagination
et échauffer la verve d'artistes raffinés, à une époque
où la sculpture est devenue avant tout un art expressif;
voilà de quoi tenter un ciseau tour à tour correct et
savant ou libre et fantaisiste, qui n'a plus une difficulté qu'il ne puisse vaincre, qui, dans un même bloc
énorme, saura tour à tour découper les fines et fragiles
torsades d'une corde, et le visage angoissé d'une femme
jeune et belle qui va mourir, des corps musculeux
d'athlètes domptant un taureau ou les formes enfantines et molles d'un jeune dieu enguirlandé de fleurs.

Avec le groupe d'Apollonios et Tauriskos, avec
cette importante création de l'École de Tralles, nous
fermons l'histoire de la sculpture grecque proprement
dite; la vie artistique ne cesse pas dans les pays helléniques; mais si ce n'est pas seulement à Rome, c'est
surtout pour Rome que travailleront désormais les

grands artistes. Du reste, toute la gamme de l'art a été parcourue ; nous avons vu la sculpture se développer peu à peu en prenant conscience d'elle-même ; progresser, atteindre la perfection et s'y maintenir longtemps ; nous l'avons vue explorer son domaine dans tous les sens, en parcourir les voies ouvertes, en ouvrir de nouvelles, atteindre, dépasser même ses limites naturelles. Aucune manifestation d'elle-même ne lui est plus inconnue ; si son histoire n'est pas terminée, si nous devons raconter encore ce qu'elle a produit de beau et de grand avant que commence sa décadence, du moins est-il certain que cette beauté, cette grandeur seront pour nous d'ordinaire choses bien connues ; la sculpture grecque, désormais, a cessé d'être créatrice.

XIII

LA SCULPTURE GRECQUE SOUS LA DOMINATION
ROMAINE

Les œuvres de cette longue période remplissent les musées d'Europe ; le nombre en est infini. Elles se sont retrouvées en foule : à Rome d'abord, où les avaient rassemblées, dans les villas et les palais somptueux, l'orgueil et la cupidité des grands et des empereurs, puis dans les villes des provinces où les riches, souvent des citoyens romains, prétendaient lutter de faste avec la capitale.

Nous ne pouvons ici songer à une revue complète qui exigerait de gros volumes ; nous nous bornerons à décrire quelques-unes des statues les plus fameuses, sans même chercher à les classer, car toute assignation de date ou d'école risquerait fort d'être abitraire. Le génie des sculpteurs à cette époque est éminemment éclectique. Comme il semble que le domaine de la sculpture est exploré jusque dans ses avenues les plus reculées et qu'il faut renoncer à être original, chacun choisit, qu'il s'en rende compte ou non, un maître parmi les grands maîtres d'autrefois, et s'abandonne à l'imitation des œuvres modèles. Du moins faut-il constater qu'à défaut de signature ou d'autre indication

précise, il est presque toujours facile de reconnaître les
œuvres de cette époque, les unes parce qu'elles portent
le sceau évident de l'imitation, les autres parce que la
convention, dont nous avons vu exempts jusqu'à présent tous les chefs-d'œuvre classiques, commence à y
apparaître, et à côté de la convention des qualités qui
déjà font sentir la décadence, et que leur excès tourne
presque en défauts : l'élégance poussée presque à la
mièvrerie, et la grâce jusqu'à la préciosité. Dans ce sens,
trois statues sont typiques : la Vénus de Médicis,
l'Ariane du Vatican et l'Apollon du Belvédère.

La première est signée Kléomènes, fils d'Apollo-
dore, Athénien; mais l'inscription ne mérite pas confiance ; d'ailleurs l'intérêt de la statue n'est pas là ; il est
tout dans le sujet et dans la technique. La Vénus de
Médicis, c'est, de toute évidence, la Vénus de Praxitèle arrangée au goût de l'époque romaine. Si rien n'est
changé à l'attitude typique de la déesse Anadyomène,
notre impression n'est plus la même à sa vue. Le geste
innocent et naïf, dont les dévots de Cnide admiraient
la pudeur, a perdu maintenant quelque chose de sa
discrétion chaste. Vénus, comme la bergère de Virgile,
qui fuit vers les saules et désire pourtant être vue,
semble se voiler pour mieux se montrer. Elle n'est plus
la divinité de Cnide sortant de l'onde, sa mère, mais
une mortelle jeune et coquette qui, dans les ébats du
bain, a pris bien garde de dérouler sa coiffure savante ;
ou si c'est une déesse, comme le voudrait marquer
le dauphin joueur que chevauche un petit Amour,
l'Olympe qu'elle habite n'est plus l'Olympe de Phidias
ni de Praxitèle. C'est que l'artiste ne croit plus à Vénus,

ne croit plus à l'Olympe; il ne respecte pas la déesse qu'il crée, et qui ne doit jamais recevoir, dans un temple, les vœux d'aucun fidèle. Il veut seulement charmer par l'éclat d'une blanche et gracieuse nudité de femme, et comme il manie son ciseau avec une maîtrise incomparable, comme le fin marbre ambré de Paros se modèle sous ses doigts à toutes les délicatesses de la chair palpitante, l'œuvre monte au rang des plus belles. A Florence, au centre de la Tribune, ce Salon illustre dont l'étroit espace renferme assez de chefs-d'œuvre pour faire la gloire de vingt musées, la Vénus de Médicis séduit d'abord et captive tous les regards enchantés de sa jeunesse fraîche et mutine (fig. 160).

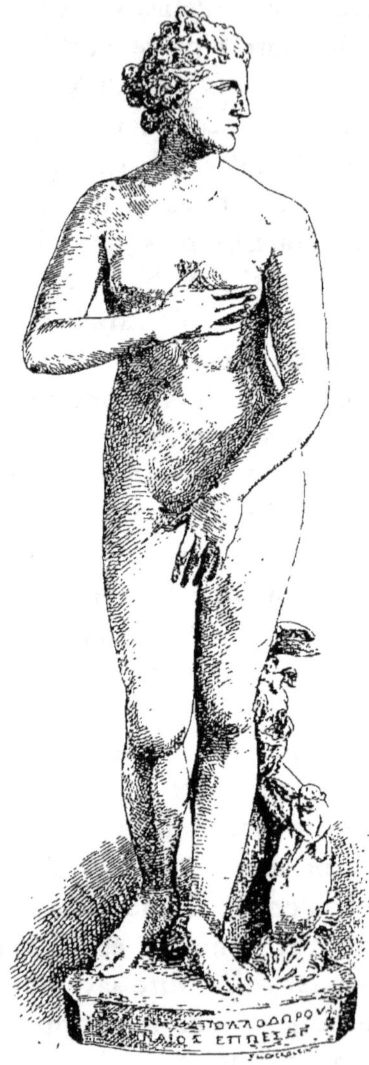

Fig. 160. — Vénus de Médicis.

L'impression que nous cause la célèbre Ariane du

Vatican est à peu près de même nature. Qui reconnaîtrait, dans cette grande et belle jeune femme endormie,
l'amante passionnée de Thésée ? Mollement étendue
dans les plis de sa robe ondoyante, les bras arrondis
autour de sa tête dans une attitude gracieusement étudiée, le visage ému d'une douleur discrète, elle semble

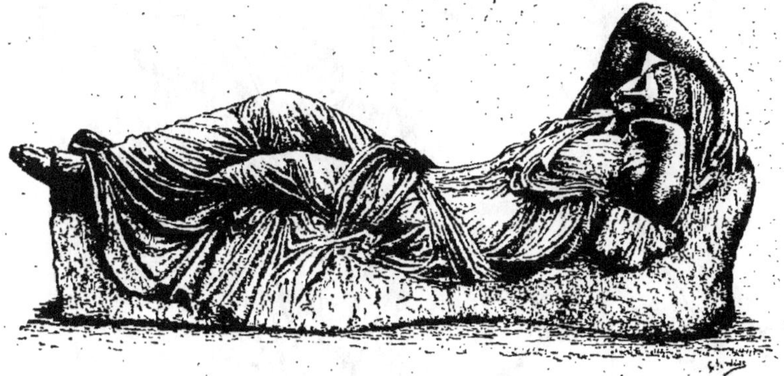

Fig. 161. — Ariane du Vatican.

sommeiller de fatigue plus que d'angoisse. Nous songeons à Cynthie, à Lesbie, à Corinne, à quelqu'une de
ces voluptueuses qui pleuraient l'inconstance d'un Ti-
bulle ou d'un Ovide dans l'attente du nouvel amant.
Mais où donc est l'Ariane de Catulle, l'ardente héroïne
dont le cœur agite des fureurs indomptées, dont la passion s'échappe en plaintes brûlantes ? De telles douleurs
briseraient la molle poitrine, de telles invectives déchi-
reraient les lèvres tendres de l'Ariane du Vatican, cette
Grecque de la décadence. Et pourtant, comme la Vénus
de Médicis, avec moins de perfection, avec des fautes
graves qui sautent aux yeux (comme l'incohérence des
plis autour des genoux), la statue nous attire par sa

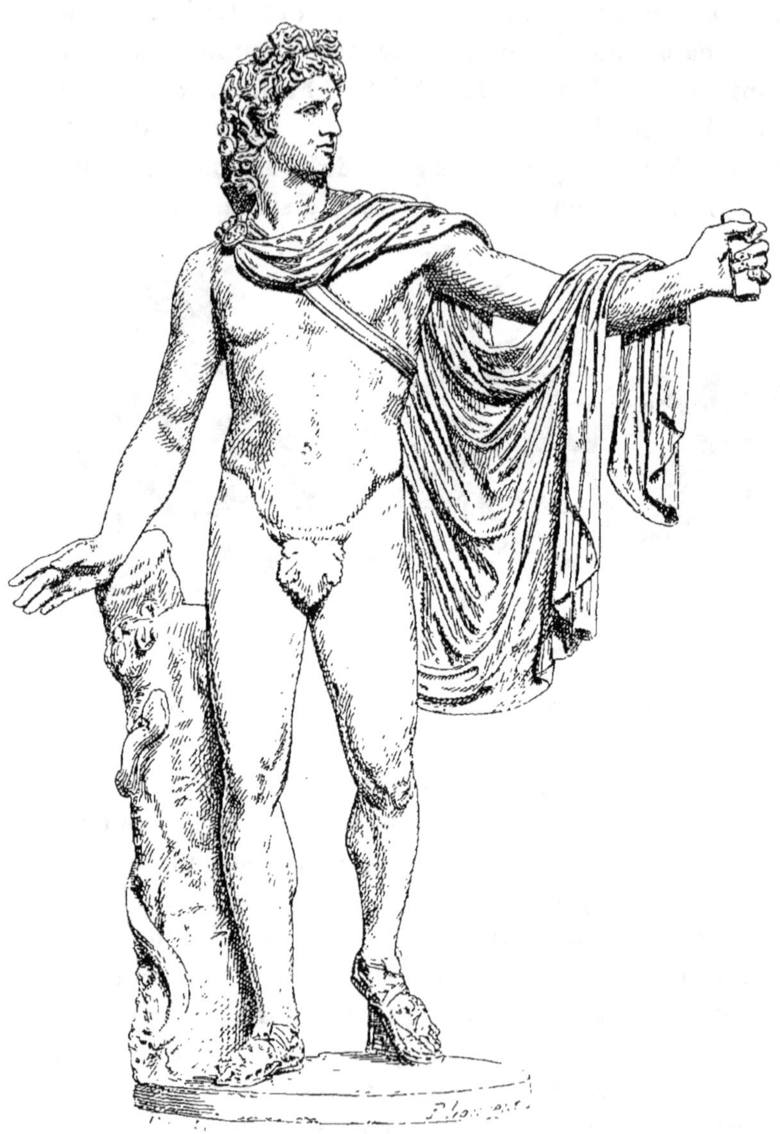

Fig. 162. — Apollon du Belvédère.

grâce alanguie, et le type, tout dégénéré, créé par un
sculpteur sceptique, reste gravé dans notre mémoire à
côté du type plus fort, plus vrai, plus beau, créé par
l'imagination du poète (fig. 161).

L'Apollon du Belvédère est bien déchu du rang
où l'élevait Winckelmann. On ne voit plus en lui la
plus belle des statues grecques, et c'est justice. Certes,
l'œuvre a son prix, un très grand prix. Le dieu s'avance
léger, dans tout l'éclat de la jeunesse et de la force ;
son geste est plein de fierté, son regard est vraiment
olympien : tel nous le montre Homère, brandissant
l'égide aux yeux des Grecs épouvantés qui s'enfuient.
C'est un honneur de rappeler quelques beaux vers de
l'*Iliade ;* Scopas aurait sans doute, et sans beaucoup
d'hésitation, signé l'œuvre que sculpta longtemps après
lui quelqu'un de ses fervents disciples. Mais ici encore,
nous regrettons de ne pas trouver la franchise d'inspiration et la simplicité de main qui élève si haut les
chefs-d'œuvre du siècle de Périclès. Le sculpteur n'avait
pas, il nous semble, pour son dieu, cette irrévérence
ironique que nous avons notée ; il a bien fait un effort
pour lui donner de la majesté et de la noblesse, mais
par malheur on sent cet effort. L'effet, certes, est produit, mais non pas naturellement et de prime saut ;
l'œuvre est savante, mais elle est froide. Apollon
est digne vraiment de servir de modèle aux dessina-
teurs novices, tant ses formes sont parfaites et ses
lignes pures ; c'est la plus correcte des académies ;
mais nous souhaitons aux artistes qui veulent émouvoir
ou charmer un autre idéal ; on sait trop quelles
œuvres ennuyeuses et banales a produites et produit

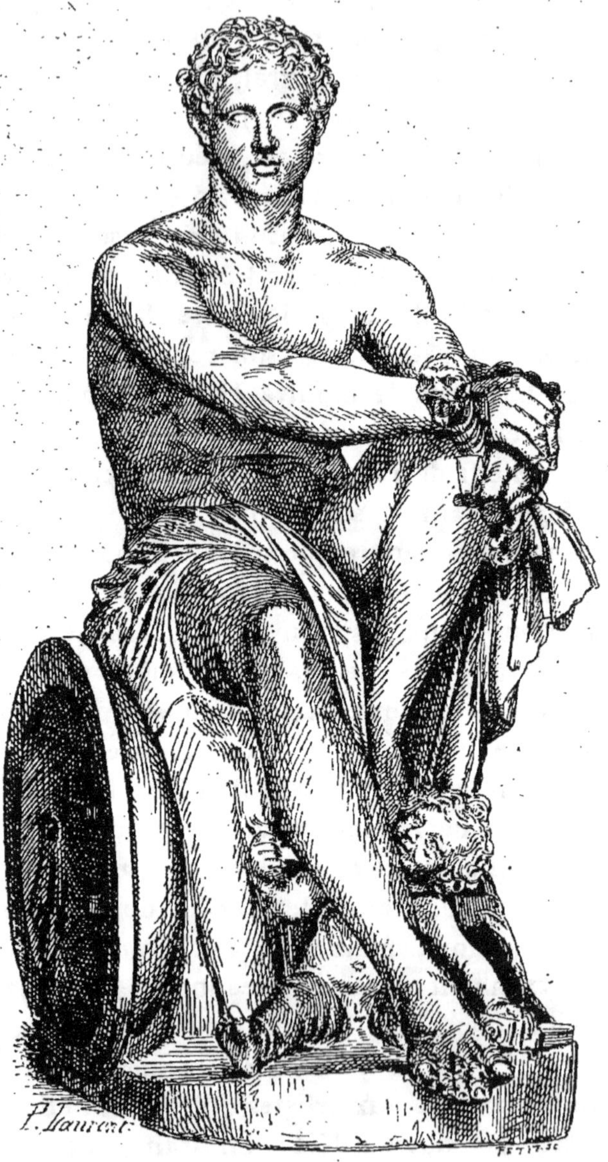

Fig. 163. — Arès Ludovisi.

encore l'imitation de ce type trop classique (fig. 162).
L'Apollon du Belvédère nous a rappelé Scopas, dont l'école a fixé les types plastiques des divinités grecques tels que les avaient conçues la religion et la poésie de l'époque classique. L'Arès Ludovisi (fig. 163), par son attitude et ses attributs, semble bien se rattacher au même groupe; le petit Amour spirituellement assis entre les pieds du dieu de la guerre, mutin et rail-

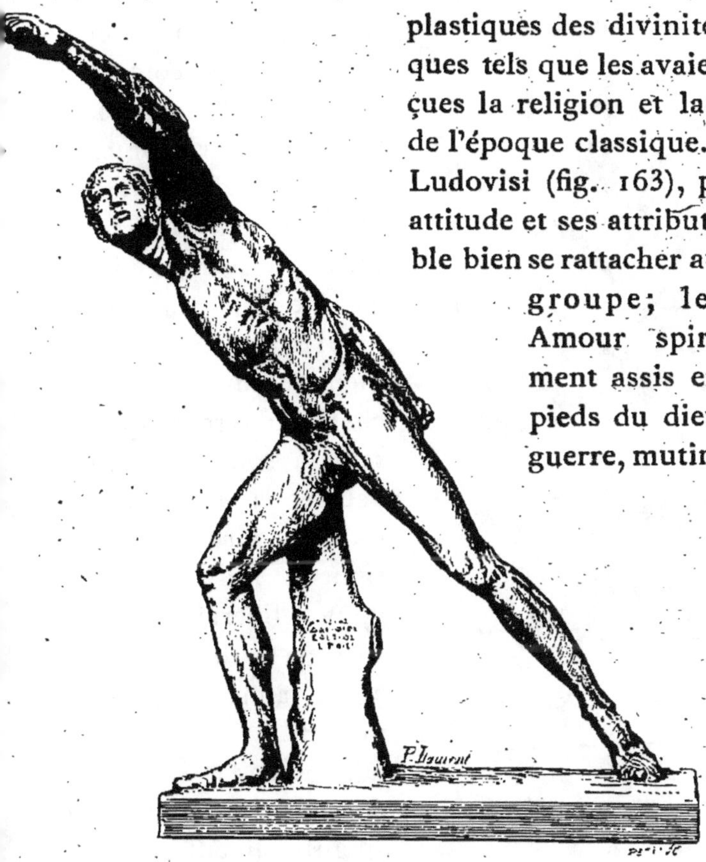

Fig. 164. — Gladiateur Borghèse (Musée du Louvre).

leur, suffit à désigner l'époque romaine. Mais la tête est dans la manière de Praxitèle (tête d'Hermès, fig. 145), le corps est allongé suivant le canon de Lysippe. Un mélange analogue d'écoles se retrouve dans

le gladiateur Borghèse, l'œuvre fameuse d'Agasias d'É-
phèse (fig. 164). L'athlète, grand, élancé, nerveux, d'une
anatomie juste et savante, la tête petite et fine, est visiblement inspiré de Lysippe ; mais son geste violent et
rapide, choisi comme le geste du Discobole, nous fait remonter plus en arrière, jus-
qu'à Myron. Agasias d'Éphèse se révèle ici comme un praticien habile connaissant bien et comprenant les chefs-d'œuvre, et qui, sentant son génie un peu sec et son inspiration courte, se ré-
signe à imiter avec goût et liberté.

Ces statues n'ont pas la valeur de la Vé-
nus de Vienne (en Dauphiné), œuvre d'imitation aussi, mais singulièrement fran-

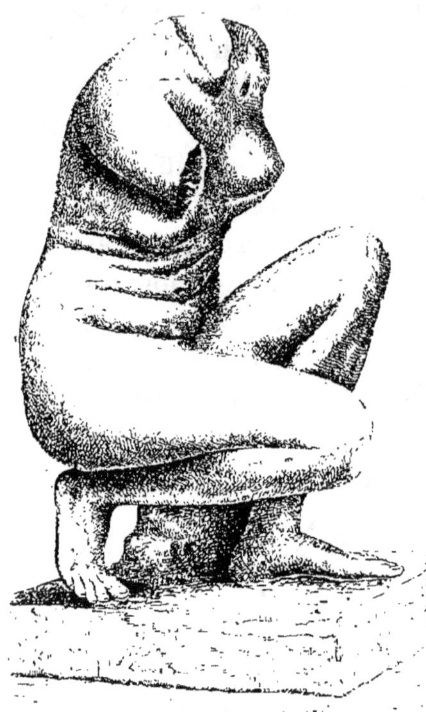

Fig. 165. — Vénus de Vienne (Louvre).

che et personnelle. Nul type n'est plus répandu dans
l'antiquité que celui de la Vénus accroupie, car
aucun motif n'est plus gracieux, ne sert mieux à
montrer la souplesse, à faire saillir les rondeurs harmonieuses du corps féminin. Les répliques en sont en
nombre infini, mais la statue de Vienne a presque la

saveur d'un original. C'est une femme épanouie dans la pleine maturité de sa chair, le sein ample et robuste, la taille forte, les jambes rondes et bien nourries. Le marbre est ambré comme une peau chaude du midi, et semble palpiter. On songe, en admirant la déesse, à ces nudités plantureuses où se complaisait le génie exubérant de Rubens. Mais l'œuvre est sobre pourtant, si bien que, sans la banalité navrante du sujet qui la date, on serait tenté de l'enlever à ce chapitre pour la reporter en meilleure compagnie.

XIV

LA SCULPTURE EN ÉTRURIE ET A ROME

Il y a bien une sculpture à Rome, mais pas à vrai dire de sculpture romaine. Le génie des Romains les portait vers la politique et la guerre ; longtemps absorbés par les conquêtes, ils s'abandonnèrent à leurs voisins, bientôt à leurs sujets d'Étrurie et de Grande-Grèce du soin d'orner leurs temples, leurs palais et leurs places publiques.

La sculpture romaine, c'est d'abord, à l'origine et surtout depuis les Tarquins, la sculpture étrusque ; aussi devons-nous en retracer rapidement la bien simple histoire et en marquer les traits principaux.

Les Étrusques sont le premier et le seul des antiques peuples italiotes qui nous apparaisse comme doué de sens artistique. Hérode a prétendu que les Étrusques étaient des Pélages tyrrhéniens venus des côtes de la Lydie ; Denys d'Halycarnasse les a dits originaires des Alpes rhétiques ; les historiens modernes, contruisant à grand renfort d'hypothèses des systèmes plus ou moins ingénieux, ont reconnu tour à tour dans les Étrusques des Egyptiens ou des Celtes, des Italiens, des Slaves ou des Tartares. Toujours est-il qu'établis en Toscane, leur civilisation prit un essor dont la puis-

sance est chaque jour mieux démontrée par de nouvelles découvertes. Ils remontaient, disaient-ils eux-
mêmes, bien avant la fondation de Rome, jusqu'au
xiᵉ siècle; leur puissance, dont nous avons des témoignages certains datant du xᵉ siècle, s'étendit vers le
nord au delà du Pô, vers le sud sur toute la Campa-
nie. Le Latium, où Rome prit naissance, faisait partie
de leur domaine. Longtemps les Romains durent lutter
contre les Étrusques, et c'est seulement au iiiᵉ siècle
qu'ils réussirent à les réduire à l'impuissance et à les
absorber.

La vitalité de ce peuple se révèle très grande au développement que prirent chez lui les arts plastiques.
Des nécropoles désormais fameuses de Vulci, de Chiusi,
de Cornéto, de Cervétri, d'autres encore assez nombreuses, dont les caveaux sont décorés de fresques bien
conservées, sont sortis des centaines de sarcophages,
des milliers de vases, de miroirs, d'ustensiles de bronze,
de bijoux précieux qui montrent, avec la richesse des
Étrusques, leur goût éclairé pour l'ornementation qui
rend agréable la vue des objets utiles, pour la peinture
et la sculpture, qui, chacune en leur langue, reproduisent les formes animées, les scènes de la vie des hommes
ou les mythes de la vie des dieux.

Cet art n'est pas toujours, ni dans toutes ses manifestations, original. En contact à la fois avec les Phéniciens, comme tous les rivages de la Méditerranée, avec
les trafiquants venus de Grèce, avec les colons hellènes
de la Sicile et de la Grande-Grèce, l'Étrurie est devenue
de bonne heure un pays d'importation; le commerce
de mer y a jeté en foule les produits de l'industrie phé-

nicienne ou grecque que l'on y retrouve dans toute leur
pureté originelle. Citons le fameux trésor de Palestrina
(Præneste), découvert en 1876, où parmi d'autres objets
précieux étaient mêlées des coupes ciselées en argent
doré, en tout semblables à des coupes cypriotes, dont
l'une porte une inscription phénicienne. Citons, d'autre
part, l'infinie collection des vases peints que l'on a
longtemps appelés étrusques, bien qu'ils soient de pure
fabrication grecque. Or ces œuvres, les phéniciennes
comme les grecques, avaient une valeur et des caractères trop tranchés pour ne pas avoir sur l'art et l'industrie locales une grande influence ; aussi doit-on,
lorsqu'on veut juger l'art étrusque, démêler trois éléments : l'oriental, le grec et l'étrusque.

Pour les œuvres de la sculpture, ces éléments se
réduisent presque toujours aux deux derniers. Nous
avons dit, en étudiant la sculpture de la Grèce primitive, comment et pourquoi la sculpture de l'Égypte et
de l'Assyrie n'eut sur elle qu'une influence lointaine.
Les mêmes raisons ont soustrait la sculpture étrusque
à l'influence orientale ; les artistes de l'Italie centrale ne
virent jamais de statues égyptiennes ni asiatiques, ni
même phéniciennes, car les Phéniciens n'auraient pas
vendu les images des dieux ou des rois asiatiques, non
plus que celles de leurs dieux propres et de leurs chefs,
dans un pays de religion et de culture toute différente.
Au contraire, l'influence grecque est évidente non pas
seulement à l'époque déjà récente où l'Étrurie est tout
à fait hellénisée, mais au temps les plus lointains dont
témoignent les monuments.

Nous ne connaissons à vrai dire que la sculpture

funéraire des Étrusques. On sait que leurs temples avaient parfois des frontons décorés de statues, mais il n'en reste que des débris incohérents ; aucune statue de divinité ne nous est parvenue. Nous sommes réduits, pour juger cet art, aux sarcophages de terre cuite exhumés des nécropoles, qui certes sont des documents de valeur capitale pour la connaissance des croyances et des mœurs, mais restent en somme des produits industriels plus encore qu'artistiques. Il ne faut pas trop leur demander, ni prétendre que la sculpture étrusque n'eut jamais que les qualités ou les défauts qu'on remarque en eux.

Prenons un exemple parmi les plus anciens sarcophages découverts à Cæré. Le thème est le thème ordinaire : le coffre a la forme d'un lit de parade où sont étendus, relevés sur les coudes, deux personnages, sans doute le mort et sa femme (fig. 166). Le groupement des figures est simple et assez délicat : le mari, placé derrière sa femme, est appuyé sur des coussins plus hauts, et domine ainsi sa compagne qu'il semble protéger avec affection. Les deux bustes sont bien dégagés l'un de l'autre ; l'attitude de l'homme ne gêne pas l'attitude de la femme, et bien qu'étroitement unis, tous deux ont leur vie indépendante. Il y a là quelque chose de l'arrangement si souvent loué des banquets funèbres sur les stèles attiques (cf. fig. 121, 123). Ajoutons, pour faire une large part à l'éloge, que les draperies jetées sur le lit, les coussins, les habits sont traités avec assez d'adresse ; les plis se contrarient ou s'accompagnent non sans élégance ; ils sont souples par endroits, et les étoffes sont, en ce sens, un peu supérieures aux étoffes des statues grecques archaïques. La frise qui décore les montants et la traverse du lit est visiblement de style grec, légère et sobre. Il y a de plus beaucoup de soin dans l'ajustement de la coiffure féminine, dans la disposition des cheveux et de la barbe de l'homme; surtout les visages sont vivants et personnels, comme si l'effort du sculpteur s'était astreint à exprimer une exacte ressemblance qu'exigeaient peut-être les croyances étrusques. La couleur, tout uniforme et de convention sur les corps, est employée avec goût et vérité pour animer le visage. Dans tous ces détails, nous pouvons bien reconnaître l'influence du goût et de la sobriété, de l'ingénieuse technique des Grecs. Mais, à côté de ces qualités, que de défauts dont nous rendons le génie étrusque responsable! L'anatomie est grossière : non seulement les bustes sont mal taillés, lourds, larges et mous, les bras sont sans modelé, les mains informes, mais le corps est coupé en deux à la taille, et il est impossible que les jambes, allongées durement sur le lit, se rattachent aux hanches. On s'étonne que tant d'inexpérience s'allie dans la même œuvre à l'habileté que nous avons louée tout à l'heure.

C'est le trait dominant de la sculpture étrusque. Alors même que les arts grecs ont bien pénétré dans l'Étrurie, que la sculpture étrusque devient pour ainsi dire une section de l'art hellénique, les qualités se sont développées sans qu'aient disparu les défauts. Les sarcophages deviennent plus riches; les faces du lit funéraire se couvrent de bas-reliefs, et les morts sont couchés dans des attitudes de mieux en mieux choisies; leurs vêtements sont drapés avec plus d'élégance, leurs

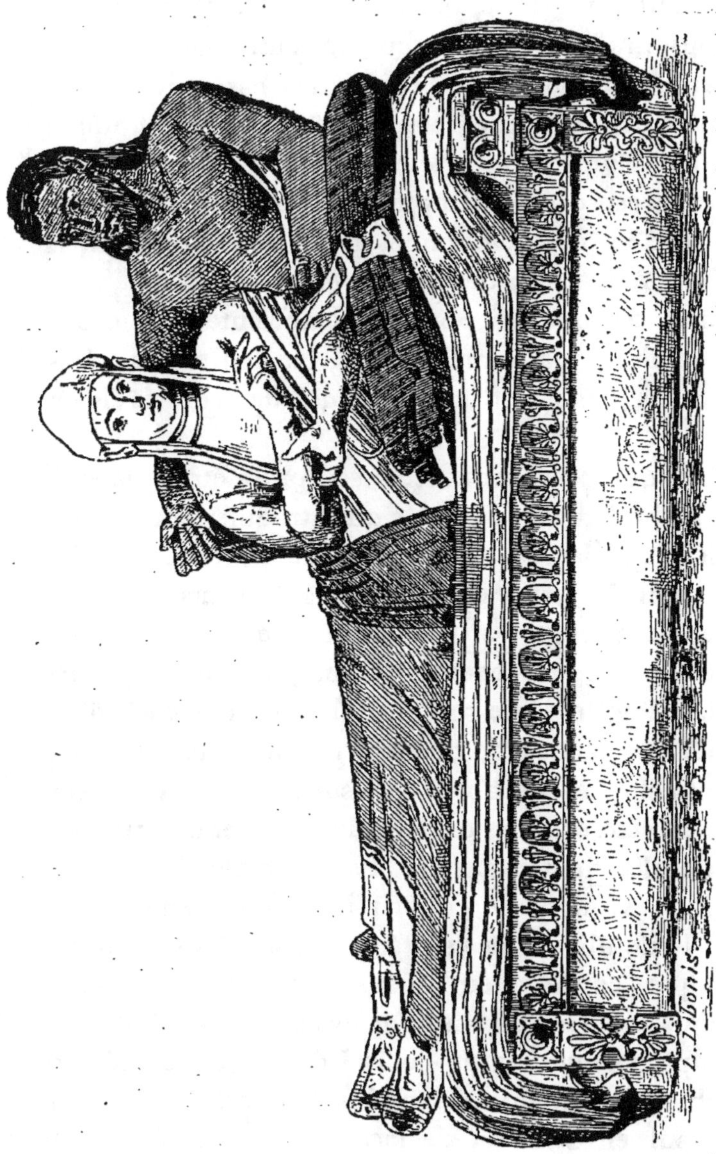

Fig. 166. — Sarcophage étrusque (Louvre).

parures sont plus ornées, leurs visages sont plus vivants;
mais toujours leurs corps sont mal bâtis, sans grâce et
sans vérité. De même les sujets des bas-reliefs — le
plus souvent des scènes empruntées à la mythologie
hellénique — ont de la variété, du mouvement; la composition en est sobre et simple, bien que parfois savante;
mais à tous les corps, hommes, femmes ou animaux, il
manque la correction des formes et du dessin.

Toutes ces œuvres portent l'empreinte d'un esprit
borné et d'une main maladroite; les sculpteurs céramistes étrusques n'ont jamais été que de mauvais élèves
des Grecs.

A l'époque des Tarquins, la sculpture étrusque était
tout à fait hellénisée; c'est elle qu'introduisirent à Rome
les artistes qui décorèrent le temple de Jupiter Capitolin,
et dressèrent la statue du dieu dans le sanctuaire, qui
sculptèrent quelques statues dont il est fait mention
dans les textes, par exemple Tanaquil filant sa que-
nouille. Mais le génie romain, si peu préoccupé d'art
qu'il pût être, était trop original et dominateur pour ne
pas imprimer à ses hôtes étrusques un peu de son
propre caractère; leurs œuvres durent prendre quelque
chose de plus naïf et austère. Par exemple, les statues
honorifiques, dont se couvrit le forum, dont Caton
raillait le nombre et la vanité, les bustes iconiques des
aïeux que conservaient pieusement les patriciens,
devaient garder la rudesse mâle des modèles. C'est ainsi
qu'aux plus beaux temps de la République, le célèbre
sarcophage de Lucius Cornélius Scipio Barbatus, qui
fut consul en 298, est de facture étrusque fortement
hellénisée — témoin l'entablement dorique joint aux

volutes d'ordre ionien — mais se distingue des sarcophages trouvés en Étrurie même par la simplicité sévère de ses lignes et la sobriété de sa décoration.

Les Grecs qu'attira dès le ve siècle la gloire grandissante de Rome, qu'appelèrent l'orgueil et le faste des grands, n'étaient certes pas les premiers artistes de leur pays ; leurs œuvres ne sont pas arrivées jusqu'à nous ; elles disparurent dans le mépris alors que les Marcellus, les Fabius Maximus, les Flamininus, les Paul-Émile,

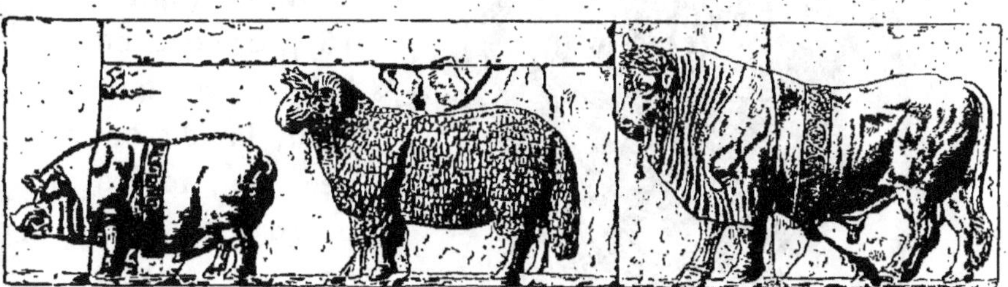
Fig. 167. — Suove taurile.

les Mummius, sans parler des Verrès, couvrirent la Ville des dépouilles de Tarente, de Corinthe, de toute la Grèce. Mais on peut affirmer que ces statues anciennes, par cela même qu'elles sortaient de mains plus obscures, se modifièrent dans le sens romain comme les statues étrusques, puisqu'aux années même les plus florissantes de l'Empire, alors que les arts de la Grèce avaient conquis auprès des Romains une faveur exclusive, un enthousiasme sincère chez les uns, factice et de commande chez les autres, les sculpteurs grecs qui se tournèrent vers Rome comme le centre nouveau du monde artistique imprimèrent, bon gré mal gré, à leurs œuvres un style qui mérite justement le nom de romain.

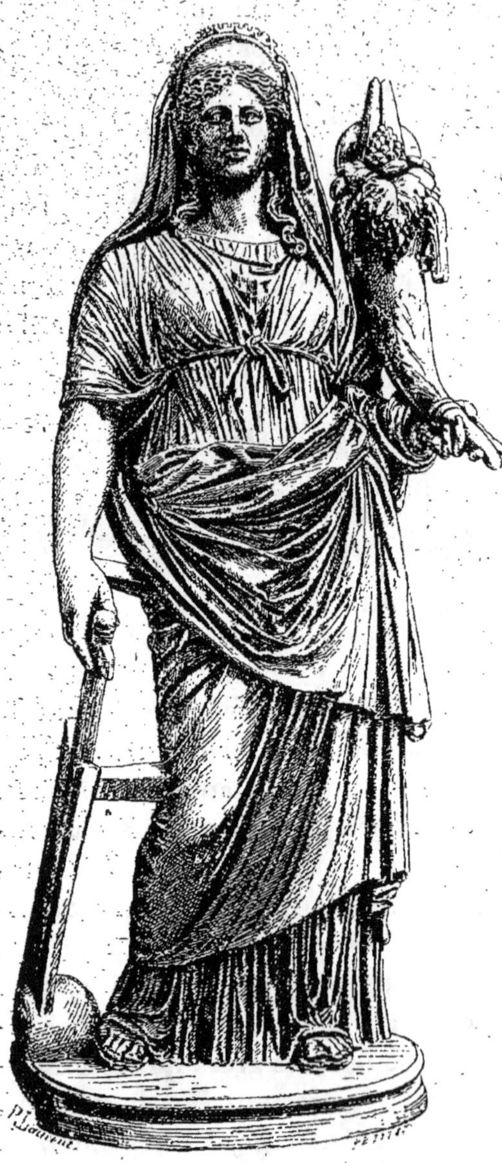

Fig. 168. — La Fortune (Naples).

Nous ne par-
lons pas seule-
ment des sujets,
qui s'adaptent
souvent, comme
il est naturel, à
la religion ro-
maine. Cepen-
dant ce défilé de
victimes (figure
167), ce porc, ce
bélier, ce tau-
reau, la tête or-
née de ténies
pendantes, le
corps sanglé
d'une riche cein-
ture, s'avancent
avec une gravité
pompeuse de
pontifes qui
nous transpor-
te bien loin
des processions
grecques, de la
frise des Pana-
thénées, par
exemple, où les
bœufs se pres-
sent mugissants
et en désordre,

sans nul souci de leur éphémère dignité. Nous ne parlons pas non plus des dieux, dont le type hellénique
se modifie parfois, et c'est justice, au gré des croyances
romaines : par exemple,
cette belle et majestueuse
statue de la Fortune
(fig. 168) n'est plus la
Tyché grecque, incon-
stante et légère, emportée
au branle de sa roue, c'est
la Fortune austère et sage
qui pour toujours a fixé
les heureux destins de
Rome, qui dirige les af-
faires humaines, comme
l'indique sa rame, mais
avec raison ; c'est de plus
la déesse vraiment romaine
qui de bonne heure s'ad-
joignit le nom et les attributs égyptiens d'Isis, le
diadème, le voile pendant
et la corne d'abondance
symbole de la richesse.

Mais voici, par exemple,
le prétendu Germanicus du
Louvre (fig. 169), œuvre de
Kléoménès d'Athènes ; on

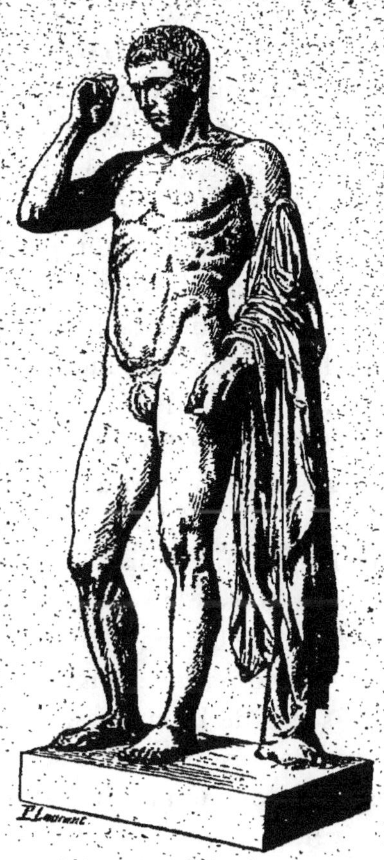

Fig. 169. — Portrait d'un Romain.
(Louvre).

a beaucoup discuté, et l'on discutera beaucoup encore
sur le véritable nom de cette statue précieuse ; est-ce
un mort héroïsé, un ambassadeur, un Hermès désigné

par la tortue posée à sa gauche, est-ce un orateur, ou tout simplement un portrait? Peu nous importe ici. La statue brille d'une beauté savante et correcte et la pureté des lignes, la franchise de la nudité, la perfection sobre des formes ont une saveur d'idéal qui décèle la main d'un Grec, mais d'un Grec que frappait vivement et qui voulait exprimer le caractère vigoureux du type romain, car la tête est bien celle d'un Romain. Les cheveux drus et courts, le visage anguleux, aux traits accentués, marquent non pas un artiste ni un voluptueux comme étaient les Grecs, mais un penseur, un raisonneur, un ambitieux à la mode romaine : tels nous rêvons les grands hommes de la République, un Scipion ou un Paul-Émile.

De même le portrait d'Auguste connu sous le nom d'Auguste du Vatican, trouvé en 1863 à Prima-Porta dans les ruines d'une villa de Livie (fig. 170), est au plus haut point marqué d'idéal, mais d'un idéal tout romain. C'est le prince après l'apothéose, grandi, embelli, anobli par l'imagination des Romains. Sa taille surhumaine, ses formes qu'élargissent et fortifient l'épaisseur de la cuirasse et l'ampleur des draperies, la nudité de ses bras et de ses jambes, la noblesse de son geste, surtout la gravité calme et hautaine de son visage le révèlent dieu. L'œuvre a la valeur d'un portrait et celle plus grande encore d'une œuvre d'art accomplie; tout nous intéresse en elle, l'inspiration du sculpteur et l'habileté magistrale de son ciseau, la majesté de l'ensemble et la finesse du détail, l'attitude du prince, ses traits vraiment augustes, les petits bas-reliefs de la cuirasse, le dauphin et le petit Amour qui nous rappellent

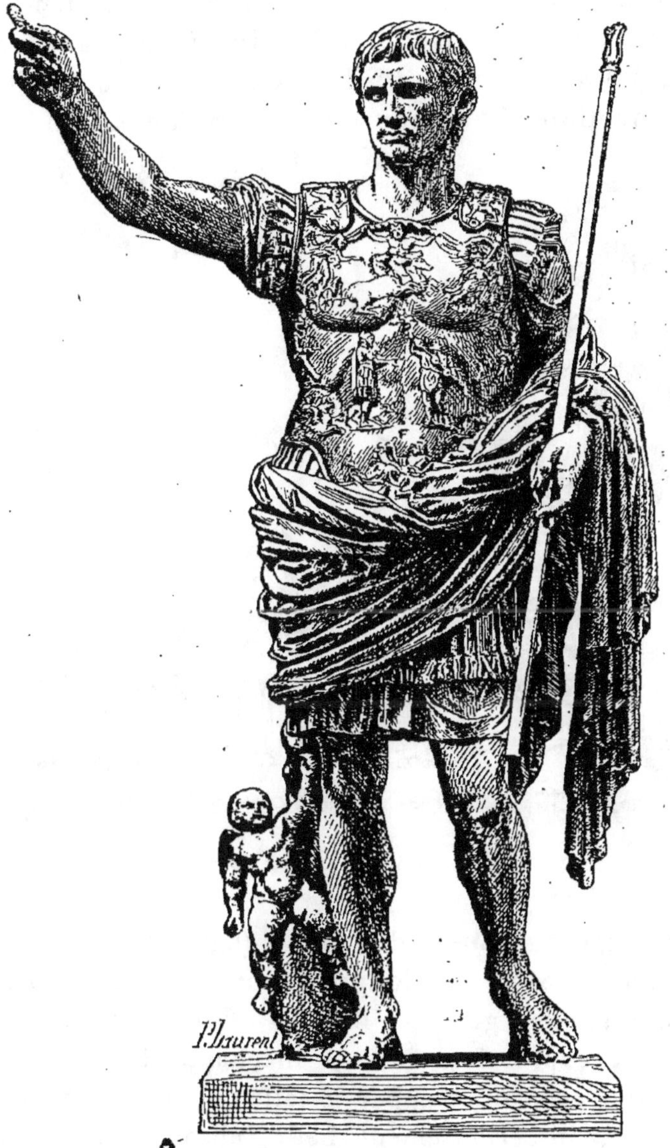

Fig. 170. — Auguste du Vatican.

son origine et son histoire. L'Auguste du Vatican mérite une place à part dans la multitude confuse et banale des statues impériales parmi lesquelles fort peu méritent une mention. C'est pourtant le lieu de signaler ici

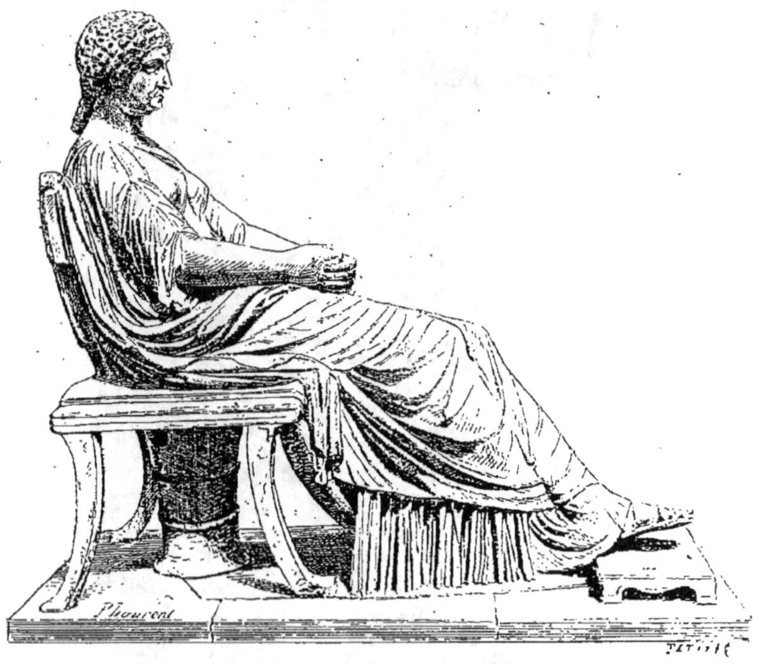

Fig. 171. — Agrippine (Musée de Naples).

l'Agrippine du Musée de Naples (fig. 171). Assise sur une chaise, les pieds allongés sur un tabouret, les mains croisées sur les genoux, la tête légèrement inclinée, avec une expression dure et méchante de visage, la mère de Néron nous apparaît telle que nous la montre l'histoire, impérieusement belle, absorbée dans une machination de crimes.

On le voit — c'était d'ailleurs facile à prévoir —
c'est surtout dans des portraits que nous trouvons un
style romain ; mais ce style n'a pas toujours le même
caractère idéaliste. Il nous est resté bien des bustes de
Romains où les sculpteurs ont recherché la ressemblance absolue, sans
souci d'atténuer les dé-
fauts des visages, quel-
quefois même avec effort
pour accentuer une lai-
deur typique. Les trois
bustes que nous repro-
duisons ici sont en ce
sens très intéressants.
L'un (fig. 172) a été
trouvé à Cyrène ; on a
voulu rattacher ce
bronze à l'école de Ly-
sippe et le faire remon-
ter au IIIᵉ siècle avant
notre ère ; c'est plutôt,
selon nous, un por-

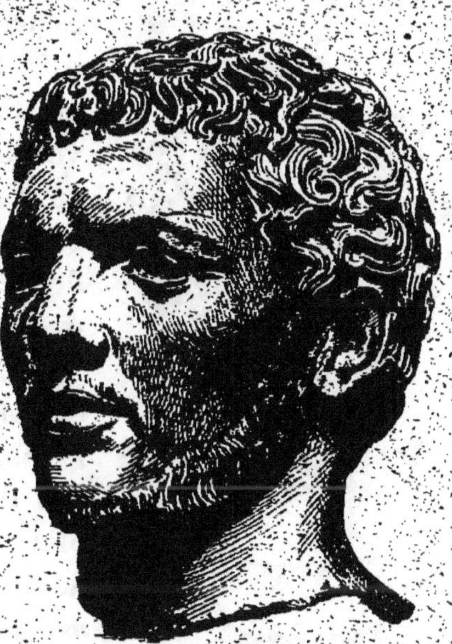

Fig. 172. — Portrait d'un Romain.

trait romain d'époque très postérieure, comme le
prouvent quelques traits caractéristiques de facture —
par exemple, la ligne creuse qui cerne les lèvres. —
Sans jamais avoir vu le modèle, on devine la ressemblance, car tous les traits qui donnaient au visage son
expression originale sont observés avec précision et
sobrement exprimés, les pommettes saillantes, la bouche
épaisse, la barbe rare et singulièrement plantée. De
même le buste de marbre trouvé à la Farnésine (fig. 173)

est personnel et très vivant ; ce portrait de dame romaine a dans la parure, dans les yeux, dans la bouche, surtout le menton, et la rondeur arrêtée des joues, quelque chose de franc et de sincère que peu d'œuvres purement grecques ont au même degré. Quant au prétendu Sénèque de Naples (fig. 174), un seul mot le juge, il est réaliste. Le sculpteur a voulu mettre en relief, dans cette tête de vieillard, tout ce qu'un autre aurait sans doute essayé de voiler, les mèches incultes des cheveux, les rides du front, le nez décharné, la bouche édentée, la barbe en broussailles, le cou dont la peau flasque se plisse et se creuse autour des nerfs tendus, tout cet aspect horrible de philosophe cynique. Les œuvres réalistes dont nous avons cité des exemples, aux plus belles époques de l'art grec, n'a-

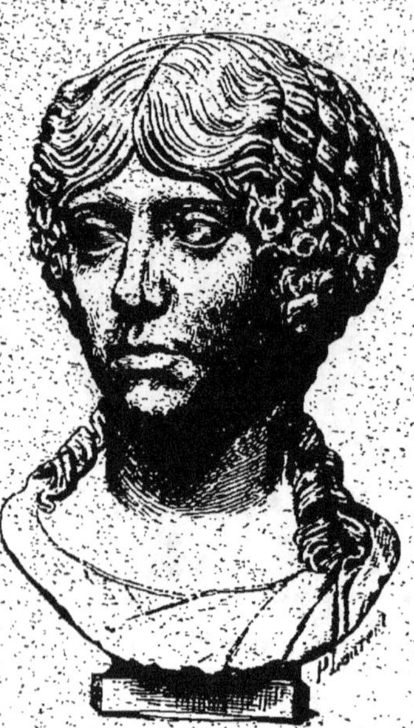

Fig. 173.

Portrait de dame romaine.

vaient pas cette brutalité toute romaine.

Nous ne pousserons pas plus loin cette étude du style romain. Certes, il se manifeste en dehors des portraits avec des caractères bien à lui ; mais dans des œuvres de sculpture qui se rattachent à la décoration ou à l'industrie, les frises ornementales, les bas-reliefs historiques dont se couvraient les arcs et les colonnes de

omphe, les bas-reliefs des sarcophages, scènes de
la vie journalière ou scènes mythologiques, ce style,
loin de produire rien de beau, rien de nouveau même,
n'est que le style de la décadence. A part quelques heureux sujets de frises et quelques rinceaux élégants,
comme nous en offre la
figure 175, toute la sculpture ornementale des Ro-
mains pèche par la lour-
deur des motifs et le lâché
de l'exécution ; trop de
richesse nuit, surtout en
art, et les goûts fastueux
de Rome ont eu sur son
architecture une in-
fluence fâcheuse. Les
bas-reliefs historiques de
la colonne Trajane
(fig. 176), de la colonne
Antonine, des arcs de
Septime Sévère ou de
Marc-Aurèle, qui veulent
représenter sur un champ
aplani des superpositions

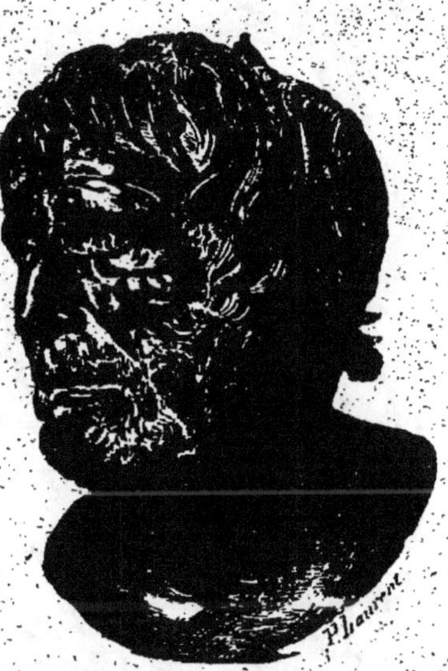

Fig. 174.
Pseudo-Sénèque (Musée de Naples).

profondes de plans et des groupements de figures
réservés à la peinture, nous amènent par une pente
rapide et fatale aux barbaries de l'arc de Constantin
(IVᵉ siècle après Jésus-Christ). Ils n'ont pas de valeur
artistique, comme les bas-reliefs des sarcophages,
œuvres de praticiens vulgaires, n'ont qu'une valeur religieuse ; dessin, modelé, perspective, tout y est mala-

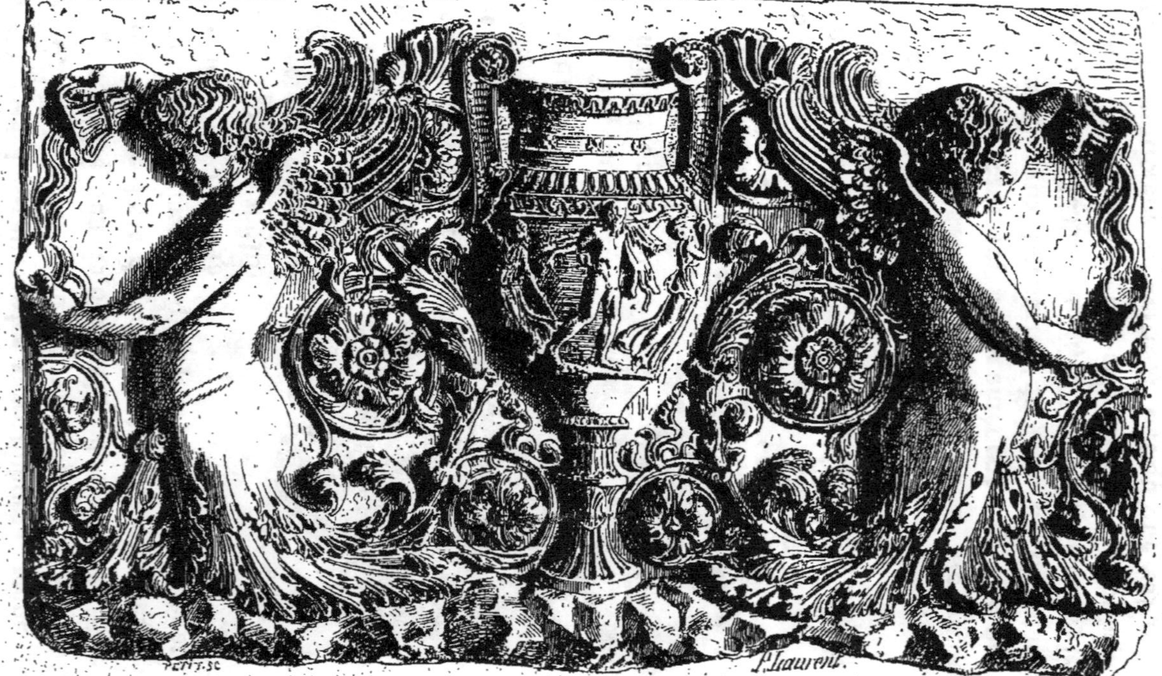

Fig. 175. — Fragment de frise romaine (Musée du Latran).

droit et incorrect; les traditions du bas-relief grec, si simple, si léger, connaissant si bien quels effets il est capable de produire, sont définitivement perdues. Il n'y

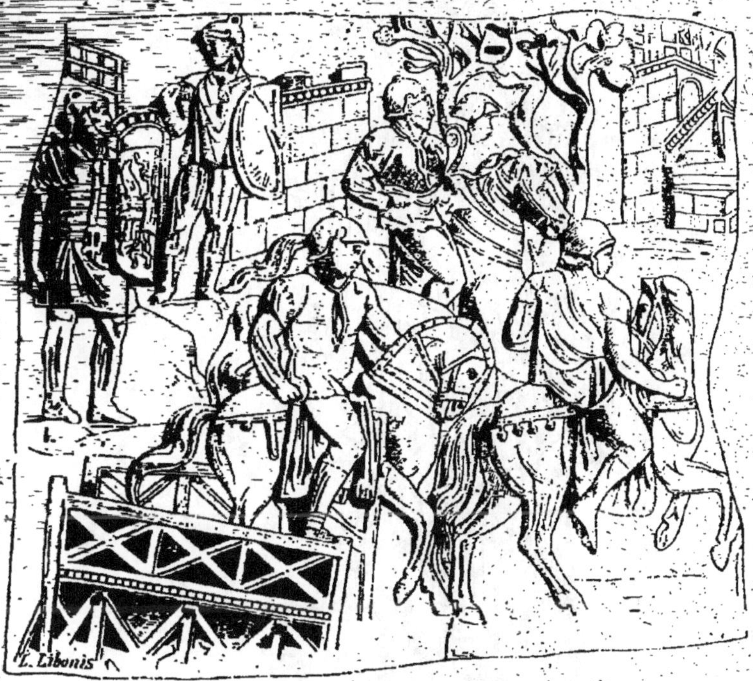

Fig. 176. — Bas-relief de la colonne Trajane.

a plus d'art ni grec, ni romain; le moyen âge va commencer.

Il nous reste à jeter en arrière un regard rapide sur un groupe d'œuvres qui ont leur place bien à part, les œuvres archaïsantes. On a souvent remarqué que, comme le sublime continu ennuie, la perfection classique soutenue par plusieurs générations d'artistes en vient à sembler froide et monotone; alors des talents

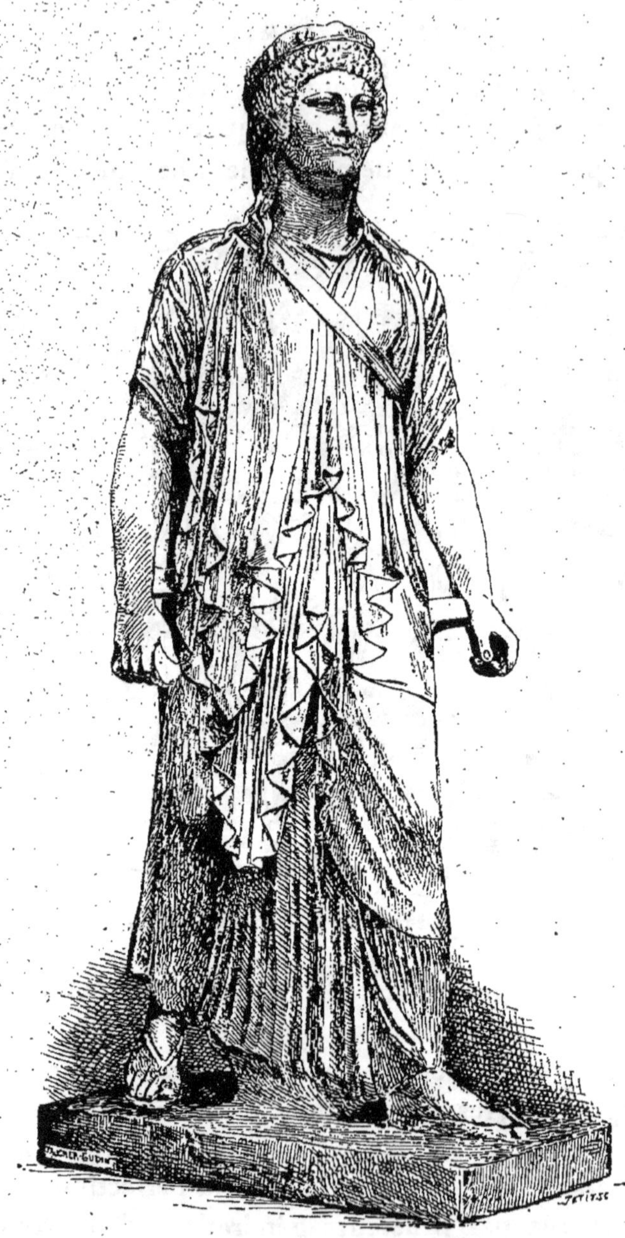

Fig. 177. — Artémis archaïsante de Pompéi.

...s'éprenant d'archaïsme, cherchent à ré-
...leur verve au contact d'œuvres plus naïves
...plus sincères. Mais leur imitation savante répugne-
...rait à des repro-
...ductions plate-
ment exactes; les
sujets et les types
empruntés aux
primitifs leur
sembleraient in-
dignes de leur
outil, s'ils ne les
ornaient des mé-
rites raffinés qui
distinguent les
œuvres d'art aux
approches de la
décadence.

A Rome, l'école
archaïsante a de
bonne heure
trouvé des fidèles
parmi les sculp-
teurs venus de
Grèce. Pasitèlès,

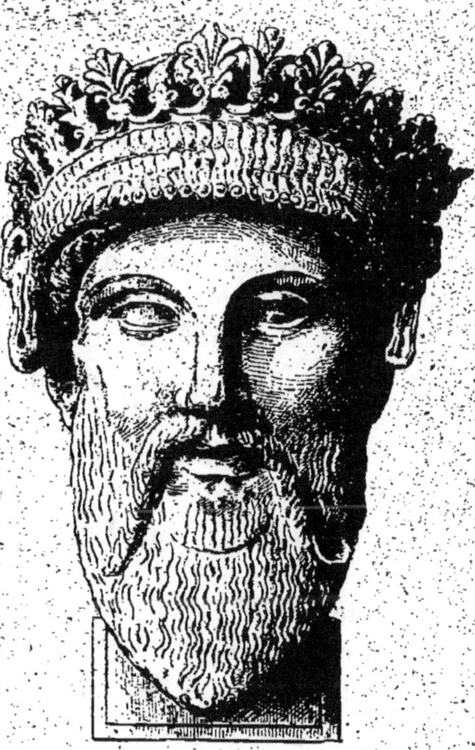

Fig. 178. — Zeus Trophonios (Louvre).

près d'un siècle avant Jésus-Christ, semble avoir donné
l'exemple. C'est peut-être à quelqu'un de ses disciples
qu'est due la célèbre Artémis de Pompéi (fig. 177).
Le type nous en est familier, c'est celui des Artémis et
des Athénas que nous avons étudiées au chapitre
deuxième; l'attitude, les draperies à plis réguliers et

symétriques, les cheveux frisés aux nattes retombantes, le diadème, la couleur, le sourire figé de la bouche, tout s'y retrouve ; mais comme on sent bien que tout cet effort n'est qu'un jeu, une ingénieuse et trop habile restitution ! Les Artémis de Délos nous ont ému et charmé, l'Artémis de Pompéi nous amuse et nous fait sourire.

Les œuvres archaïsantes sont très nombreuses ; le Musée du Louvre en possède d'importantes. Nous citerons seulement l'autel des douze dieux, et surtout le Zeus Trophonios, désigné d'ordinaire sous le nom de Jupiter Talleyrand ; il est curieux de le rapprocher de quelques têtes archaïques d'Olympie (fig. 105). Ici (fig. 178), l'ordonnance sévère des cheveux et de la barbe, la légèreté du diadème à palmettes, jointes à la gravité du regard, à la correction du nez et de la bouche, à la simplicité savante de la facture, sont comme la griffe d'un sculpteur singulièrement habile et sûr de ses effets.

On prétend que l'empereur Hadrien, que ses goûts raffinés et rares faisaient amateur des arts primitifs de la Grèce autant que des arts de l'Orient, poussa volontiers les artistes de son temps dans la voie de la sculpture archaïsante.

FIN.

FIN DE LA TABLE.

Paris. — Maison Quantin, 7, rue Saint-Benoît.